班级管理课

班主任专业技能提升教程

陈宇／著

大夏书系·全国中小学班主任培训用书

华东师范大学出版社
全国百佳图书出版单位
·上海·

目 录

下　篇
系统课

第六课

班级组织机构 *135*

第七课

班级制度体系 *169*

第八课

班级评价体系 210

第九课

班干部的选拔与培养 266

第十课

全面提升班级管理质量 305

教程总论

一、本教程涉及哪些班主任专业知识和技能

本教程专为提升班主任的专业技能而写。在正式开始学习本书内容之前，首先要明确一个重要的问题：班主任的专业技能到底是指哪些技能？如果不能清晰地界定这个问题，班主任专业化的研究和发展就是没有方向的。班主任同时也是教师，所以这个问题很容易与教师的专业技能混淆。

本教程所关注的“班主任的专业技能”，特指以下两方面：

（1）只是做班主任才需要、不做班主任一般不会用到的技能，比如“主题班会课的设计能力”；

（2）做教师和做班主任都会用到，但班主任用得多，对班主任工作而言更为重要的技能，比如“与学生沟通的能力”。

此外，还需要把班主任的专业技能与班主任的师德修养区别开来。当然，这不是说班主任的师德不重要，相反，班主任的“德”比“能”更重要，这一点毋庸置疑。之所以要区别，是因为班主任本来就是教师，而且班主任应该是从教师中选拔出来的优秀者（不管实际情况是不是这样）。我们应该设定，凡教师应该具备的教育

教学专业知识、专业技能和师德修养，班主任一定是都具备的，故本教程无须涉及。本教程侧重于操作层面的专业技能，但每一种操作都应有正确的教育价值观作支撑，且蕴含了教育元素，不是为做而做，是为教而做。

这样的处理将会使本教程更加专业——它所涉及的技能不是所有教师都需要的，但一定是所有班主任都需要的。

本教程试图填补教师在做班主任时可能遭遇的能力短板。因为就目前情况来看，教师在做班主任之前所学习的专业知识基本局限在自己所从教的学科上，即使学习过一些教育学、心理学的理论知识，但仅凭这些知识尚不能使班主任在各种复杂的教育、管理问题上应对自如。现实是，几乎所有的班主任在承担这一工作之前都没有系统地学习过班主任专业技能。经有限的搜索，仅查询到南京师范大学教育科学学院对教育学师范专业本科生在大三开过一门“班级经营与班主任工作”，由齐学红教授主讲，该课程还属于学生自主发展的选修课，只有3个学分。由此可见，班主任专业知识在师范类高校课程体系中处于尴尬的地位。虽然关于在师范院校开设班主任专业课程的呼吁从来就没有停止过，但现实情况是，到目前为止依然未能填补这项空白。可以想到的主要原因是缺少这方面的师资和教材。也或许很多人并不认为班主任有专业性，尽管“班主任专业化发展”的提法已经有很多年了，但未得到重视，包括教师入职后的职称晋升也是走各自学科的路线，没有班主任的职称系列。

但是，班主任工作确实有它的专业性。这种专业性是由班主任工作的特点所决定的。班主任既有教学的任务，又承担着主要的教育工作。班主任不仅要对个体进行教育和指导，还需要组织全班的教育活动，也就是说，他还必须有引导一个群体的能力。同时，他教育和管理的对象是未成年人。所有教育学、心理学、管理学等知识对班主任都有用，但他又必须结合自己所处的教育情境来运用这些知识。也就是说，班主任的专业知识不是教育学、心理学、管理学等专业的简单相加，它是很多专业知识的融合、重组和变通。班级的管理不同于企业的管理，甚至不同于其他非营利性组织的管理。班主任的教育不同于非班主任人士采用的各种形式的教育。所以，班主任工作有很强的综合性，也一定有它的专业性。

如果班主任需要一本专业教材，它一定不能是很多学科的简单相加。如果那样的话，不仅这本教材的容量要大到不可能全面地学习一遍（更不用说精通），也完全失去了班主任工作独特的专业性，变成了一个大杂烩，不可能在实际工作中发挥理论指导实践的作用。一个简单的常识就是即使你博览群书、学富五车，也不一定能当好一位班主任；即使你的课上得很好，也不一定能当好一位班主任。

班主任工作到底有哪些专业性呢？解决了这个问题也就解决了本教程的编写方向问题。笔者曾经参与过一项关于班主任核心素养和专业标准的高级别的课题研究。这项研究最后列出了非常多的指标并给予了解释。在该课题的研究中，笔者结合自己多年从事班主任工作的实际体会和思考，提出过一份框架性的意见，后又经过继续研究和交流，最终确定了一些指标。但是要想将这些指标逐一进行详尽的解读，既会导致教程的篇幅过于巨大，也无法凸显那些班主任最需要的专业技能。于是在编写本教程时笔者仅保留了认为最能体现班主任工作特点并与其他教师工作有所区别的专业技能，同时不对“为人师表”“关爱学生”等一些非操作性的专业标准做理论解读，而是将其用具体的工作方法和案例分析体现。

综上，本教程所涉及的班主任专业技能包括以下几个方面。

1. 管理班级的能力

（1）建立班级组织结构；

（2）制定班级制度；

（3）管理班级常规事务；

（4）管理班级教学秩序；

（5）处理班级管理中各种问题的专业方法；

（6）建立班级人文管理体系。

2. 经营、发展班级的能力

（1）制定班级发展规划和目标；

（2）设计、组织班级活动；

（3）营造班级文化；

（4）目标管理。

3. 面向集体的教育能力

（1）建立班级议事制；

（2）设计主题班会课；

（3）集体教育的方法。

4. 班主任的领导力

（1）决策能力与方法；

（2）沟通能力；

（3）协调能力；

（4）激励学生的能力与方法；

（5）团队建设能力。

5. 个体教育、引导能力

（1）理想教育、立志教育；

（2）价值观引导；

（3）不良行为的矫正；

（4）学习方法指导。

应该说明的是，很多专业技能并不能很清晰地分列出来，在处理某个问题时往往很难说是运用了哪种技能。比如班级的管理和面向集体的教育本身就是融合在一起的，不可能只管不教，这是班主任工作的特点。班主任本身就有多种身份：教育者、领导者、管理者、陪伴者、倾听者，有时候甚至是守护者。但是教程必须做一些分类，这是体例的需要。但学习者应该清醒地认识到，班级工作一定要强调整体性。所谓班主任的专业技能其实是一种综合能力，综合能力来自班主任的系统思维。所以，分类学习不是目的，分要走向合。逐一学习各章节的内容是为了融会贯通，最终形成班主任的系统思维、综合能力和教育智慧。

考虑到这些专业技能的习得不仅靠班主任实践，还需要借助专业的阅读，本教程不可能穷尽班主任的专业知识，特别是它难以从理论层面对方法做更详尽的解读，班主任还需要更广泛地阅读。因此，本教程专设了“班主任的专业阅读”，对班主任读什么、怎么读、读了以后做什么等问题予以一定的指导。另外，班主任的个人成长和专业发展离开了写作，就难以上升到一个新的高度。写作也是提升班主任思维能力的最佳途径，所以本教程又增加了“班主任的专业写作”，供有志于在班主任工作上有所突破的教师参考。这两节课可以看作提升班主任的专业技能的途径，专业阅读和写作本身也可以算作班主任的专业技能。

二、如何使用本教程

本书定位不同于其他班主任类图书，它可以看作是一本“准教材”——按教材的体例编写，以简洁而有条理的方式逐项介绍班主任的专业技能和工作方法，这些方法尽量按照班主任在带班的过程中需要使用的次序排列，同时考虑到班主任的专业成长有个过程，所以尽可能由浅入深，把综合性较强的内容靠后安排。每节课均设有丰富多彩的栏目，从理论依据、方法、方法延伸、工具、案例等方面对知识点做全景式解读。主要包括：

内容提要：以思维导图的形式呈现本课的主要内容，方便读者查阅；

能力目标：列出每一讲重点介绍的专业技能；

资料库：呈现的是一些文本、表格示例，相当于一个模板，读者可以在此基础上稍加修改，变成自己所需要的材料；

马上行动：提示读者在遇到某个问题时应该做些什么，以及行动步骤和注意事项；

方法指南：延伸阅读材料，在介绍某个问题解决方法之后拓展到解决一类问题的通用方法；

管理案例：以真实的案例解读管理方法如何在实际工作中的运用；

案例故事：方法运用的具体实例，与“管理案例”的区别在于有一些故事情节，可以提升读者的阅读兴趣；

拓展学习：由某种方法的一个具体运用引申出该方法在其他工作中的运用；

本课小结：简单概括这一课的主要内容；

本课思考与实践：没有标准答案，是留给读者思考的问题，以及在自己工作中实践的提示。

为了让读者对一些方法的使用情况有更加直观的理解，本教程还配了一些实景图片，同时还用了一定的思维导图对一些知识点做了概括。

尽管设置了不少栏目，但所有内容均按照一定的逻辑有节奏地展开，不会将知识割裂和碎片化，不会造成读者阅读的困难。

本教程大部分内容均为首次发表，以全新的方式呈现。也有一些参考了笔者其他几部专著（《班主任工作十讲》《学生可以这样教育》《班主任工作思维导图》等）中的部分内容，但素材已经过修改和重新组合，完全适应本教程的编写需要，发挥了与在原著中不同的作用，完全不影响阅读过以上作品的读者的学习。特此说明。

上　篇

起步课

从新班起步工作中学管理

本教程第一册的上篇是从时间维度（从开学前到开学一个月）按新接班开展工作的顺序，逐一介绍班主任工作所需要的各种专业知识和技能。一般来说，新班第一个月稳住，后面就能稳步前进。这一个月的班级工作基本包含了所有班主任所需的管理专业技能。学完这部分内容，即使一名从来没有接受过班主任专业培训的新老师也能从容不迫地把班级事务料理好。

第一课
开学前的准备工作

如果你是一位新手班主任，学校让你去接一个起始年级的新班级，你该怎么开始工作？班主任的工作不是开学以后才开始的，从心态上要提前进入班主任的角色，开学前就做好一些准备，为顺利开始新班的工作打下基础。

通过本课，你能学到：

1 如何熟悉学生，初步了解学生；

2 如何与家长建立常态的联系的方式；

3 初步了解学生的家庭状况的方法；

4 怎样对学生提出一些基本但是重要的要求。

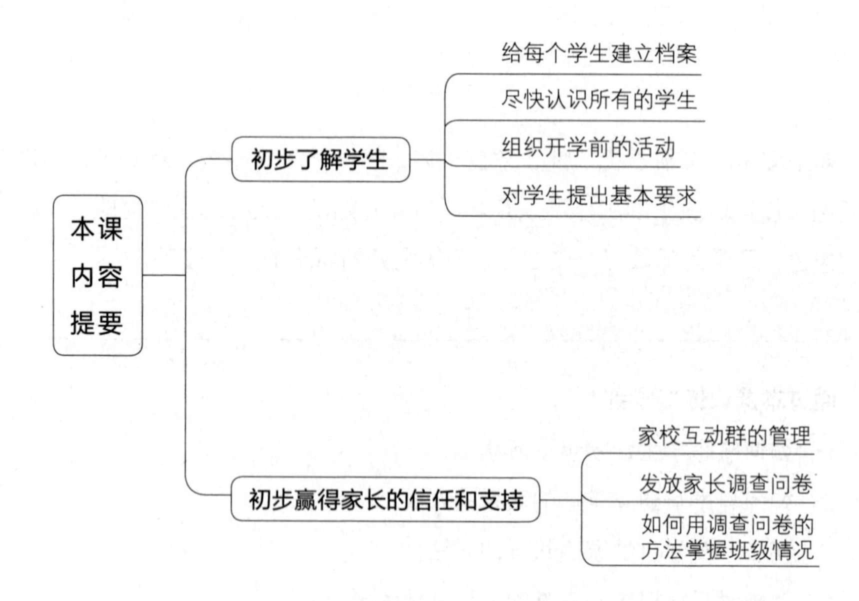
本课内容提要
初步了解学生
给每个学生建立档案
尽快认识所有的学生
组织开学前的活动
对学生提出基本要求
初步赢得家长的信任和支持
家校互动群的管理
发放家长调查问卷
如何用调查问卷的方法掌握班级情况

第一讲
初步了解学生，对学生提出基本要求

本讲能力目标

· 掌握通过活动观察了解学生的方法。

· 理解通过文本与学生进行沟通的重要性。

班主任接班后的首要工作是认识学生并初步了解他们。即使没有开学，但只要班主任拿到了学生的资料，这项工作就可以开始了。

1. 给每个学生建立档案

虽然还没有开始带班，但以后学生的资料一定会越来越多，这些资料无论对学生、对家长，还是对班主任都非常重要，一定要好好保存。通用的办法是给每个学生建立一份档案，把所有关于学生的材料都按姓名放进去。

档案分成两种：电子档案和实物档案。

马上行动

有相当多的 App 具有储存学生资料的功能，比如“晓黑板”等（可以在应用软件商店里搜索，学校可能也会给班主任推荐）。但有时候资料是实物的，比如奖状、证书，所以还要有一个实物档案袋。档案袋在网上可以很轻松地买到。班主任要养成一个习惯，一旦有什么新的资料，一定及时将它放进该学生的档案袋中。不要怕麻烦，所有的积累都是必需的。

2. 尽快认识所有的学生，叫出他们的名字

一口报出学生的名字很重要，特别是在第一次见面时。学生会很意外，也会很惊喜。因为这代表你认识了他、重视了他。学生在班主任面前也不再是匿名的了，他会注意自己的表现，因为班主任知道他是谁了。

班主任要反复看学生资料上的照片，记住一些面孔。虽然不一定全部记住，但能够记住一些也是好的，最好还能记住他的某些特点、特长（根据有限的资料）。如果能在报出名字的同时，还能说一点关于他的信息就更好了。

学生的名字中有生僻字的，一定要先查字典，保证能读对、写对。事先做了功课，就能知道他名字中的那些生僻字的意思。见面时与他交流一下关于名字的问题，不仅很有趣，还有可能获取更多的信息。

如果叫不出名字也没关系，可以大大方方地询问他叫什么。但要保证问过一遍后能记住，不要再问第二遍。否则，学生会觉得你不重视他。所以，班主任每次要有选择地问几个问题，记住以后再问其他人，直到全部认识他们。新班主任，最好在三天之内（越短越好）能够报出全班所有同学的名字。

前辈智慧

我曾当过三年小学教员，专教初小一、二年级。我的学生都是穷人家孩子，很野，也很难管。我们发现小学生像《太平广记》、《夷坚志》等神怪小说里的精怪，叫出他的名字，他就降伏了。如称“小朋友”，他觉得与他无关。所以我有必要记住每个学生的姓名。全班约 40 人，我在排座位时自己画个座位图，记上各人的姓名。上第一堂课，记住第一批姓名。上第二堂课，记住第二批姓名。上第三堂课，全班的姓名都记熟。第一批记住的是最淘气或最乖、最可爱、最伶俐的，一般是个性最鲜明的。最聪明的孩子，往往在第二批里，因为聪明孩子较深沉，不外露。末一批里，个性最模糊，一时分不清谁是谁，往往是班上最混沌的。

（摘自杨绛《走在人生边上》）

3. 组织一次活动，初步了解学生

了解学生非常重要。刚开始的了解是初步的、肤浅的，只要有一些基本的印象就行。以后与学生相处的时间很长，可以慢慢深入了解。除了看材料（那是远远不够的）外，组织一次活动是最好的办法。

百闻不如一见，了解学生最好的办法就是面对面接触。班主任不妨在开学前安排一次公益劳动（小学高年级以上的班级适用），利用这个机会获取学生更多的第一手资料。

（1）发布通知。

通过网络或其他方式，向学生发一条通知，要求学生到学校来参加活动。通知样板可参考以下资料。

资料库

邀约通知样板

亲爱的同学：

你好！

我是你们的新班主任 ×××。欢迎来到新学校，欢迎来到我们的新班级！为了更好地迎接新学期，我们安排了一次公益劳动——把我们的教室打扫干净。如果你有时间并愿意参加，请于 × 月 × 日下午 2:00 到学校门口集合（路线如下……）。我将带大家参观我们的教室并做简单的清理。请带一些你认为需要的劳动工具。谢谢大家！

×××

×××× 年 × 月 × 日

请注意通知中的两个细节：

①自愿参加，不强制。正因为是自愿的，看看哪些人来了，就可以看出哪些学生很积极，哪些家长很支持班级工作。当然事情不是绝对的，但可以作为一个参考。

②自带劳动工具。班主任要准备一些工具，但还要通知让学生自己带。这样可以看出学生是否用心，从他带的工具可以看出是否会做这件事。另外，工具很多都是家长帮着准备的，所以也可以借此看出家长对老师布置任务的重视程度。

（2）在活动中观察学生。

活动本身不重要，重要的是它提供了近距离观察学生的机会。所以，班主任不要自己埋头苦干，应该一边和学生一起劳动，一边和学生交谈、观察，“听其言，观其行”。班主任需要主要观察以下几个方面：

①谁很主动；

②谁很能干；

③谁爱表现；

④谁很踏实；

⑤谁有组织能力和领导力。

这些信息对今后带班会很有帮助。

（3）活动之后的工作。

劳动结束后，要向学生和家长表达谢意，不仅要对学生进行普遍的表扬，还要给家长发信息表扬。表扬时要有具体的名字和表现。这样做可以进一步赢得家长的认可与支持。

要记录学生的表现，顺便也物色班干部人选。在活动中表现出色的学生，既可以得到班主任的赏识，也能得到同学的认可。将来这些人如果做了班干部，学生是服气的。

4. 对学生提出一些基本要求

开学前，最迟开学初，可以给学生发一封公开信。说是发给学生的，其实家长也能看到。这封信有几个意图：

（1）对学生的到来表示欢迎；

（2）表达教师的真诚态度；

（3）提出最基本的要求。

信不要太长，提的要求也不要太多，不要面面俱到。要把最先要讲的问题（比如开学第一天或前几天就要用到的）讲清楚。如果效果不错，以后可能还会有第二封、第三封信。

另外要注意，仔细考虑提出的要求学生是否能做到、自己是否能做到。因为只要提了，就一定要做到，而且要坚持做到。如果没把握，就暂时先不提，等以后有条件再说。最怕说得很完美，最后做不到。这样班主任在学生面前就失去威信了。所以，对学生提要求首先是对班主任自己提要求。

利用如信件这样一些文本的东西与学生或家长交流，是一种很好的沟通方式。口头的表达容易遗忘，零星的信息是碎片化的，也不易让对方全面理解班主任的想法。信件则可以长期保留，内容也相对完整，写信时还可以斟酌内容，让你的表达更加清楚、充分。定期或不定期地给学生或家长写信，可能会成为你的一个好习惯，将来可能会成为你的带班特色之一。素材积累下来，以后还能用。

资料库

班主任给新同学的第一封信（示例）

亲爱的同学：

你好！

崭新的学习生活已经开始。欢迎你来到 ×× 班！为了让你更好地融入集体并有一个美妙的开端，我给大家提供一些建议。这些建议会帮助你养成良好的习惯，培养优秀的素质，对你接下来几年的学习生活会很有帮助。所以，请仔细阅读这封信。

◎以下规定会在开学后就执行并在第一周就开始重点检查，请你格外留意。

（1）早晨到校第一件事是交作业。如果你出于某些原因不能按时交作业，班级会有一些处理办法，请留意老师后续的要求。但是任何利用早晨时间补作业或抄作业的行为都是不允许的。

（2）每天下午最后一节课结束，你要等待老师或班长的指令后才能离开。临走前请做好以下几件事：

①将桌面收拾干净，不留任何物品；

②整理好抽屉，不留垃圾；

③椅子推入课桌下，把课桌按照坐标摆放整齐；

④低头检查你座位周边，如有垃圾纸屑，请捡起带走。

我们将会每天检查记录并采取一定措施，直至帮助你养成这些习惯。

◎以下行为将会让你得到表扬，也会给你的形象加分，希望你多做，你很快就能体会到这样做给你带来的愉悦感：

（1）随手捡起教室地面或者班级包干区里的小垃圾，无论你是不是今天的值日生；

（2）友善地对待同学，热情地帮助他人；

（3）遇见老师时，主动问好。

◎以下行为将严重损害你在同学和老师心中的形象，希望你自觉远离或抵制：

（1）在公开场合讲粗话脏话；

（2）高声谈论格调低俗的内容；

（3）随手乱扔垃圾。

◎以下行为是被严格禁止的。如果发生，你将会在第一时间受到严厉处罚，请务必不要触碰这些“高压线”：

（1）任何侮辱老师的言行（如果你觉得受到了不公平的对待，请找班主任说明情况，寻求帮助）；

（2）欺负同学；

（3）考试作弊。

同学们，无论过去怎样，都已成为历史。现在，我们在一个新起点上，重新开始。每一个星期做好一件事，每一个月养成一个好习惯，从现在开始，加油！相信自己，你会越来越出色。我期待着你的优秀表现！

你的老班 ×××
××××年×月×日

请注意这封信的几个特点。

（1）既有鼓励，又提出了要求。柔中带刚，既能引起学生和家长的重视又不至于给他们造成反感。

（2）没有大话、空话、套话，都是实实在在的内容，有指导性，不会使学生或家长像对待其他一些官方的信件一样看都不看就扔在一边。

（3）这封信没有开口闭口谈成绩，只是提出四个方面的要求：规定做什么、希望多做什么、不希望做什么、不能做什么，很鲜明地表达了班主任的价值观和态度，即班主任最在乎学生什么，要培养学生什么。

（4）因为第一封信学生和家长都最重视，所以要把重要的话先说出来。如果不分主次，一次性提出大量的要求，不仅学生记不住，不能抓住重点，而且班主任自己恐怕都不能做到。这封信没有提太多的要求，每个方面不超过三条，但都是比较重要的。比如第一方面的基本规定，关涉两个主要的时间点：上学和放学。这是班级最容易混乱的两个时间。只要抓好这一头一尾，班级的大局就稳下来了。重点抓的事越少，班主任的精力就越集中，效果就越好。千万不能自乱阵脚，什么都抓，结果是一团乱麻。有些事，带着抓或者先放一放没关系。

第二讲
初步建立与家长的联系，赢得家长的信任和支持

本讲能力目标

· 掌握管理家长群的方法。

· 掌握通过问卷调查了解学生情况的方法。

与家长的接触几乎是与学生接触同步的。家长对班主任工作的重要性毋庸置疑。班主任要在最初就与家长建立常态的联系模式，取得家长的信任与支持。

1. 建立家校互动群

利用微信或QQ，建一个家长群，方便以后联系。如果你觉得有必要，条件也允许，还可以建一个学生群。群一定要班主任亲自建，不要加入家长已经建好的群。班主任是群主，要建立群规则，一开始就把话说清楚。群要长期使用，所以班主任要管理好。

（1）家长群的主要功能。

①把班级的最新动态告知家长，包括一些活动的过程、图片，有时候会利用网络直播班级活动，与家长及时分享。

②把班级管理的规章制度和自己的带班思路、想法告知家长，有时候也可以征集家长的意见。

③通过群发布通知（但还要配合其他方式）。

④召开网上家长会，就班级中的一些问题和事情与家长商议。

⑤和家长聊一些教育孩子的话题，转载一些好文章和资料。

⑥发布写给学生或家长的公开信。

⑦寻求家长的帮助，但仅限于班级事务。

⑧和家长联络感情，打招呼，问候。

⑨个别学生出现问题，及时与家长联系（私聊）。

（2）班主任在家长群里发言的注意事项。

①不发牢骚，更不要把自己带班中出现的负面情绪在群里发泄，以提正面的建议为主。

②不对学校的管理政策表达不满。不是说你没有意见，而是要特别注意发表意见的场合。

③不议论某个具体老师的言行。如果有家长议论，要及时阻止，转入私聊。

④不说没有根据的话或超出自己工作范围和权限的话。

⑤个别学生的问题一律采用私聊的形式和家长沟通，不在大群里公开议论，每次发送图片、视频都要考虑清楚，会不会造成一些家长的误会、误解。如果需要讨论班级的具体案例，则最好不要点出学生的具体名字。

⑥不转发未经核实或观点过于偏激、负面的消息和文章。

⑦对家长的询问应及时回复。

班主任在群里的发言要慎重。因为老师面对的是家长，而群里的家长组成是复杂的，素质也有很大差异。班主任和家长之间不可能都成为知心朋友，更多的是因为孩子教育的问题有了联系，所以，要把话题的范围缩小，单纯一点。

（3）家长群管理的建议。

①给班群起一个好名字，比较温馨一点的。比如，“××班家校联盟”“我们的××班”等。群好比是家长、老师在网上联络聚会的一个俱乐部，要给家长们一点“家”的感觉。

②不强求每位家长加入群，但是群做得好，信息很重要、有价值，通过家长之间的宣传，大家自然会加入。比如班主任要再开网上家长会，不加入群就无法参加。

③所有家长一律实名，统一要求是“学生姓名＋关系（爸爸或妈妈）＋家长姓名”，如“张强爸爸张××”。

④明确要求家长不要在群里发任何培训班、卖东西等内容的广告链接，也不要转载与教育无关的文章。对于家长发表的不当言论要积极干预，表明态度，

友情提醒。几次提醒之后，情况就会好很多。

⑤经常在群里宣传班级好人好事，表扬学生，点评一些案例，展示学生优秀作品，传递自己的价值观。这样，家长也会以这些素材教育自己的孩子，间接地帮助班级形成好风气。

⑥经常在群里表达对家长支持班级工作的感谢之情。逢年过节，虽然不抢红包，但少不了和家长的互相问候。

资料库

家长群管理规则样本

××班家校互动微信群管理规则

为方便与家长沟通，及时传达学校通知和学生信息，特建本群。在使用本群进行交流时，请遵守以下规则。

（1）在群里交流发言，请严格遵守如《中华人民共和国网络安全法》《网络信息内容生态治理规定》等国家有关法律法规，不发送任何违法信息。不转发任何未经核实或与教育无关的文章、链接。不发广告，不以任何理由在群里发红包。

（2）只有本班学生家长（父母、祖父母）本人和科任教师、学校有关部门负责人可加入本群。每个家庭最多加入两位家长。请勿将其他人员介绍入群。

（3）本群实名制，请家长们使用统一格式在群里备注。格式为："学生姓名＋关系＋家长姓名"，如"王晓刚爸爸王强"。

（4）不在群里公开议论学校政策、科任教师教学情况，不以任何方式煽动情绪。如果对上述问题有意见，请直接联系班主任、科任教师或学校有关部门负责人。

（5）不在群里公开议论关于孩子或家庭的私人问题，有问题可直接联系班主任或科任教师。

（6）群里交流请注意礼貌和语言文明，不谩骂侮辱他人或实施人身攻击。

（7）请勿以大量图片或短句刷屏，以免其他家长遗漏重要信息。

（8）班级任何收费活动均由学校通知、组织，不在本群里进行，请勿在群里给班主任转账或发红包。

（9）如有违反以上规定的行为，群主会做出提醒并有权劝阻、制止。如不能服从管理，群主将移除违规人员。

希望各位家长与学校密切配合，自觉遵守群规，共同营造良好的沟通交流氛围，为了我们的共同目标——孩子的健康成长而努力！

××校××班

××××年×月×日

2. 向家长发放一份调查问卷

开学初，班主任对学生及其家庭情况了解得比较少，但工作又需要在掌握有关信息的基础上开展。运用调查问卷的方法可以缓解这一矛盾。你可以就自己关心的问题设计一份问卷，向家长发起调查。根据你的条件，问卷可以采用纸质稿或电子稿的形式发放，回收后注意分析。

问卷调查是可以让班主任在短时间里掌握大量信息的常用手段，是班主任工作的基本方法之一，不仅开学初要用，以后还会经常用到。

资料库

给新生家长的调查问卷（样卷）

××班家长调查问卷

说明：

（1）本问卷为实名调查，请提供真实信息，这将有益于帮助您的孩子。

（2）如果您认为某些问题涉及您及孩子的隐私，可以不回答。但依然希望您尽量提供翔实的资料，我们会对您提供的信息严格保密。

学生姓名：

家长姓名：（关系）

本问卷填写人：

（1）您的详细家庭住址：

（2）您的联系方式：

手机 1（常用□不常用□）

手机 2（常用□不常用□）

宅电（常用□不常用□）

微信（常用□不常用□）

QQ 号（常用□不常用□）

电子邮箱（常用□不常用□）

其他联系方式（如单位电话）（常用□不常用□）

（3）您的职业：

工人□农民□外来务工人员□公务员□公司职员□

单位负责人□私营业主□自由职业□全职太太□其他

（4）您有几个孩子？分别是男孩还是女孩？您这个孩子排第几？

（5）您的工作：

很忙□很闲□不固定□

（6）您家里哪一位管教孩子多一些？

父亲□母亲□父母差不多□祖父母□基本不管□

（7）您平时和孩子的交流情况如何？

经常□偶尔□很少□

（8）孩子经常和您谈论学校的情况吗？

经常□偶尔□很少□

（9）您的孩子有自己的房间吗？

有□没有□

（10）您的孩子有手机吗？

有□没有□

（11）您的孩子手机的价格大约是：

（12）您的孩子每天使用手机大约几个小时？

（13）您的孩子用手机主要做些什么？

（14）您的孩子在家做家务吗？

经常□有时□偶尔□从不□

（15）您家里有图书吗？

很多□有一些□很少□

（16）您的孩子有阅读的习惯吗？

经常□有时□很少□

（17）您的孩子上学放学的交通方式：

家长开车接送□坐公交车□坐地铁□

骑自行车□骑电动车□步行□

（18）您的孩子上学所需时间：

（19）您的孩子每天起床时间：

（20）您的孩子每天睡觉时间：

（21）您的孩子每天的早餐：

家长做□自己做□自己买□经常不吃□

（22）您每个月大概给孩子多少零花钱？

（23）您对孩子的教育方式是：

民主□专制□放任□严格□宽松□

（24）请您对您家的亲子关系做出评价：

亲密□和谐□冷淡□紧张□不好说□

（25）您会骂孩子吗？

经常□有时□很少□从不□

（26）您会打孩子吗？

经常□有时□很少□从不□

(27)您认为您的孩子的优点有：

(28)您认为您的孩子的缺点(弱点)有：

(29)您对孩子的未来有什么期望？

(30)您希望老师主要在哪些方面帮助您的孩子？

(31)您还有其他补充吗？

尽管问卷设计得非常细致，但采集问卷之后班主任可能会发现，家长的答题情况和想象的不太一样，很多家长的答卷并不令人满意。因为有些家长根本没有好好作答或者答非所问，提供的信息也不够详细。家长的文化水平和对孩子的重视程度本来就是不一样的，各个家庭的状况也不相同。所以，不要对家长答卷提供的信息抱有太大的希望(但是肯定有有用的信息)。通过问卷了解情况只是目的之一，其实这份问卷还有更大的价值。

(1)向家长展示了专业的态度和方法，有助于提升家长对班主任的信任度。

(2)让家长们知道班主任非常关心孩子。问卷设计得非常贴心、细致，不厌其烦地问了很多孩子的细节，特别是第30题，体现了良好的服务意识和敬业精神。这份问卷会给班主任的形象加分不少，也会让家长更加信任并支持班主任的工作。

(3)仔细分析问卷，会得到不少问卷以外的信息。请参看下面的拓展学习。

拓展学习

如何用调查问卷的方法掌握班级情况

班主任工作有很强的专业性，其中仅班级管理，就有很多职业的方法。班主任是班级的管理者，同时也是一名决策者。“决策之前，调查先行”，是一条重要的工作原则。在掌握学生情况的前提下开展的工作才是有效的。掌握学生情况的方法很多，调查问卷法是其中之一。

调查问卷法的优点是操作简单，能在最短的时间里获取最大量的信息，为班主任的决策提供参考。

1. 在什么情况下使用调查问卷

调查问卷的适用范围很广。班主任想了解学生哪方面情况，或者想就某个问题、某项决策征集学生的意见或建议，收集反馈信息，都可以用这种方法。

（1）决策指南。

为了保证规章制度合情合理，有公信力和执行力，班级在制定政策之前需要了解学生的想法和意见。任何武断、一刀切、不考虑学生具体情况的规定都是既不民主也不科学的，会在执行的过程中遭遇各种阻力。比如，班主任想制定关于学生交作业的规定，包括对不交作业同学的处罚，那么班主任就应该首先了解哪些学生、在哪些学科上、因为什么存在按时交作业的困难。为此可以先做调查问卷，初步摸清情况，再考虑做怎样的规定。其他类似的问题也可以这样处理。调查问卷提供的信息可以为班主任决策提供参考。

（2）意见反馈。

班级制度执行过程中学生有什么感受、班规中有没有不合理的地方、哪些地方需要改进、具体的修改意见是什么，等等，也可以采用问卷调查的方法收集信息。班级工作不是班主任想当然的，班主任不仅要知道自己要做什么、需要什么结果，更需要知道学生是怎么想、怎么看的。比如班主任推出了一项关于禁止学生吃零食的规定。但是，一些学生似乎并不愿意遵守这项规定。那么，学生对此规定到底有什么想法呢？班主任可以为此做问卷调查，询问学生遵守规定的困难在哪里。问卷还包括了解学生吃早餐的情况等。班主任不仅通过这种方式了解了大家的意见和困难，其实学生也通过回答问卷对自己的生活习惯有了再思考。

超链接

关于在教室里吃零食的问题还可以用班级议事的方式研究解决方案。参见第六课第二讲中的“小组议事”。

（3）建议征集。

利用调查问卷可以征集班级管理的建议。问卷提出问题，面向全班征集解决方案，展开头脑风暴，群策群力，共商班级管理事宜。从学生的答卷中采纳合理的建议或者整理出来供大家讨论，在此基础上制订班级管理方案。

（4）情况调查。

调查问卷适用于大面积的信息采集，特别适合班主任快速了解学生某方面的情况。调查问卷的对象既可以是学生也可以是家长。比如，在新接班时，班主任想在很短的时间里了解学生过去的学习情况或家庭情况，可以设计一份问卷向家长发放。有了相关信息，班主任在今后和家长的交往以及对学生的教育中，就可以做到心中有数，找到合适的方法和切入点。

用调查问卷法掌握班级情况的方法并不难，它更多的是班主任的一种工作意识和工作习惯。

2. 如何设计调查问卷

（1）调查问卷分记名与不记名两种，班主任要根据调查的具体内容决定采取哪种方式。实名制的调查信息指向更明确，但学生回答可能有所顾忌，不一定如实反映情况。如果班主任想要了解学生的具体情况以便于进行个性化帮教，应该采用实名制。如果班主任仅仅是想了解对某个问题全班倾向性的意见或感觉到学生可能不愿意署名，则应该用不记名的方法。也可以二者结合，即愿意署名就署名，不愿意也不强求。和学生说明，如果署名，老师将能更有针对性地帮助他。

（2）如何设计问卷的题目？设计问卷和教师出试卷的思路差不多。教师想要了解学生对哪些知识点掌握的情况，试题就会围绕着这些知识点出。同样地，在问卷中班主任就是要把自己关心的、想了解的情况变成问题让学生作答。

（3）问卷的题型分客观题和主观题两种。客观题回答快捷，学生比较喜欢，也比较方便统计结果。主观题因为需要组织文字和书写，有些学生会觉得麻烦。问答题的信息量较大，但统计起来不方便。建议教师在设计问卷时以选择题为主，问答题不要太多。其实只要把选项设计好，即使选择题也能提供较多的信息。比如，班主任想了解学生手机的价格，直接问："你手机的价格是多少元？"统计结果就会非常麻烦。其实班主任只是想大致了解一下学生使用的手机价格的区间，所以，这道题最好编成选择题，设置四个选项即可达到调查的目的：A.1000 元以下；B.1000—2000 元；C.2000—3000 元；D.3000 元以上。

（4）问卷的问题要简单明了，便于学生理解和作答，不要问一些模棱两可或者有歧义的问题，学生不好回答或者回答的内容不是你想要的。比如，只是想泛泛地了解学生的兴趣，可以简单地问："你对做什么事感兴趣？"那么学生的回答是五花八门的。但是，如果你了解学生的兴趣是为了合理安排班级工作，那就应该问得更具体一点："在班级工作方面，你对做什么事比较感兴趣？"或者"你对做什么事感兴趣？（特指班级事务方面）"这样学生就明白你为什么提这个问题了。

（5）问卷的问题应该尽量不带有明显的倾向性或暗示，也不要问一些涉及学生隐私的比较敏感的问题。如题目的问法让学生感觉到如果如实回答就会给班主任留下不好的印象，学生就不会告诉你真实的信息。可能涉及学生隐私的问题不宜用调查问卷的方法询问。如果是记名的问卷调查，班主任应该保证学生的信息不被泄露。

（6）要向学生清楚地说明问卷的目的。

班主任设计问卷的目的是为了更好地管理班级和帮助学生，不会用问卷难为学生，让他们说假话。班主任要想得到学生最原生态的信息，在做问卷之前就一定要说明自己的意图，和学生坦诚相见，并且强调提供真实信息的重要性。只有信任才能换来信任。比如，就交作业问题，班级即将出台一些管理措施，那么，在此之前对学生作业情况做一次普查是很有必要的。但普查只是为了采集信息，根据学生实际情况制定一些规则是为了学生好，不能让学生感觉到自己提供的信息反而给教师干预自己的行为提供了参考。

3. 如何分析调查问卷的信息

调查问卷所收集到的信息有些是真实的，有些则不真实。可信度与班级风气、题目设计和学生个性有关。但是，无论是真实的还是虚假的信息，都有分析研究的价值。

对问卷的分析分两个方面。

（1）面上的（整体的）。

通过问卷了解班级总体的情况，掌握主要的、共性的问题。班主任需要对问卷结果进行统计、分类。比如，某一节访谈式班会课，要请来几位嘉宾接受同学们的提问，与同学们零距离互动。为提高班会课的效率，班主任可以根据本次访谈的主题、预期达到什么效果设计问卷，询问学生最想了解什么。问卷回收后，将学生的问题归纳成几个版块，提前和嘉宾沟通。这样，既可以让嘉宾有所准备，也便于控制班会的进展。

（2）点上的（个体的）。

班主任要善于通过学生答卷读出其隐蔽的信息，要特别关注反常规的信息，重点跟踪那些提供特殊信息的学生。比如班主任问："你对做什么事感兴趣？"一般同学会按照自己的真实情况填写，如喜欢踢足球、喜欢唱歌、喜欢做做手工等，但是如果有同学回答"对做什么都不感兴趣"，你就要注意了，因为学生的回答背后一定有潜台词。所以，班主任要对反常信息重点跟进，找到教育的切入点。

学生提供的信息即使不真实，也是有价值的，甚至研究价值更高（比如研究学生为什么会这么回答）。对调查问卷的结果不可不信，也不要全信。调查问卷只是了解学生情况的诸多方法之一，班主任还需要结合其他途径获得的信息做综合评判。

本课小结

1. 了解学生对于班主任管理好班级非常重要。班主任可以通过活动巧妙地观察学生，获得大量的信息。
2. 在开学前就要对学生提出一些基本的要求，让学生开始了解班主任的工作风格。
3. 班主任要在一开始就建立与家长沟通的平台，形成相对稳定的沟通模式。要充分发挥家校互动群的作用。
4. 赢得家长的支持很重要，但只有真正关心学生、帮助学生，才能让家长真心支持班主任。

本课思考与实践

1. 在第一次组织的活动中有个学生非常爱表现，虽然很积极，但你能感觉到其他同学不是很喜欢他。你会怎么办?
2. 有几位家长在群里表现非常活跃，还经常对你这个年轻老师提出各种建议。你如何处理这个问题?
3. 根据你的学校和学生的情况，设计一份给家长的调查问卷。
4. 除了本课提到的了解学生、赢得家长支持的方法，你在实践中还尝试了哪些方法，效果如何?

第　二　课
开学第一天的工作

开学之前班主任已经做了大量有效的准备，对学生以及学生的家庭有了一定的了解，这将有利于接下来的工作。当然其中有些工作也可以放到开学初做。总之，只要接了班级，工作就开始了，开学前与开学初的工作是无缝对接的。不过，开学第一天的工作非常关键。班主任需要收拾利落，穿戴整齐，做好充分准备，早早来到学校，开始正式上岗第一天的工作。

通过本课，你能学到：

1 安排好学生的座位；
2 帮助学生尽快互相认识，初步建立良好的关系；
3 为开学后的工作做好准备。

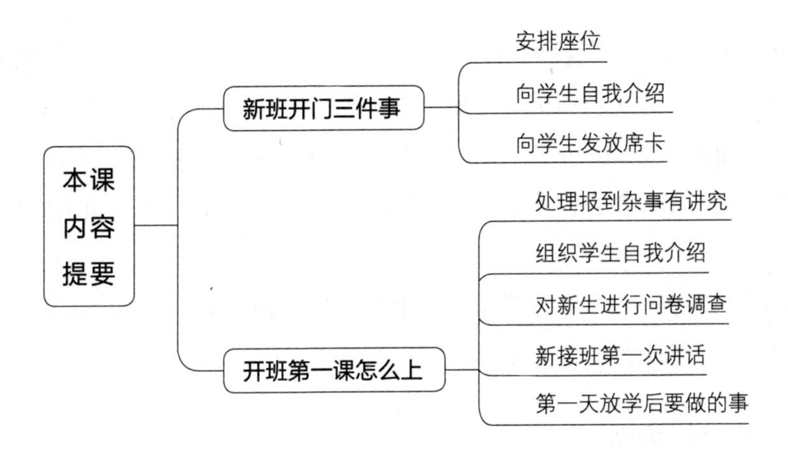
本课内容提要
新班开门三件事
安排座位
向学生自我介绍
向学生发放席卡
开班第一课怎么上
处理报到杂事有讲究
组织学生自我介绍
对新生进行问卷调查
新接班第一次讲话
第一天放学后要做的事

第一讲
新班开门三件事

本讲能力目标

- 掌握给学生排座位的基本原则。
- 了解学生席卡的作用。

开学第一天学校一定会有很多杂事，比如发书本、领劳动工具、发课表等，学校在此之前一定也召集班主任开会布置了，所以你在开学前一天要把学校的要求、通知和需要带的东西详细告知学生与家长。来了以后按要求做就可以了。有些事你可以亲自做，但很多事需要学生做，重要的是在学生做事的时候注意观察。

以下几件事是你在处理完学校杂事后，在属于你自己掌控的时间里做的，可以认为是你第一次在主动行使班主任的职责。

1. 第一次安排座位

每个人在教室里都有个座位。学生到班级的第一件事是要坐下来。鉴于你对学生的情况还不是很了解，你不需要事先就把座位排好。

马上行动

（1）让学生先随便找个自己觉得合适的位子坐下，先到先坐。

（2）点名（注意不要读错学生的名字）。等学生到齐了，其他事情处理完了，找个时间初步排一下座位——让学生在室外站队，男女生分列，按身高排序，进入教室就座。高个儿坐后排，矮个儿坐前排。

（3）如果有学生没有来，要按照资料上提供的身高、性别为他（她）留出空位。

（4）按一般习惯，男生和男生坐，女生和女生坐。但这不是绝对的。第一标准是身高，可以安排男女生同桌。普通的教室是四个自然组，为了以后开展活动的方便，每个组都要有男生有女生，而且尽量保证每组男生女生的比例差不多。

（5）告诉学生，这只是临时座位，先这样坐，一段时间后可以再调整。

2. 向学生自我介绍

主要介绍自己的姓名、所教学科、联系方式。把姓名和电话写在黑板上，其他个人信息也可以说一些，但不必太多。最后向大家表示欢迎，表达你要带好这个班的信心。这个过程很短，不需要发表长篇大论，两三分钟即可。

3. 给学生发放席卡

现在你要向学生拿出你的一件宝贝——席卡。

你一定在开会时见过这个东西——放在主席台或座位上，写有出席会议的人员姓名或职务。你可以把这个东西用到你的班级里，好处多多。

马上行动

席卡可以在网上很方便地买到，物美价廉者即可。打印或写好学生的名字装进去。此外还可以把红纸折成三角形来替代。

对于新班新生来说，席卡的作用可能超乎想象。

（1）方便教师点名、提问。有了席卡，老师上课，无论认不认识学生，都能随时一口报出学生的名字，再也不需要费事地查看座次表或者用手指指点点，

“你，你，你”地提问了。教师能直接报出学生的名字对于教学和管理是非常重要的，尤其是对那些每周只有一两节课的所谓副科老师，他们可能一个学期也报不出班上几个学生的名字。由于学生普遍不重视，这些学科平时的管理难度也比较大。席卡可以帮助老师部分解决管理的困难。

（2）便于学生尽快互相认识。

（3）方便班干部的检查和管理。席卡一放，谁来了谁没来一目了然。

（4）代替座次表，调整座位也没关系，学生走到哪里带到哪里。

（5）开家长会，摆上席卡，家长对号入座，非常方便。

（6）如果有教师借你所带的班开公开课或试讲，提问也方便。

（7）班级搞活动时可以用上，比如表决、报名或分组活动。

这些还都不是席卡最重要的作用。班主任可以启发学生：一般开会，只有专家、领导和嘉宾才有席卡。席卡代表了一种尊重。现在班里每个学生都享受专家的待遇（学生会笑）。席卡将个人形象与姓名联系起来了。以前有学生欺负老师不认识他，报不出名字，在课堂上捣乱。现在老师可以直接报名字、记名字。同样地，表扬也会很精准。凡使用过席卡的班主任都有这种感觉——学生变得更加珍惜、爱护自己的形象了，因为现在他们无论做什么，都在大家的注视和监督之下。

图 2-1　给学生配上席卡

所以，请给每个学生准备一个席卡。

关于席卡的其他几个问题。

（1）席卡的正面是姓名，背面学生可以自由发挥。最常见的是放课程表，也有写座右铭和励志格言的，也有放漫画图片的，比较个性化，很有趣，也是一道班级文化风景线。

（2）塑料的席卡最大的问题是放在桌上有时候会被碰翻掉到地上造成损坏。所以有学生会用双面胶将其固定。便宜的轻质的席卡反而不容易摔坏，如果是用纸折的，则更不会出现这个问题。

（3）放置了席卡后，课桌的桌面就不能太乱，应该收拾整齐，不要放太多的东西，对于保持教室的美观也有作用。

（4）使用一段时间后，老师和学生已经很熟悉，也可以将席卡回收，统一保管，需要的时候再拿出来用。

第二讲
开班第一课怎么上

本讲能力目标

- 掌握组织学生进行自我介绍的方法。
- 掌握用肯定学生的方式开始第一次全班讲话的技巧。

学生到齐之后，有很多杂事要处理。处理完这些杂事，安顿下来，大家第一次坐在一起。所谓第一节课，确切地说，是新班的第一次集体活动。

1. 处理报到杂事有讲究

第一天报到，学校总会有各种杂事。班主任在处理这些杂事时有“两多两少”原则——多看，多想，少说，少做。

班主任要用简单的指令布置工作，自己要少做。这不是偷懒，而是要留出更多的时间去观察学生、思考问题，如果有可能，拍一些照片。如果你自己一个人埋头做事，让学生闲着，忙不过来且不说，关键是你失去了观察学生表现的机会——学生坐在那里不动，你什么都看不出来。学生一旦动起来，其个人素质、能力、态度都能显示出来。

学生在做事的时候，你少说话，一边留意观察，一边思考第一天的总结说些什么。

2. 组织学生自我介绍

开学第一天，有的学校会留些时间让班主任自由安排，班主任会安排学生进行自我介绍。不管是不是第一天，这件事肯定要做。但有些班主任做得比较草率，让学生挨个儿上来向全班同学自我介绍。学生也没什么准备，随便说说姓名、来自哪个学校等。一圈走下来，很多学生都没有给人留下深刻印象。

初当班主任，要培养良好的教育意识和工作习惯，特别是要做有意义的事，不能时间花了，事情好像也做了，却没什么效果。

新生自我介绍，是学生第一次在全班展示自己，也是班级从一群散兵游勇凝聚成一个群体的开始。班主任要重视这项工作，不能只是走个过场。

方法指南

破冰——新生自我介绍的几种组织方法

方法一：有备而来。

请每一个学生事先写一份自我介绍，300 字左右（1 分钟左右可以完成），要求突出重点，不要面面俱到，尽量生动有趣，能给人留下深刻的印象。比如，在黑板上写下自己的名字，介绍名字的由来或记住名字的方法；介绍自己的性格或兴趣爱好或心愿；讲一件关于自己的有趣的事或最喜欢（最讨厌）的事；最想向大家表达的想法；等等。班主任可事先审核一下。有准备和随便说说效果差别很大。

方法二：递上名片。

每个学生制作一张介绍自己的卡片（名片），A4 纸一半大小即可，内容包括但不限于：照片（头像）、毕业学校、兴趣爱好、特长、个性特征、优点、缺点、心愿、星座、联系方式等。可以手写也可以打印。拿着卡片做自我介绍，结束后在教室相应位置贴出这张卡片。

方法三：好搭档——互相介绍。

先给 5 分钟时间让学生采访自己的同桌，记下要点和有趣的地方。上台时不能介绍自己，只能介绍对方。内容要尽量生动有趣。

3. 对新生进行问卷调查

第一天对学生做一些调查是很有必要的。和家长问卷不同，第一份学生问卷主要是了解学生对于班级工作的意向，为接下来安排班级的工作提供参考信息。

资料库

学生工作意向问卷调查（示例）

（1）你的特长或爱好是什么?

（2）你对做什么事感兴趣?（指为班级做事）

（3）你在过去的班级里做过什么工作?

（4）你愿意为新的班级做点什么?（想到什么都可以写）

注意，学生填写的意向仅供参考。对反常规的信息予以关注。

4. 新接班第一次讲话

新接班第一次正式讲话，不要太长，也不要用大而空的道理说教，更不能批评训斥（尽管班级的一些事情可能不能让你满意），一定要以鼓励为主。你无须事先准备讲稿（也可以有个提纲），可以以点评第一天报到发生的一些事情为切入点（这样学生会有很真实的感受），表扬好人好事，指出班级的亮点，顺便为大家描绘美好的班级愿景。

马上行动

你可以这样开头："同学们，今天我很高兴！因为这是我们同学第一次从四面八方聚在这间教室里。今天是我们班级的生日。从今天开始，我们将一起在这里度过很长一段时间。今天大家良好的表现让我看到了我们班级美好的未来。我相信，只要我们团结在一起，把今天的好表现延续下去，我们班级一定会越来越好，越来越强大！……"

接下来，你可以具体点评一些事情："今天我尤其要表扬一些同学……"你前面观察的情况此时就发挥了作用。你要告诉学生档案的事——所有的表现情况都会记录在大家的档案袋里。

在对学生的表扬和鼓励中结束你的第一次讲话。

5. 第一天放学后要做的事

放学前要再次强调你第一封信里提出的要求——让学生做完自己的事再走。

学生离开教室时，你可以站在门口和学生一一道别，培养他们的文明礼仪。

学生离开后你要留下来检查（可以带一两个学生一起）。一定有学生会忘记你的要求，你可以拍照记录下来，当然好的也要记录，第二天点评（先不要批评，提醒一下）。

这些事情都做完了，你要给家长发信息，对第一天的情况做点评，还是以表扬、鼓励为主。

案例故事

第一次点评——感动我的第一人

我把在新班级的第一次点评送给了一个普普通通的孩子。新生报到那天，她在没有任何班级规定或者我的暗示的情况下，默默地捡起散落在教室垃圾桶旁边的纸团。这个细节被我观察到，成为教育学生的第一个素材。我在班上大力表扬了这位同学，称她为“感动班级第一人”。我指出她行为的可贵之处在于完全出于自觉，因为她根本不知道我看见了这个行为。实际上，报到当天，我一直在用心观察、寻找，就是想找到身边的案例，向学生们传递正能量。我号召同学们都像她一样做有心人。我希望在今后漫长的班级生活中，能涌现出越来越多这样的好人好事。

放学后，我给那位同学的家长发了一条很长的信息，表扬了孩子的良好表现，感谢家长为班级输送了这样一位好同学，同时也非常高兴能遇见这样素质高的家长（因为孩子的表现离不开家长的言传身教和榜样示范）。

充满了感情的短信令家长惊喜万分，我想，家长一定会把这条短信和孩子分享，让孩子再一次体会到信中所写的“愉快的感觉和实实在在的回报”。

给这位家长发完短信后，我给全班学生的家长统一发了一条信息，号召全班同学向她学习。班级需要更多的有心人。

后来，好几个孩子给了我反馈，说那天他们也看见那个垃圾桶旁边的纸团了，心里也想着是不是应该捡一下，但是出于各种原因没有做，现在想来十分后悔。但是他们都表达了这样一个意愿：“今后再遇到这样的情况，自己就知道该怎么做了。”

我知道自己已经赢在了起跑线上，我在班级里倡导了一种价值观，即在我们的班级里，你做什么样的事、有什么样的行为，可以得到老师和同学的肯定和赞扬，可以体现自己的存在价值。这种价值观必将对孩子们今后的行为产生积极的影响。

（案例选自陈宇：《学生可以这样教育》，教育科学出版社，2016。）

本课小结

1. 排座位的基本原则是身高。
2. 席卡在班级管理中有很多用途。
3. 第一天向学生发放工作意向调查问卷可以为以后安排学生工作提供依据。
4. 有很多有趣的破冰方法可以用于学生的自我介绍。学生自我介绍是新班第一课的重要内容，要组织好。
5. 第一次全班讲话要以表扬鼓励为主，表扬的内容应该让家长知道。

本课思考与实践

1. 如果安排座位时正好有男女生同桌，有学生不愿意，你如何解决这个问题？
2. 如果有好几个学生在问卷中提出想做班长怎么办？
3. 有学生在报到第一天就表现出散漫、破坏秩序等行为，你将如何处理？

第 三 课
开学第一周的工作

新班开学第一周将是一学期最忙碌的一周，所有的工作都扎堆，但是班主任不能自乱阵脚。事情一件件处理，每天的效率都要很高，要主动做事，不能等事情上门。俗话说“开门七件事，柴米油盐酱醋茶”，就是指一个家能把日子过起来必备的几个条件。同样地，班主任可以思考：班级要运转起来要做好哪几件事？这些事就是第一周的工作重点。上课有科任教师负责，有课程表。班主任主要是负责上课之外的工作：卫生、午休、跑操、课间休息、集会等。这些事要靠全体师生的参与。班主任不是一个人在战斗，而是要调动全班所有人，一起投入班级的建设之中。

通过本课，你能学到：

1. 组建临时班委会，制定班干部基本职责；
2. 安排好卫生保洁工作；
3. 初步建立作业管理规范；
4. 培训科代表。

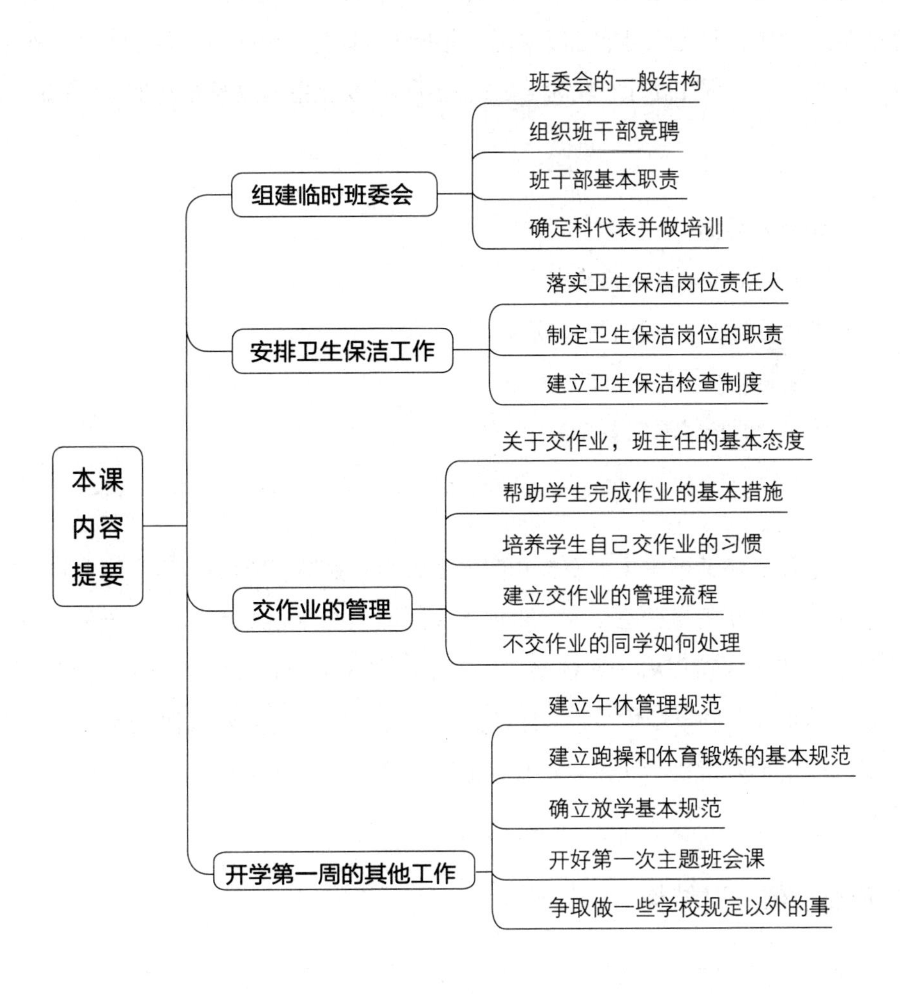
本课内容提要
组建临时班委会
班委会的一般结构
组织班干部竞聘
班干部基本职责
确定科代表并做培训
安排卫生保洁工作
落实卫生保洁岗位责任人
制定卫生保洁岗位的职责
建立卫生保洁检查制度
交作业的管理
关于交作业，班主任的基本态度
帮助学生完成作业的基本措施
培养学生自己交作业的习惯
建立交作业的管理流程
不交作业的同学如何处理
开学第一周的其他工作
建立午休管理规范
建立跑操和体育锻炼的基本规范
确立放学基本规范
开好第一次主题班会课
争取做一些学校规定以外的事

第一讲
组建临时班委会

建立班委会是班主任开学第一周的首要工作之一。在此前与学生的初步接触和调查了解中，班主任可能已经发现了有些同学具有一定的领导力，同学之间也开始互相认识。现在要让一些同学正式上岗，协助班主任做好班级管理工作。

本讲能力目标

· 了解班委会的基本结构。

· 掌握组织班干部竞聘的方法。

· 掌握制定班干部职责的方法。

· 掌握培训科代表的要点。

班主任已经看过学生的资料和问卷调查表，知道了班级中哪些人以前担任过什么职务、获得过什么荣誉，再加上面对面的交流和观察，心中应该有一些人选了。班主任可以做一些铺垫工作，比如在开学前和报到第一天的活动中，有意识地请几个同学帮忙（不是随便找人）。这些同学已经给其他人留下了一些印象——他们好像是带头的。这种印象对于学生认可新班级的临时班干部很有帮助。

1. 班委会的一般结构

最迟要在开学第二天确定一批临时班干部。图 3–1 是班委会的结构（低年级的班级没有团支部）。但是临时的班委会不一定都要配齐，有一些主要的班干部即可，包括班长、体育委员、学习委员、劳动委员、宣传委员、主要学科的科代表。这些岗位人员都是立即要开始工作的。其余人选可以稍后再确定。

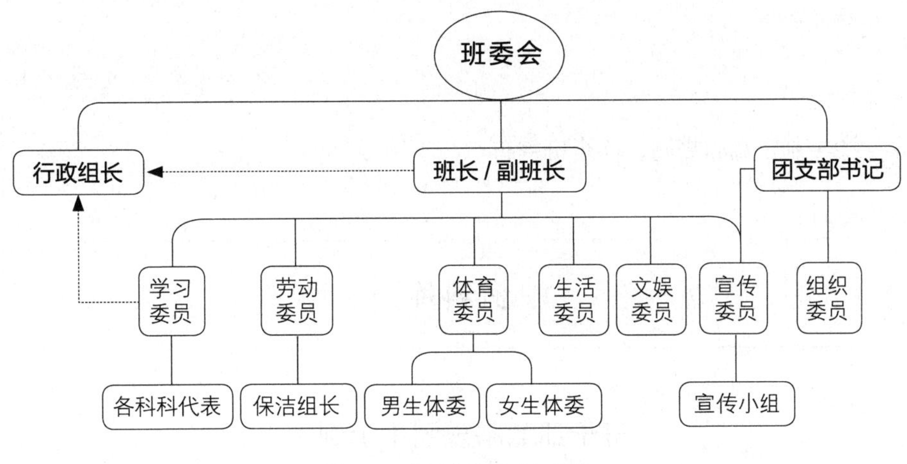

图 3–1　班委会的组成与结构

确定临时班干部最简便快速的方法是班主任直接任命。任命的依据就是前期的考察。当然，如果有时间也可以组织班干部的竞聘，不过要注意方式方法。

2. 如何组织班干部竞聘

（1）向全班同学和家长发出竞聘通知，让有意向的学生做好准备。

资料库

班干部竞聘通知文本样板

通知：

本班临时班干部采取竞聘的方式产生。竞聘岗位包括（　　）。

竞聘活动于（时间）在（地点）进行。请有意向参加竞聘的同学直接向班主任报名，提前准备好材料。每人竞聘演讲和材料展示时间不超过 3 分钟。竞聘规则附后。

特此通知。

××××年×月×日

（2）制定竞聘规则，向全班宣布。

资料库

班干部竞聘规则（示例）

（1）某职务无人申报，由班主任直接任命。

（2）某职务只有一人申报，需要发表竞聘演讲。全体同学投票。赢得半数以上选票者可以当选。不到半数不能当选，仍然由班主任直接任命。

（3）某岗位有两人参与竞聘，竞聘演讲后全体同学投票，票数高者当选。

（4）某岗位竞聘者超过两人，采用两轮投票的方法选出当选者。所有竞聘者演讲结束进行第一轮投票，选出票数最高的两人入围第二轮（n进2）。第二轮投票前两位竞聘人再分别做一分钟演讲，得票高者当选。

说明：这个规则是经过反复研究和实践后确定的。它可以保证：

（1）不会出现岗位空缺；

（2）当选者一定是受到大多数人支持的，不会因为某个岗位的参选者在没有竞争对手的情况下直接当选；

（3）无论某个岗位参与竞聘的人有多少，最多用两轮投票的方式即可确定，简化了竞聘流程。

（3）按规则完成竞聘。

也可以采取直接任命与竞聘上岗相结合的方法，一部分岗位由班主任直接确定临时负责人，而另一部分岗位供学生竞聘上岗。

3. 临时班干部的几点说明

（1）工作一段时间后（如一个月），正式选举班干部。临时班干部可以参选也可以放弃。

（2）正式选举出的班干部也有任期（如一学期），任期结束后改选。

（3）采取一票否决制。如果班干部严重违纪，直接免职，错误另外处理。

4. 初步确定班干部的基本职责

班干部不是荣誉称号，选出来的班干部要立即投入工作，要做实事。所以，一定要给班干部定责。没有职责的岗位形同虚设，到时候事情还是没有人做。

临时班委会成立后，要召开第一次班干部会议，对班干部的表现提出要求，同时要确定班干部的职责。为提高效率，可以先定几条最基本的职责，把工作先做起来。职责是根据工作的需要定的，在班委会运行过程中一定会有许多新的任务、新的问题，遇到这种情况，原有的职责不够了，再调整补充，逐步完善。

工作职责要求具体化，分管哪些事要写清楚。比较好的方法是让班干部自己先拟定几条，班主任综合考虑，提出一定的修改意见再确定。这样做的好处是让每个班干部先对自己的工作进行思考，发挥他们的主动性，提高他们的责任感。而且一般来说，自己定的自己会记住。班主任不要什么都包办代替，永远不要剥夺学生自己思考的机会。学生想得不周全的地方班主任再提示一下，说不定他定的职责会超出班主任的预期。班主任要对各个班干部的职责做调整，确保没有重复，主要工作没有遗漏。

职责定好后整理汇总，打印或抄写，班干部人手一份，班主任保留一份。

资料库

班干部职责示例（仅供参考）

1. 班长

（1）给全班同学做好榜样。

（2）班主任不在时，代理班主任管理班级常规事务，如集合、放学。

（3）协调各班干部之间的工作。

（4）组织召开班委例会（每月第一周星期一下午放学后）。

（5）主持班级大会、小组评议等活动。

（6）参加学校的班长例会，做好会议记录，及时向班主任汇报或传达到班级。

（7）负责班级各种申报材料的整理。

2. 团支部书记

（1）负责班级团组织的所有工作。

（2）每日检查团员佩戴团徽情况并记录。

（3）记录、统计同学的好人好事，以及获得的加分。

（4）学校各项慈善、公益活动、团委活动的组织落实工作。

（5）负责与学校德育处、团委、学生会等单位的联络，及时传达信息。

（6）班级对外发言人（有特殊安排的除外）。

3. 副班长

（1）在班主任不在的时候协助班长做好班级管理的常规工作。

（2）记录管理学生迟到、早退、缺勤情况。

（3）班级公示栏的更新与维护。

（4）记录每次班委例会的情况。

（5）在班长不在的时候代理行使班长职责。

4. 学习委员

（1）汇总班级各科测验、考试的成绩。

（2）制作各次考试成绩统计分析的电子表格。

（3）每天汇总各科交作业情况，报给班主任。

（4）组织并管理班级学习互助小组的活动。

（5）学校各种学科竞赛的报名组织。

5. 宣传委员

（1）管理板报创作小组，保证每期黑板报能及时出刊。

（2）管理班级海报小组。

（3）协助生活委员购买班级各类表彰的奖品。

（4）负责宣传学校、班级的各项活动。

（5）负责安排班级各类活动的记录、摄影和电子相册制作等工作。

（6）管理班级 QQ 群。

6. 生活委员

（1）管理班级经费的收支，每半学期公示一次。

（2）购买、添置班级所需的各种备品。

（3）协助校医做好相关的学生卫生保健工作。

（4）关注天气变化，提醒同学课间开窗通风，保持室内空气质量良好。

（5）遇有同学生病或不适，予以必要的帮助并及时和班主任或校医联系。

7. 劳动委员

（1）放学后和值日班长共同完成例行卫生检查，填写《保洁检查记录表》。

（2）检查同学承包的卫生工作完成情况并签字。

（3）提醒值日生做好每天的保洁工作。

（4）定期检查劳动工具、黑板擦、粉笔等用品，如有损坏缺失，及时更换、维修。

（5）协助班主任组织班级的大扫除以及公益劳动。

8. 体育委员

（1）负责跑操、课间操、晨会即各种集会的队伍组织，清点人数，及时向班主任或副班长汇报。

（2）负责各类体育比赛的报名组织工作。

（3）协助体育教师做好体育课的组织、整队工作，统计体育课缺席情况并及时向班主任、副班长汇报。

（4）组织学生的课外体育锻炼活动并提醒同学注意安全。

（5）负责各种外出活动的整队、点名工作。

9. 文娱委员

（1）负责班级各类文艺演出、比赛的组织、排练工作。

（2）管理各类文娱活动的道具准备工作。

（3）负责每天中午“每周一歌”的播放。

（4）管理“世界经典电影赏析”工作，安排、组织有关视频的推荐、播放。

（5）负责组织每个月一次的集体生日会工作。

所有班干部的职责都是最基本的，不代表只做职责上规定的就可以了。班干部在平时要以身作则，起到榜样带头的作用。不能各人自扫门前雪，对基本职责以外的工作视而不见。如果这样，就不是一个好干部。

超链接

班干部的管理工作参见第九课第二讲“班干部的管理”。

---

5. 确定科代表并做简单的培训

科代表也属于班干部。每天都要上课，学习上很多工作需要科代表的协助，科代表的确定和培训必须在第一周完成。

一般每门学科一名科代表，中学以上的主要学科由于教学任务重，可根据实际情况设 2 ~ 4 名科代表。

（1）确定科代表的依据。

①愿意热情为同学服务。

②学习认真。

③对某些科目尤其有兴趣。

④某学科成绩良好。

其中重要的是前两条。成绩是否优秀放在后面考虑，不要简单地将入学时每门课最高分取得者指定为科代表。

马上行动

通过学生的资料了解学生以前的学习成绩，根据调查问卷了解学生的意向，确定之前先征求一下学生的意见。也可以把科代表岗位和其他班干部放在一起竞聘。科代表名单必须和临时班干部同时确定。科代表也可以设试用期，一般为一个月左右。

（2）培训科代表。

相比于确定人选，科代表的培训工作更为重要。因为他们有的以前没有做过科代表，缺少相关经验。另外，虽然有些同学以前担任过科代表，但不同班级的要求不同，现在必须让科代表按照新班级的要求工作，因此科代表必须进行培训。第一周要完成科代表的基本培训，如果想更多地发挥科代表的作用，培训一次是不够的。

第一次科代表培训的主要内容是解读科代表的基本职责，目的是让他们能先把工作干起来，比如他们要熟悉交作业的流程。以后可能还有较高的要求，等工作一段时间后再说。

培训工作在确定科代表人选后立即进行，大约 15 分钟。

培训最重要的意义不是教学生怎么做，而是表达了对这项工作的重视——因为重要，所以要培训。培训做人（责任心）远比培训技术重要。所以，每个岗位都要培训——如果你想提高管理质量。

资料库

科代表的基本职责（示例）

（1）熟悉教师的办公地点、课程表和其他工作安排，知道在什么时间和地点能够找到老师。

（2）与老师交换联系方式，无论在校内还是放学后，都可以及时与教师沟通，教师也能很方便地找到你。

（3）课前课后与教师各联系一次，记录、传达老师的要求和通知。

（4）把课外作业抄写在黑板指定区域，在班级群里再发送一次。

（5）早晨整理作业本。早读前要把作业本放在老师的办公桌上，并附上没有交作业的同学名单。

（6）及时发送作业本、讲义、试卷。

（7）把同学对教学的要求和反映的问题及时告知科任教师和班主任。

随着班级工作的开展，科代表的任务也会逐渐增加。应该说能先把这些做好就很不错了，毕竟是刚开始做。

第二讲
安排卫生保洁工作

本讲能力目标

· 掌握运用“岗位招标”安排保洁工作承包人的方法。

· 了解岗位职责的特点，掌握制定保洁岗位职责的方法。

· 掌握检查卫生的方法。

· 让学生了解做好自我保洁的重要性。

卫生保洁工作是每天都要做的。这项工作应该比选临时班干部还要优先安排。最迟在第一周的第二天就要解决岗位的落实，第一周内完成卫生检查制度的制定。

1. 落实卫生保洁岗位责任人

安排保洁工作的原则是落实“承包责任制”——将保洁任务按班级人数分解，全班所有人每个人负责一块。每个保洁岗位具体由谁来承包可以采用“岗位招标”的方法确定。

超链接

岗位招标的具体操作参见第四课第一讲中的“利用招标制确定岗位承包人”。

马上行动

（1）观察班级所有需要保洁、维护的区域、设备，包括地面（教室前中后部和讲台区域）、讲台、黑板、墙裙、门窗和室外责任区，做好记录。

（2）将以上所有需要保洁的项目分割成与班级人数相等的岗位。要考虑每周保洁的次数，比如，黑板的保洁是五个岗位而不是一个，因为从星期一到星期五，一天安排一个人。注意每个岗位的劳动强度要差不多。

（3）确定每个岗位基本的保洁要求，包括打扫的时间、周期。

（4）把以上内容列在一张表上，将全班同学集中起来，进行卫生保洁岗位招标。招标的规则是“先到先得”，即谁先选中某个岗位就归谁（以举手或举席卡表示）。

（5）因为岗位数和班级人数是一致的，所以不可能有岗位空缺。如果有人不参与招标，最后肯定会剩余一个岗位给他。

一般来说，只需要十几分钟就能完成所有岗位的招标工作。

资料库

表 3–1　卫生保洁岗位招标书

编号	项目	保洁时间 / 人数	承包人
1—5	前黑板	每天 1 人 / 5 人	
6—10	讲台	每天 1 人 / 5 人	
11—14	讲台前区域（含墙裙）	每天 1 人 / 5 人	
15—20	后排区域（含墙裙）	每天 1 人 / 5 人	
21—25	教室中间区域	每天 1 人 / 5 人	

续表

编号	项目	保洁时间 / 人数	承包人
26—27	换垃圾袋	随时 / 2 人	
28—32	窗户	两周 1 次 / 每扇 1 人	
33	门（三扇）	一个月 1 次 / 1 人	
34—37	阳台保洁	一周一次 / 4 人	
38—45	拖地（全教室）	每天 1 次 / 8 人	

2. 制定卫生保洁岗位的职责

卫生保洁岗位职责一定要明确、具体，操作步骤、保洁标准要清晰，不能含糊不清。

岗位职责的确定，原则上还是学生先自定，班主任予以一定的指导。职责确定后，抄写或打印，张贴在岗位附近并存储电子稿。

马上行动

讨论制定保洁岗位职责

班级的卫生保洁岗位除了个别是由单人承包的外，绝大多数都不止一个承包人，比如黑板、讲台都各有五个人，一人负责一天。这样就可以把做同样的事的人编成一个保洁小组。招标完成后，班主任请所有同学分别到各自承包的岗位附近，开始讨论以下事项。

（1）每组推选一名组长。

（2）具体安排一下时间，谁星期一做，谁星期二做等。组长做好记录。

（3）各小组按前面提供的原则讨论保洁职责，组长做记录。

此时教室里会一片热闹。班主任可以到各个小组巡视，参与讨论，做出指导。活动大约半小时。也就是说，保洁工作的安排，从确定承包人到讨论制定岗位职责大约需要一节课的时间。

资料库

岗位职责示例

讲台保洁职责：

（1）每节课后都需要整理讲台，整理工作必须在下一节课上课前完成；

（2）整理时，台面用半湿的抹布擦拭干净；

（3）台面物品整齐摆放，右侧依次是纸巾盒、黑板擦盒、粉笔头回收盒、粉笔盒，白色、彩色粉笔分开放，方便教师取用，左侧是中英文字典和教学百宝箱；

（4）及时清理讲台上的作业本、试卷、讲义、教具或其他物品，不得长期堆放（超过半天）；

（5）保洁中发现物品损坏、缺失等问题，请立即解决，如果自己不能解决，请及时联系劳动委员、生活委员或班主任。

有时候，岗位职责不仅需要文字说明，还可以配上图片。一张图片就可以非常清晰地表达保洁的要求，特别直观。参看讲台保洁标准的配图（如图3-2所示）。

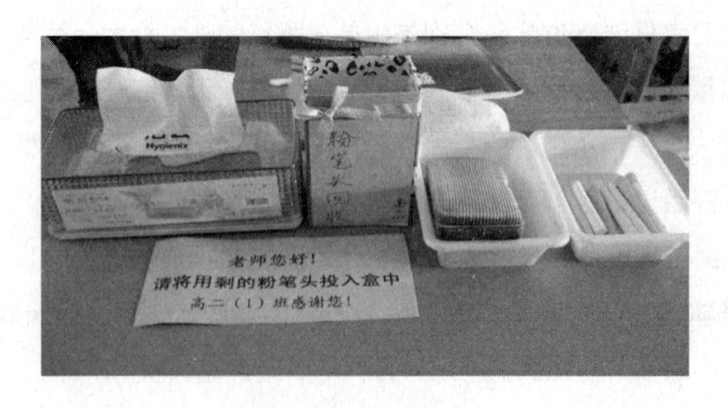

图3-2　讲台保洁标准示意

3. 建立卫生保洁检查制度

所有的工作都不是为做而做，而是为了达到目标。这就是目标管理的意识。班主任要做好班级管理必须具备目标管理意识——绝不盲目、忙乱地工作，要保证把时间和精力都用在达成目标上。

以保洁工作为例（其他工作同理），安排学生承包卫生保洁工作的目的有两个：一是保持教室的干净整洁，创造良好的学习生活环境；二是通过参加适当的班级工作培养学生的劳动意识和责任心。

这样班主任就要思考一下，做的工作有没有达到这些目标。可以用一些简单的方法判断，比如班级每天是不是很干净（或者有哪些地方经常不干净），保洁组长是不是经常向你抱怨又有人逃避打扫卫生了。如果是这样，说明保洁工作的目标没有达到。

所有的工作都是配套的，环环相扣才能最终达到目标。仅仅是安排了承包人，规定了职责，肯定是不够的。接下来还有提醒、检查、评价、奖惩等工作。少了任何一步，问题就可能会出现在缺失的环节上。所以，这些基本的流程必须和安排保洁岗位同步确定下来，每一步都要落实负责人。参见图 3–3。

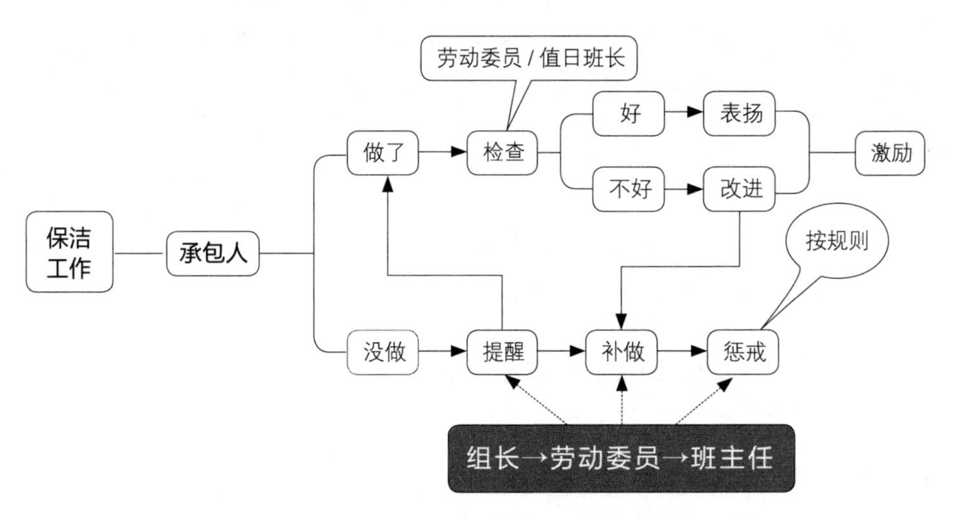

图 3–3　保洁工作落实的流程

也就是说，要做好任何一项管理工作，都必须明确以下几个问题：谁来做（who）？做什么（what）？什么时间做（when）？怎么做（how）？按照这个思路，就知道该如何设计工作流程了。

凡事要么不做，做就要做完整，一个环节都不要遗漏，否则就会出现“短板效应”——问题将从你遗漏的环节暴露出来。

马上行动

制定保洁工作检查制度

召集劳动委员、保洁组长商量一下，也可以直接制定规则让班干部执行。这项工作在落实岗位承包人和制定保洁要求后就要开始。因为每天都要打扫卫生。只要有人打扫，检查就一定要配套。在没有规则之前，班主任可以和劳动委员一起，临时先做起来，把实践经验用于制定正式的规则。

规则定好后要召开劳动委员和保洁组长会议，对他们做培训（大约 15 分钟）。同时，向全班同学宣布、解读这些规则。

资料库

卫生保洁工作提醒、检查制度（示例）

××班卫生保洁提醒、检查制度

（1）各个岗位的承包人要按时保质地完成保洁工作。

（2）在规定的时间后还没有做保洁的，由保洁组长提醒一次，单人承包的岗位由劳动委员提醒。

（3）组长如果无法找到承包人，要先代替他完成保洁并做记录。承包人必须补做。这项工作等同于组长与承包人交换了一次工作。

（4）经提醒后承包人依然不能完成工作，组长上报劳动委员或班主任，由班级处理。处理方法视情节轻重依次为：补做、补做 + 公益劳动、补做 + 公益劳动 + 告知家长、补做 + 公益劳动 + 告知家长 + 记入档案袋，或另行处理。

（5）每项保洁工作都要检查。检查人为劳动委员 + 值日班长。

（6）检查时间为完成保洁工作之后。

（7）检查的标准参照岗位职责。检查的结果以 A（优秀）、B（合格）、C（不合格）记录。

（8）检查不合格的要重做，处理方法与补做相同。

检查制度要求责任人、时间、操作办法都要很清楚，可执行。当然，在执行过程中还会出现各种问题，可以另行处理。另行处理的是个案，规则解决了一般性问题。这种思路同样适用于班级其他的管理工作。

检查工作经常需要用到一些表格。这些表格要求保洁学生先自查自填，再由负责人检查。

资料库

卫生保洁检查表示例（贴于岗位附近）

表 3–2　保洁项目责任人

保洁时间	责任人签字	保洁情况	检查人签字

续表

保洁时间	责任人签字	保洁情况	检查人签字

表格设计的初衷是要学生记住自己的职责，保洁做完后自己先签字。检查人员见到签字后再检查。如果到了规定时间还见不到签字，只有两种可能：要么是承包人忘了做，要么是做了却忘了签字。检查人员可以先提醒承包人，再对保洁的质量打分（A、B、C）。

这些工作在班级刚刚开始运转时是必须做的。但是，随着时间的推移，同学们的工作态度和积极性的差距就会显现出来。有的同学不需要人提醒或检查也能很好地完成任务，而有的人即使反复提醒，效果也不好。在后续的工作中，为了更好地引导学生的行为，对认真负责的同学予以肯定和鼓励，检查制度也会做出相应的调整。当然这要看班级发展的具体情况而定。不过，对做得好的同学予以表彰还是非常有必要的。

拓展学习

关于检查工作改进的建议

随着班级的发展，检查制度也会逐步调整改进。从班级层面发起的检查要逐渐减少，以鼓励自律为导向的弹性检查制度随之而来。

（1）检查将最终以自查、互查为主。

（2）以评比（比赛）代替部分检查。

（3）逐渐增加免检岗位。对能自觉地高质量完成保洁工作的责任人或团队以授予“保洁示范岗”等方式予以肯定。获得荣誉的岗位同时享受减免检查的待遇。

（4）检查的结果为岗位评价提供了依据。第一次岗位评价可以放在期中考试后进行。设置奖项，评选优秀岗位，表彰责任人。

超链接

利用免检机制鼓励认真负责的同学，参见第十课第六讲中的“消失的‘检查表’”。

保持教室卫生的关键不是保洁怎么做、做几次，而是教育学生要养成良好的卫生习惯，讲公德，自觉爱护公共卫生。在给学生的第一封信里已经要求得非常清楚，班主任一定要加强这方面的教育，而且重在检查学生自我保洁这块做得怎么样。放学前的“四件事”——清理桌面、清理抽屉、自排桌椅、自带垃圾离开——做到位了，保洁的压力就会很小。如果学生习惯不好，随手乱扔垃圾，那么即使跟在后面打扫都来不及。这才是班主任工作的重点。

第三讲
交作业的管理

本讲能力目标

- 掌握帮助学生独立完成作业的基本方法。
- 能制定交作业的管理流程。
- 了解对不交作业的学生的基本处理方法。

只要开始上课，就会有作业。每天交作业、收作业也是重点管理的工作，而且是在一开学就要采取正确的管理方法。等到学生交作业的坏习惯养成了，情况严重了，坏风气形成了，再抓就被动了。

1. 关于交作业，班主任的基本态度

（1）重点是要求学生独立完成作业。如果有困难，班主任会采取一些帮助措施，但决不可以抄作业。

（2）需要让学生养成一个好习惯：早晨到校，第一时间交作业。不交作业不动笔。

（3）不处罚因各种困难不能按时完成作业的同学，但要处罚抄袭作业的学生。要培养良好的班级风气。

作业管理的困难在于：学生的学习水平和态度差异很大。早晨，对那些学习有困难或者不想学习、不能按时完成作业的孩子来说是补作业、抄作业的“黄金时间”。很多班主任对此虽然“深恶痛绝”，但苦于拿不出很好的办法。笨办法是班主任每天都第一个到班亲自看管，年轻老师可以试试。笨办法往往是好办法（教育从来没有什么可以投机取巧的办法）。

不过看管和处罚都是治标不治本。抄作业问题之所以成为班级管理中的一道难题，就是因为形成原因太复杂，这其中既有学生的责任，也有教师的责任。比如过重的作业量和学习困难是造成这一现象的原因之一。班主任个人的能力

和权力是有限的，对科任教师布置作业没有管辖权，也不能插手科任教师的教学工作，只能做些协调工作。

2. 帮助学生完成作业的基本措施

（1）让学生养成一拿到作业本就订正的习惯。教师一般都会要求学生在作业本上订正错误，而作业中的错误本身就说明学生这块不懂，如果不讲解，只要求订正，学生还是不会做。要是会做原来就不会错了。不解决这个问题，他只能去抄别人的。如何解决呢？在校内解决是最好的办法，学校里有老师有同学，可以向他们请教，直到搞懂为止。如果回到家，无人可问，只能在网上抄答案或等第二天到学校抄同学的。所以，科代表每天要尽早去老师那里拿回改好的作业本，及时发下去，让学生有时间在学校里搞懂并订正好。

（2）安排成绩好的学生帮学习有困难的同学。

（3）最好请科任教师一下课就布置好作业，课代表注意及时把作业要求抄在黑板上，以便有同学在校内能够利用边角时间做一些。

（4）每个同学准备作业记录本，及时记下老师布置的作业。做完一项打一个钩，保证不会遗漏。为保证工作落实，作业记录本在开始阶段每天都要交给班主任批阅，上面要有家长的签字。也就是说，家长要关注孩子的作业记录本记录情况，了解孩子每天的作业。

（5）把一部分作业分解到平时交，减轻早晨集中交作业的压力。

（6）对学生因各种原因不能完成作业的情况要有适度宽容的态度，不能简单地以罚代教，要查明原因，分类解决。

3. 培养学生自己交作业的习惯

每天早晨请执勤的班干部（参见后面“值日班长”的有关内容）把要交的作业清单和要交到哪里写在黑板上。学生自己把作业本交到指定的位置，按学号放好（特殊要求的作业除外）。

这种做法是一个重要的改变，意在培养学生的责任心和自我管理意识。过去学生没有“交作业是自己的事”这个概念，坐在座位上等人来要作业。所以，这一小小的转变其实挺艰难的，尤其是在习惯养成阶段。

马上行动

让学生自己交作业

◎指定几个放置作业的地方。可以是：

（1）教室里单独设置作业整理区（参考图 3–4）；

（2）每组的第一张课桌；

（3）科代表的课桌。

图 3–4　教室里设置的作业整理区

◎让学生在作业本的左上角标注自己的学号，大的练习册在侧面统一位置贴上标签，标注学号、姓名，不同组别的练习册可以用不同颜色的荧光笔涂在标签上以示区别。交作业时按照学号的顺序放。（参考图 3–5）

◎加强督促。开始时，班主任肯定要辛苦一些，一遍遍指导、提醒，要有耐心，因为学生不可能立即就适应新的规则。

◎严格要求科代表改掉向学生索要作业的习惯，哪怕还差几本，也不要去收，到时间就送走。班主任直接找没有及时交作业的同学谈话，否则他们始终改变不了。

◎将规则告知家长，请家长配合。

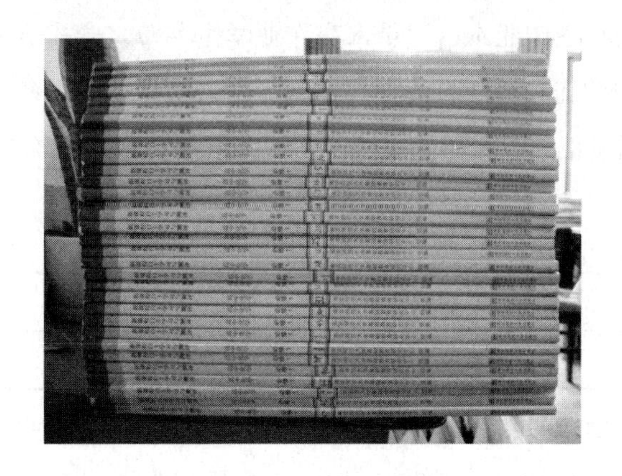

图 3–5　贴上学号和姓名的练习册，按学号排好，方便科代表统计

4. 建立交作业的管理流程

班主任要思考交作业的步骤，制定合理的流程（参考图 3–6）。这样有利于减少交作业时的混乱，提高管理效率，还能培养班干部和学生的自主能力。班主任在开学第一周要初步实验这个流程，慢慢让学生养成习惯。

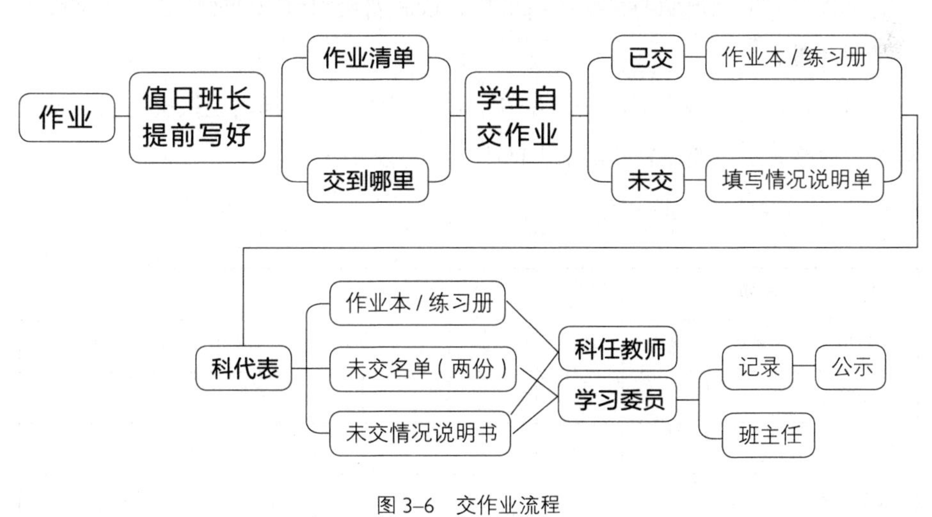

图 3–6　交作业流程

相关流程解读如下。

（1）每天早晨学生自行交作业至指定位置。为避免交作业时的拥挤混乱，提高效率，不同科目的作业交到不同的位置。值日班长在黑板上写清楚。

（2）科代表整理作业本，记录未交作业学生名单，一式两份。在早读或第一节课之前将作业送到科任教师办公桌上，附未交作业同学名单。另一份名单交学习委员处用于汇总。名单使用统一格式的纸条。参见表 3–3。

表 3–3　交作业情况统计单（科代表用）

日期	星期	作业名称	未交名单

（3）因各种原因没有及时交作业的同学，要填写统一格式的《作业未交情况说明书》。参考表 3–4。

表 3–4　作业未交情况说明书

作业未交情况说明书			
学号	姓名	作业名称	时间
未交原因			

科代表将情况说明书交给学习委员，最后要交到班主任手中，以便于班主任掌握情况。

（4）学习委员将未交作业的名单汇总，统计录入，同时上报班主任。统计有专用表格，最后要汇总到电子表格中。参考表 3–5。

表 3–5　交作业情况汇总统计表（学习委员用）

日期______　星期______									
科目	语文	数学	英语	物理	化学	生物	历史	政治	地理
需交作业									
全部交齐									
未交名单									

说明：表格上有各学科名称，需要交哪一门，就在“需交作业”处打钩，如果全部交齐，就在“全部交齐”处打钩。未交作业名单根据科代表提供的名单整理。

也可以直接用一张有全班学生学号和姓名的大表上报班主任。参考表 3–6。

表 3–6　每日交作业情况统计表

学号	姓名	2月13日	2月14日	2月15日	2月16日	2月17日	2月20日	2月21日
		星期一	星期二	星期三	星期四	星期五	星期一	星期二
1	略							
2	略							
3	略							
4	略							
5	略							

这张表格也可以用于公示，直接在空格上写科目就行。一张 A4 纸打印的表格可以用半个月。

总结：每天有班干部填写“未交作业情况说明书”，科任教师会收到未交学生的名单，班主任会收到未交作业名单和情况说明书，交作业情况由学习委员统计（或另设作业统计员），录入电子表格，交作业情况在全班公示。这样，无论是科任教师还是班主任，都能及时掌握学生交作业的情况并采取相应措施。信息是公开透明的，所有学生都能了解交作业的情况。

5. 不交作业的同学如何处理

有些学生没有及时交作业可能有各种原因，要分别处理。班主任在开始阶段只是收集数据，掌握情况。对偶尔的、非主观原因造成的不交作业的情况可以暂时忽略，重点工作对象是经常不交作业的学生。工作的基本原则是不要简单地批评处罚。因为无论是对不会做作业的还是不想做作业的学生，处罚都没有什么用。要先了解学生不交作业的原因。如果是学习有困难，可采取一定的帮助措施；对于无心学习、不想做作业的学生要进行耐心的、反复的教育；与家长及时联系，告知情况，商议办法。

不要指望经过教育，学生都会改变态度，积极完成作业。班主任的办法是很有限的。班主任要做的最重要的工作是不能让班级形成抄袭作业的坏风气。个别学生存在的做作业的困难永远无法彻底解决，尽力帮助他们即可。

第四讲
开学第一周的其他工作

本讲能力目标

- 掌握建立午休、跑操、放学等事务规范的方法。
- 掌握设计新班级第一次主题班会课的思路。

确定临时班干部、安排卫生保洁工作、建立交作业流程，是新班级最重要的三项工作。但第一周还要完成其他一些基本的工作，包括学生休息、活动、放学的管理。第一周会把几乎所有的班级常规工作都过一遍。班主任一边做，一边带着学生适应新班级的学习、工作和生活。

1. 建立午休管理规范

现在大部分学校都规定学生中午不回家，在校内午休。半天的课上下来，学生都有些疲劳，状态不佳。中午既是学生的“中场休息”时间，同时也因为不上课，又是班级管理的薄弱环节之一。所以，班主任从一开学就要建立午休管理的规范。

如果第一天来不及做这件事，班主任可以全程陪着学生午休，观察情况，同时积极思考如何制定午休规则。这项工作必须先参照学校的有关规定。学校如果已经有成熟的规则，班主任的任务就是执行。当然，也可以在不违背学校管理大原则的前提下，根据本班的情况做一些微调。

午休时间管理要点有以下几个方面。

（1）安排一次午间检查。

到了中午，班级会积累一些问题，卫生状况也开始下降。利用午休时间对班级情况做一次小检查十分必要。检查的主要项目是卫生保洁情况。如果中午把卫生问题及时处理一下，既可以保证教室下午的环境卫生，又能减轻放学后的保洁压力。

午间检查责任人是值日班长。如果还没有来得及安排值日班长，可以先由班长或劳动委员代替。

资料库

班级午间检查表示例

表 3–7　班级午间检查表

日期	星期	检查人	迟到	缺席	个人承包区	讲台	黑板	讲台前	后排	垃圾桶

填写说明：

①“个人承包区”是指以某同学座位为中心约1㎡左右的区域。

②本表主要是提示检查项目用，检查时以提醒为主，表格尽量空着不要记录，除非问题较严重或反复提醒无效。

（2）设置午休前的缓冲时间。

管理目标必须明确，管理要到位，但是要给学生一定的缓冲时间。正式午休开始前的 10 分钟是过渡时间。学生自查卫生，不喧哗，把该处理的问题处理好，比如上厕所、问作业、讨论问题、整理课桌，等等。

午休开始前 5 分钟，检查人上岗，巡视提醒。要求学生不再随意走动，说话音量降低，做好午休前的准备。

（3）午休期间教室保持静音。

正式午休时，睡觉或写作业或阅读都可以，但必须静音。无此统一规定，不好管理。检查人全程负责。午休结束，学生恢复正常的活动。午休期间班主任如果要处理事情，需要把有关学生带出教室。

午休期间也可以适当安排一些活动，如开会、欣赏音乐、观看电影等，但时间都不能长，不涉及全班参与的活动要放到教室外进行，要保证学生有一段完整的休息时间。

2. 建立跑操和体育锻炼的基本规范

管理较规范严格的学校，对课间操或跑操的管理是到位的，班主任只要辅助管理即可。但如果管理力度不够或不重视，学生又比较顽皮，这段时间就容易被他们钻空子，借口身体不舒服、去洗手间、去找老师等逃避跑操。所以要从一开学就把这件事情规范起来。

跑操管理的要点有以下几点。

（1）对学生讲清规则。课间体育锻炼是国家规定的，是常规的教育活动，带有强制性，无故缺席视同于旷课。

（2）班主任亲自或委托体育委员仔细清点人数，查明缺席人员的名字，做好记录。

（3）以学校规定为抓手，与科任教师协调，除特殊需要，不占用这个时间段让学生做事，也规定学生不得利用这段时间交作业、拿本子、问问题，杜绝学生不参加锻炼的理由。

（4）请假必须有家长的请假条，必须直接向班主任请假。除班主任外，其他任何人没有批假的权力。

（5）如果在校内，学生声称身体不适不能参加体育锻炼，应该及时领其去校医室看病并告知家长。这样既可以保护学生的身体，消除安全隐患，也可以防止学生装病逃避体育锻炼。

3. 确立放学基本规范

下午放学，又是一个管理的时间节点。开学初的一段时间，除非特殊情况，只要有可能，班主任要亲自到班级里引导学生放学。

需要提醒班主任的是，放学不能一打铃就一哄而散，必须接到负责人明确的指令才能离校。没有得到指令，必须等待。只有班主任或班主任委托的班长有权宣布放学。

放学前学生要处理完自己的事情才能走，包括给学生第一封信中规定的“四件事”。班主任不仅要把这些要求告知学生，还要亲自在场，确保这些要求执行下去。

放学前后的基本规范有：

（1）科代表确保已将作业抄写在黑板上，学生记录作业。

（2）各人处理好自己的事务：

①整理书籍和资料文具，避免遗漏；

②整理桌面和抽屉内部，桌面保持清洁、抽屉里不留杂物，垃圾自己带走；

③将课桌摆放整齐，将椅子推入课桌底下的空间（不建议将椅子架在课桌上）；

④检查自己座位周边有无纸屑或垃圾，如果有，捡起并带走。

（3）教室内外保洁。

（4）班干部检查，填写记录，关门关窗关闭电源。这项工作是班级的“最后一道防线”，也是不可遗漏的一个细节。

资料库

班级保洁情况检查表示例

表 3-8　每日保洁情况记录

日期	星期	值日生到岗	桌面	抽屉	桌椅摆放	个人责任区

续表

日期	星期	值日生到岗	桌面	抽屉	桌椅摆放	个人责任区

填表说明：

（1）每天下午放学后由劳动委员和值日班长逐项检查，填写此表。

（2）表格中的各项均填写未达标同学的姓名，达标的不填写。、

4. 开好第一次主题班会课

如果此前还没有时间给学生做自我介绍，第一周的班会课可以安排这项内容，不过学生的自我介绍最好在一开始就找时间开展，第一周班会课应该以新班开学为主题。类似的，央视每年都会有《开学第一课》节目。

第一次班会课，应该以师生共同畅想班级愿景为主题，鼓励大家更好地投入新的学习生活，一切从“新”开始。如果班会课的时间安排在后半周，班主任可以顺便对班级一周来的情况做个点评。

资料库

开学主题班会课课例：班级未来畅想曲

班会目标

用班级愿景激励学生好好学习、努力工作。

班会准备

（1）布置学生每个人写一篇短文《我理想的班级》。要求：发挥想象力，写

下你心中美好班级的样子，希望班级以后变成什么样子。对班级愿景要有具体的描述。

（2）班主任收集建班以来班级生活的照片、视频，剪辑成一个短片，配上音乐和字幕。（视频也可以交给有这方面特长的同学制作，但班主任要全程参与）

班会过程

（1）分享“我心中美好的班级”。

（2）引导讨论：为了班级美好的未来，我们可以做些什么？

（3）播放视频《我们的新班，我们的新家》。

（4）班主任总结发言，点评开学以来的情况，以表扬为主，鼓励学生继续努力，共建美好班级。

5. 争取做一些学校规定以外的工作

开学第一周做的所有工作都不仅是为了把眼前的事应付过去，而是为了让班级从一开始就走向正确的发展轨道。因为每周的工作有一定的重复性，第一周有了良好的开局，对后面的工作会更有信心。

新班主任一定要花大量的时间待在班级里，每天早来迟走，多观察学生，多和学生相处，多与学生交流，多指导班干部工作，发现问题及时处理，不能没课就总是坐在办公室里。开学第一周，问题还没有完全暴露出来，如果疏忽大意，问题积累下来，一段时间后集中爆发，班主任将难以应付。

班主任工作十分繁杂，每天都有做不完的事。这就要求班主任大事必须保证完成，如果有时间，可以再做点其他的事。比如：

（1）统计录入每个学生的联系方式；

（2）每天与家长保持一定时间的互动；

（3）找一些学生聊天；

（4）要求学生开始写周记；

（5）每天放学前对班级情况做一次点评，多表扬好人好事。

这些事情不是很紧急，甚至不是学校要求班主任做的，但多做一点并不吃亏。从长远看，这些工作将对班级和学生产生缓慢而持续的影响，甚至成为班主任带好班级的重要基础。

本课小结

1. 开学第一周最主要的管理工作，从对人的角度看，是成立临时班委会，确定科代表，规定职责，为他们做简单的培训，让学生把工作先做起来。
2. 开学第一周最主要的管理工作，从对事的角度看，包括确立交作业、跑操、午休、放学等活动的基本规范。
3. 班级第一次主题班会课要描绘班级愿景，激励学生在新的起点开始新的努力。

本课思考与实践

1. 跟班观察几天，寻找一天的学习生活中最容易出现秩序混乱的时间段并思考可以采取什么措施管理，在实践中试一试。
2. 制定了放学离校前的规定，但有些同学就是做不到，你准备如何处理?
3. 如果你是位男教师，每天一到跑操时你们班就有几个女生说身体不舒服不能跑操，你会如何处理这个问题?

第　四　课
开学一个月：班级常规工作正常运转

经过第一周的各种努力，班级工作有了一个良好的开始。但这仅仅是万里长征的第一步。从第二周开始到开学第一个月结束，还有大量的工作要做。如果说第一周的工作搭好了班级管理大的框架，那么接下来的几周就是继续充实、细化。同时，随着时间的推移，学生对新班级越来越熟悉，问题也会越来越多地暴露出来。班级的发展不可能一帆风顺，如何把好的状态延续下去，及时、妥善地处理不好的问题，班主任将面对更多的考验。

通过本课，你能学到：

1　落实班级各项常规工作的责任人；
2　建立班级常规事务管理组织结构；
3　确立班级常规工作运作流程；
4　实行值日班长制。

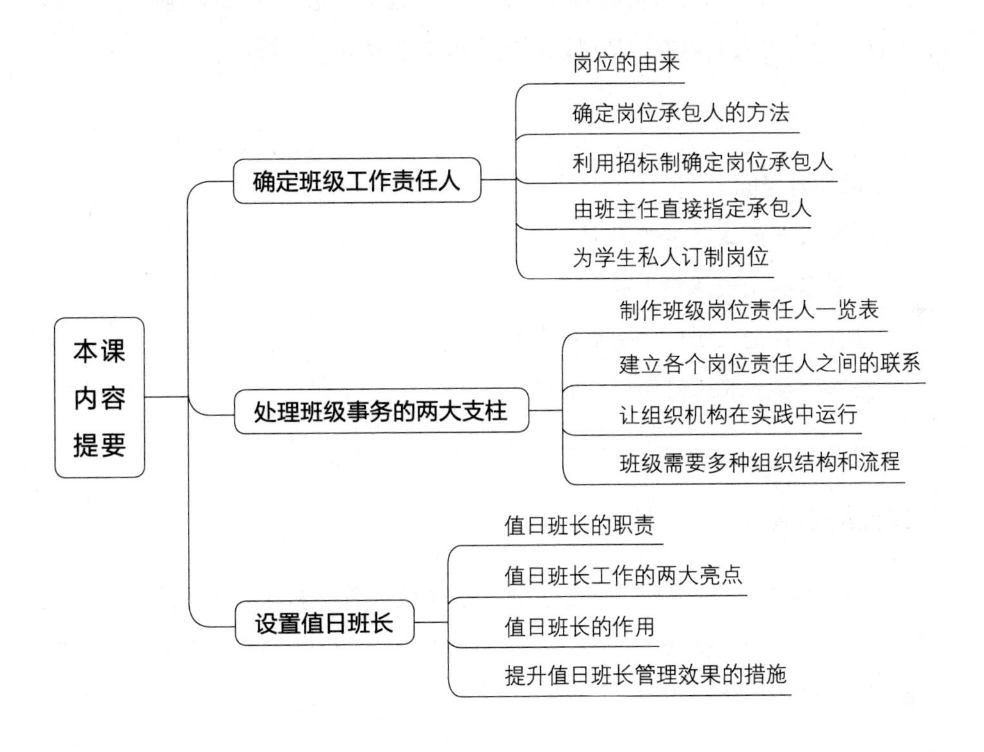
本课
内容
提要
确定班级工作责任人
岗位的由来
确定岗位承包人的方法
利用招标制确定岗位承包人
由班主任直接指定承包人
为学生私人订制岗位
处理班级事务的两大支柱
制作班级岗位责任人一览表
建立各个岗位责任人之间的联系
让组织机构在实践中运行
班级需要多种组织结构和流程
设置值日班长
值日班长的职责
值日班长工作的两大亮点
值日班长的作用
提升值日班长管理效果的措施

第一讲
确定各项班级工作责任人

除了已经介绍过的保洁工作外，班级还有大量的常规工作需要学生参与。要设置岗位，每个岗位都要有责任人，所以要建立一般的用人机制和原则。以后不管有什么用人的需要，都可以用这些机制来解决。

本讲能力目标

· 理解设置班级岗位的原则。

· 掌握落实岗位承包人的方法。

· 掌握运用岗位招标确定承包人的方法。

· 理解为学生私人订制岗位的意义。

---

1. 岗位的由来

设置岗位的原则是按需设岗。需要产生岗位，需要来自两方面。

（1）管理工作的需要。

班级的各种管理工作不可能全部由班主任一个人来做，应该是班主任做一部分，学生做一部分。班主任只做学生不能做的事。但哪些事学生能做，哪些事不能做，却没有固定的标准。当班主任不能确定某件事学生能不能做时，可以采用"尝试法"，让学生试着去做。在这个问题上不要先给自己的思维设限，应该鼓励学生大胆尝试，做错了或做砸了都没关系，班主任是学生的坚强后盾。班级还有些事需要师生合作完成。班主任主要是指导学生而不是亲自做事。但这不是班主任要偷懒，指导学生做事比自己做事要累，但唯有这样，班级工作才能锻炼人、发展人。班主任也不是万能的，有些事还需要向学生学习。班级工作的分类参见图 4–1。

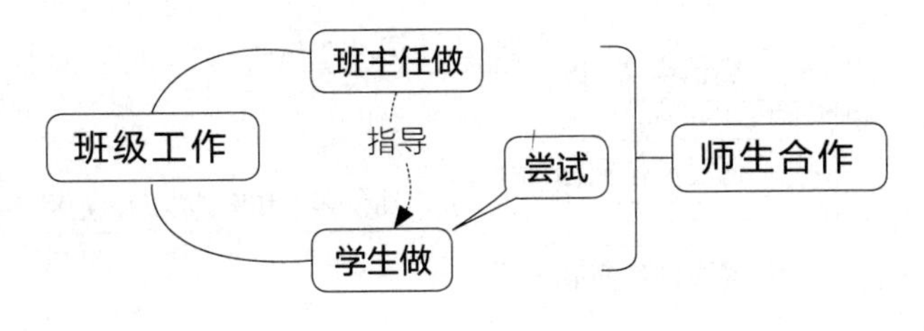

图 4–1　班级工作的分类

（2）学生获得存在感和自我发展的需要。

学生在班级里担任一些职务，负责一些事务，不完全是在给班级做贡献。这些工作会让学生觉得自己有用，能体现自己的价值。特别是那些能够发挥自己特长的、自己感兴趣的事。所以班主任在安排工作时，既要注意不要“漏人”，使有的学生无事可做，成为“闲人”，还要注意尽量让学生做他擅长的、喜欢的事，甚至为学生私人订制一些岗位。班级工作岗位设置原则参见图 4–2。

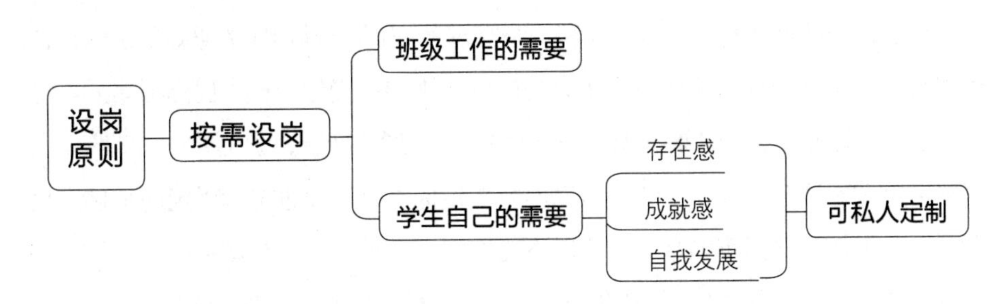

图 4–2　班级工作岗位设置原则

事必躬亲、老黄牛式的班主任必将被淘汰。班主任工作的专业技术含量越来越高。每个班主任都需要面对思维方式和工作方式的转型。班主任一定要从“自己做事为主”的状态转变为“指导学生做事、与学生合作做事为主”。

2. 确定岗位承包人的方法

班级管理要落实岗位承包责任制。确定岗位承包人有很多办法，具体参见图 4–3。

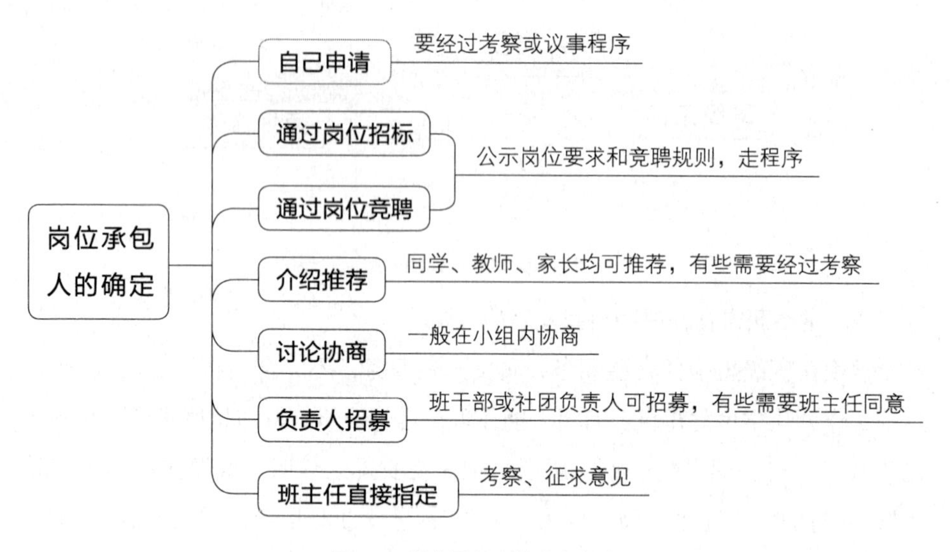

图 4–3　岗位承包人的确定办法

这些方法都是本着尊重学生权利（选择权），力求合理用人的原则制定的，各有优缺点。没有一种方法适用于所有的岗位。比如用岗位招标，优点很明显：尊重了学生的选择权，变“要我做”为“我要做”，形式新颖，学生参与热情高。但有些岗位就不适合招标，有的学生也不习惯招标，有时通过招标确定的承包人反而不如班主任直接指定的合适。所以不能拘泥于某种方法。具体到某个岗位到底采用哪种方法，要根据工作性质和要求来选择。班主任事先要考虑清楚。

合理用人是保证班级管理质量和效率的前提。要把合适的人放到适合的岗位上去，才能“人尽其才”。合理用人的标准是“人得其位，位得其人”。只有充分尊重学生的意向和选择权才有可能达到这个效果。

案例故事

永远的遗憾

不知道你是不是有过和我类似的经历：我在读书时最喜欢的一门课是语文。

我一心想当语文科代表，但一直没被老师看中。小学、初中都没当上，到了高中，这个愿望越发强烈了，但是我比较内向，一直不敢也没有机会向老师“表白”，只是希望高中老师能发现我这个“人才”，选我做语文科代表。我甚至经常假想，如果我做了语文科代表，一定会怎么怎么样，协助老师把班级的语文成绩提升一步。我有很多想法，我需要一个机会。但是，我的班主任并不知道我的心思。

开学第二天，班主任直接就宣布了科代表的名单。当班主任报到“语文科代表”时，我屏住呼吸，紧张万分，就希望从老师嘴里蹦出我的名字。结果，你一定也猜到了，不是我！虽然我也知道可能性不大，只有五十分之一，但我依然难掩失望之情。我看了看班主任选的语文科代表，不禁涌上一股无名之火——她凭什么就能当语文科代表?！长得也不像语文科代表啊！最可气的是，那个被选上的语文科代表还一副满不在乎、爱干不干的样子！我心想，如果是我干，一定比你强得多。后来事实也证明，那个语文科代表工作很死板，毫无热情和创意，效果自然不会好。看似一个简单的用人决定，却直接影响了终端的效果。要知道，一个人用对了，可能一项工作就活了；一个人用得不对，工作就卡在那里了。

没当上语文科代表，成了我一辈子的遗憾。

一件事，想干的人干不上，不想干的人偏偏让他干。你一定有过这样的体会。所以，今天你做了班主任，就尽量不要让你的学生留下这样的遗憾。当年我的班主任事先根本没有征求大家的意见，哪怕是在班里问一声呢！直接就根据学生的入学成绩选了科代表。他一定不知道，还有很多方法可以用，那些方法都比他的武断决定要好。

专业的和业余的管理者区别在哪里？就是不管专业还是业余的都知道语文课需要科代表，而专业的管理者会用最合理的方法选择最合适的人担任这个职务，业余的只是凭感觉或者看入学分数决定。

3. 利用招标制确定岗位承包人

传统的工作安排方法就是班主任指定，学生被动接受。岗位招标制把这种关系逆转了过来，变单向指定为双向选择——班主任把岗位列出来让学生自己选，先到先得，类似于单位的招聘。招标不仅可以用于卫生保洁岗位承包人的确定，也适用于班级其他很多方面的工作，是班主任经常可以用到的方法。

招标可以随时进行，最简单的就是班主任发出口头邀约，愿意做的学生举手。也可以把一些岗位集中起来，专门举行招标会。为了提高学生参与招标活动的积极性，某些岗位会设一些奖励，最常见的是与班级的量化评分挂钩。承包班级工作意味着更多的付出，班级可以予以一些回报，加分是最常见的方式。

超链接

班级对积极参与工作的学生的加分政策参见第八课第五讲“班级量化评价制度”。

不要以为招标很简单，真正操作起来可能会遇到各种问题，比如有人起哄导致场面混乱、同时举手应标、开出的岗位无人响应，出现流标、中了标之后又反悔，等等。所以要组织好，减少意外的发生并对各种可能出现的问题制订应对预案。

（1）明确招标规则。

事先制定招标规则并在招标中严格遵守规则是招标工作顺利进行的基本保障。

资料库

某次班级招标会前宣布的规则

招标规则

本次共有（　　）个岗位面向全班同学公开招标。招标时请遵守下列规则。

（1）每人竞标次数不限，但最多只能中标两次。

（2）竞标时请举起席卡示意，最先举牌者中标。

（3）必须等待主持人说“开始”后才能投标。抢先举牌无效并且要被主持人警告。两次违规取消竞标资格。

（4）如果某项目有超过一人同时举牌，主持人无法判断先后，招标暂停，采用“石头剪子布”的方法决出获胜者。

（5）如果某项目无人竞标（主持人连问三次无应答），该项目流标，继续下一个项目的招标。

（6）一旦中标不得反悔，但可以在招标会结束后与其他同学商议转让，无法转让的则必须认真完成项目所规定的任务，违者将被取消以后参与竞标的资格。

（2）标书的设计很重要。

标书如同一则招聘广告，既简明扼要，又要保证有足够的吸引力。其实，对于像卫生保洁岗这类学生必须参与的项目，只要做到各个岗位的工作量差不多就行了。反正每个人都要有一份，不必太讲究。但是对于那些不是人人必须做的项目，就需要把有兴趣特长的、想做事的人吸引过来，同时予以一定的奖赏。自己的意愿是主要的，奖赏是次要的，主要是为了公平起见。

资料库

岗位招标标书（示例）

◎班级板报、海报主创小组。

任务：

（1）负责班级黑板报的创作、更新。

（2）为班级活动设计海报。

需要人数：至少 6 人。

条件：美术、书法、电脑操作有特长者优先。

奖励：50 个积分。

◎班级图书管理员。

任务：图书管理、书柜清理、借入借出登记。

需要人数：2 人。

条件：细心、认真负责、有阅读爱好者优先。

奖励：20 个积分 +1 次座位优先选择权。

◎班级桌椅维修员。

任务：负责班级桌椅等物件的简单维修或送修。

需要人数：1 ~ 2 人。

条件：自备工具，有经验者优先。

奖励：20 个积分。

这些标书虽然字数很少，但是暗藏玄机。设置门槛，反而给人“奇货可居”的感觉。中标者会自豪，因为等于是认可了他在这方面有特长，是专家。这是在同学面前展示自己的机会。

超链接

参与班级工作获得的积分的作用参见第八课第五讲“班级量化评价制度”。

（3）营造招标会现场的热烈气氛。

以下是一段班级招标会的现场实录：

……招标时，我将标书在大屏幕上一一打出，每个人有一点儿时间考虑是否有能力接受这个任务。看清楚规则和要求之后，我说“开始”，底下同学开始举牌竞标。大家个个争先恐后，好不热闹！稍微迟疑，任务就被人抢走了。此情景不像是在安排班级工作，倒像是竞争激烈的拍卖会现场。有人总结了前几次失败的教训之后，根据自己的能力，果断举牌，得到了任务，欢天喜地。没得到任务的同学懊悔不已，在周记中明确表态，下次一定要勇敢果断，争取任务不旁落他人。班级工作招标会，成了我们班同学最喜欢的一项活动。

可见，营造出一种争前恐后的氛围很重要，要引发学生“再不动手，好东西就被抢光了”的心理。这其中，主持人的引导特别重要。参加过一些产品推销会的人一定会有类似的体验。

很多人喜欢用奖赏激励学生好好工作。但殊不知，一份自己喜欢的、能发挥自己特长的工作本身就是最好的奖赏。

（4）正确处理招标中出现的问题。

招标也并不都是一帆风顺的。有时候会遇到各种问题，比如流标。对此，班主任不必过于紧张。招标不是唯一的办法，还有很多方案可供选择。如果哪个岗位招不到人，一个可能是岗位设置本身有问题，需要调整；另一个可能是教育还没有到位，学生在参与班级工作的问题上还有疑虑。这种情况反而是真实的，这说明学生的责任感和奉献精神还需要提升，还需要长期的教育培养。

无论成功还是失败，都可以成为班主任的教育素材。智慧的班主任一定会发掘素材中蕴含的教育元素，善加利用，化不利为有利，化表面上的阻力为前进的动力。

案例故事

“流标”之后

开学第二周举行了一次班级工作岗位招标会。为了能顺利完成招标工作，我做了很多准备工作，宣传小组设计了招标会的海报，我还专门开了一节主题班会课。实际上那节班会课招标只占了四分之一的时间。前面大部分时间都在做教育，主要的意思就是班级要“人人为我，我为人人”。从课堂反应来看，效果还不错。班会课在最后推出了招标项目。如我所料，大部分岗位都很快被人认领了。但是有一个岗位——清理班级的矿泉水瓶和饮料瓶——主持人连问三次，无人举牌，最后流标了。

总体来看，招标会的成果还不错。但是有流标的项目，也让我有些遗憾。在没有搞招标之前，这项工作是由小胡同学主动在做的。小胡是班级的热心人，精力充沛，喜欢做事。他刚刚被选上临时副班长，干活更积极了。但我却不想让他干得太多，一来怕他影响了学习；二来怕他锋芒太露，引起其他同学的不快；三来也是想公平一点，不能总是“能者多劳”，班级工作大家都要分担一些。所以招标前我还特意找了他，我说：“你现在是副班长，工作很多，这个清理饮料瓶你就不要再做了。我会把这个工作做成一个标，全班招标。记住，招标时不管有没有人应标，你都不要举牌。”他说：“好。”我想借此机会减轻他的一些工作量，这个标肯定能被人选走。没想到还就是它流标了。

不过我还是不想让小胡继续干。我本来可以直接指定一个同学做这件事，但转念一想，这也是个教育的机会，我何不利用这个例子对全班同学教育一番呢？于是我把这件事写进了给学生每周的一封信里，也写出了自己的真实感受——

……班级工作招标进行得很顺利，推出的岗位几乎都被人选走了。我要感谢报名的同学们！但是，那个为班级处理饮料瓶的工作，却一直招不到人。

过去，只要装瓶子的桶满了，都是小胡同学主动去处理。我对小胡说，你不要太累了！作为班干部，你已经做得太多。等今天招标结束，有人承包这个工作，你就“解放”了……

但是，我在等同学们来应标，迟迟等不来。我尴尬地站在那里，心里很不是滋味儿。那片沉默，让我感慨万千！是因为大家都自我感觉很优秀，嫌这个工作丢人，还是没有做好思想准备？

我曾经说过，希望大家能在班级需要时，勇敢地站出来。而谁能站出来呢？那一刻，我有点心痛。但我宁愿我的判断是错误的，这个岗位会有人愿意干的。

小胡对我说，没人干没关系，还是他来吧。我很歉疚——为小胡，也为我们这个优秀的班级……

我的公开信全班同学和家长都看到了。结果第二天早上，就有人来找我了，而且还来了两个。他们都跟我说：“我来做！”于是我把这项工作就交给了这两个同学。

这个故事给我们的启发是，很多问题的解决不是只有一种办法。有时候，打打感情牌也是可以的。强势的管理，效果未必好。总之，教育是要经常变化方法的。如果信件还没有起到效果，那就再想别的办法。要相信，只要多琢磨，办法总比困难多！

4. 有些岗位不妨由班主任直接指定承包人

招标制只是确定岗位承包人的方法之一，有的工作不适合用岗位招标，有时候岗位招标的效果也并不好。没有一种方法适合所有的人和所有的岗位。班主任不能拘泥于某一种方法，而是要根据工作和学生的特点选取相对合适的方法。

班级管理没有万能的方法，也没有最好的方法，只有相对合适的方法。

前面提供的一些安排工作的方法，大多数是以尊重学生的选择权为前提。但有一类学生，内向、不主动，招标不参与，问他想做什么不知道，征求他意见他无所谓。这类学生的工作就需要班主任指定了。班主任要仔细考虑，为他们选择最合适的工作。有时候，班主任比学生自己更了解学生，而且班主任了解工作的性质，知道什么样的工作什么人做最合适。所以，不能放弃班主任直接指定这种最传统的工作安排方法。这种方法还有个好处——快速简捷，不拖泥带水，一项工作来了，马上就能安排责任人。所以，效率比较高。

案例故事

光荣的复印机管理员

我校实行封闭式管理。学生上学以后就不能出校门了，直到晚自习结束为止，一天十几个小时全部待在学校里。如果想出去，就必须班主任开出门条。封闭式管理保证了学生的安全，但也带来了诸多不便。比如，高中生的讲义资料特别多，经常需要打印、复印，但是学生出不了校门，只能回家复印。放学后已经过了晚上九点半，复印店大多关门了，极为不方便。为了解决这个困难，我买了一台小型复印机。

复印机拿到教室里，学生一片欢呼——以后在班里就能复印资料啦！

复印机虽好，但要管理好。按一物一岗原则，复印机必须找专人承包管理。很多人都想做复印机管理员，但这个岗位我不能招标，因为我心中已经有了理想的人选——小张。

小张是班级里最沉默寡言的男生，性格内向到有点自闭。坐在教室的最后一排，成天不说话——在家里也是。家长很着急，一开学就找到我说孩子的情况。说这孩子什么都好，就是不说话，平时在家一天讲不到十句话。家长担心这孩子以后无法适应社会，请我无论如何帮帮他。我虽然嘴上答应了，但一时也找不到好办法。小张已经上高中了，性格怕是很难改变。我又不是心理医生，遇到这种事也是束手无策。

复印机买来那天，我忽然来了灵感——让小张担任管理员。他是最合适的人选。因为他坐最后一排，正好在复印机旁边。他很安静，下课也不离开教室。

最重要的是，这活儿必须找个认真负责的人来干。虽然复印机是我买给大家用的，没有要学生出钱，但接下来的复印不能免费，因为纸张和耗材的消耗太大，如果坏了还要维修，必须适当收费维持收支平衡。这个大家都没意见。也就是说，复印机管理员不仅要帮助同学复印资料，还要收费、记账。这是个细活。找个马马虎虎的学生肯定出差错，找个和谁都关系好的同学，万一他哥们儿讲义气不收人家钱怎么办？所以，这个工作非小张莫属——他细心、刻板，规规矩矩，而且他和谁都不说话。同学去找他复印，看他一张冷脸、六亲不认的样子，吓得乖乖交钱。

想好了，就把复印机交给小张。小张性格内向，如果招标，打死他也不会投标的。所以，我就直接指定了。小张老实，二话没说就点头答应了（他也不会说话的）。

事实证明，我选对人了。小张担任复印机管理员，工作一丝不苟，从未出过差错。用了多少张纸，收回来多少钱，每一笔账都记得清清楚楚。小张没脾气，不管谁找他复印、复印几张，绝不会不耐烦。同学们对他的评价很好。

但是我还没高兴几天，小张来找我了，说要辞职。问他什么原因，他说太烦了！因为复印的人多，一到下课就有人找他，每次复印完了还要记录。他课间想休息一下或写点作业都没时间。这下我急了，班上再没有人比他更适合这个工作的人了。他要不干，谁都不会比他干得更好。我说了一大堆好话，就是不同意他辞职。最后我说："我理解你的辛苦，你很聪明，回去开动脑筋，看能不能想到一些好办法可以减轻工作量，但工作你得继续干下去。拜托了！"

小张辞职不成，又不会说话，说不过我，无奈只好回去了。

过了几天，小张又来找我，说："老班，我有个想法，不知道你同意不同意？"

我说："你但说无妨。"

原来，每次复印学生要付钱，他还要找零。他身上有一大堆零钱，既不方便，也不安全，还经常有人没带钱又想复印，确实很麻烦。他想着做一些复印的计次卡，一次性买一张卡，可以复印几十张纸。以后每次来复印，也不用带钱了，划卡就可以。卖出去多少卡，就收回多少钱，也不用每次记账了。他想着同学买卡，一次就是几十张，能不能打点折。于是就来请示我。

我说这个想法太好了，支持！我还奇怪，他平时一声不吭，什么时候把外面理发店、健身房买计次卡这一套学会了？真是人不可貌相啊！

复印计次卡开始发行，销量大增，还引来外班不少学生，甚至还有老师购买。有的班级一次买几张，放在班级里给学生用。一时间，小小复印机火了，连带小张也混了个脸熟，人人都认识他了。

而此时的小张，也从“店员”变成了“老板”的角色。他不用再一次次收钱，一张张记录。我发现有时候他甚至不用自己动手了。复印机操作很简单，他帮同学复印时经常教他们怎么操作。后来全班同学都学会了复印，复印变成自助式服务了。小张就在旁边看看，划划卡，工作轻松多了。同学们很信任小张，连卡都交给他保管；小张很信任同学，把卡按学号贴在一本笔记本上，同学复印完了自己划卡就行。

这个故事不仅仅讲了岗位的安排，更重要的是可以看到一个岗位是如何激发一个人的潜能，改变一个人的状态的。

故事的关键不在这里！

还记得小张是个什么样的同学吗？一言不发，在班里没朋友，同学们对他都敬而远之。但是，现在的情况不同了。自从他做了复印机管理员，他必须说话了！他不得不每天说很多话，和不同的人说话——不仅和男生说话，还要和女生说话；不仅和本班学生说话，还要和外班学生、老师说话。这个岗位完全改变了他的习惯。

事情的发展越来越有意思。他原来不说话，同学们不了解他，觉得他是个怪人。现在所有人都和他有交流。在接触的过程中，同学们发现他是个很好的人，善良、细心、平和。同学们对他的印象大大改变了。复印机管理员，尽管不是班干部，却有着特殊的地位，因为所有人都有求于他（班级规定任何人不得在管理员不在的情况下擅自使用复印机）。这个岗位使他成为班级的明星。

荣誉也来了。在评选“感动班级人物”活动中，他得票很高。他性格内向，却热情为同学们服务。大家都觉得不能欺负老实人，都把票投给他。小张的家长也很开心。

所以，不要把岗位简单地理解为只是为班级做点事。岗位可以稳住一个学生（让他有事可做），岗位还可以锻炼人的能力，展示他的才华，让他有存在感和成就感，改变一个人在班级中的地位和生存状态。甚至，在班级里所有的锻炼，到了社会上，说不定还能发挥作用。就像小张，性格如此内向，不善于与人打交道，但有头脑，会动脑筋。以后就算找工作应聘失败，开个文印社，自己做老板，也可以自食其力呢！毕竟有“相关从业经验”啊！虽然这是句玩笑话，但是岗位对一个人的影响却是实实在在的。

学生在岗位上做事，不是给班主任打工，是锻炼、提升、展示自己，由此获得成就感。

5. 班主任可以为某些学生私人订制岗位

有些岗位班里原来没有，但因为某个学生有了，这个岗位就是专门为这个学生设置的。这种私人订制的方法可以让学生的特长得到最好的发挥。特意让学生做一件自己感兴趣，又对班级有益的事，是对这个学生最大的尊重和肯定，胜过千言万语的教育。

私人订制的岗位，首先要对集体有益，其次才是符合学生的兴趣或特长。私人订制建立在班主任对学生充分了解的基础上。了解的方式包括工作意向问卷调查，还包括与学生面谈、从家长处获得信息等。

这种方法对班级管理和学生发展往往有超出预期的效果。

案例故事

成立一个电影俱乐部如何

班级里转来一个学生。来了不久，我和同学们就发现了她的几个问题。虽然她没有什么品行上的问题，但是成绩特别差。每次考试都是稳稳的倒数第一，而且与倒数第二名的差距还蛮大。有同学开始背后议论，说她肯定走了关系进来的，因为按成绩完全到不了我们班。成绩差就算了，性格也古怪，不合群。她本来就是插班进来的，这样的性格，更融不进班级。那么她有什么特长呢？没有。十八般武艺，没一样精通的。身体还不好，经常生病。这是一个在很多老师、同学眼中“一无是处”的人。

她来的时候，班级的工作都安排好了，连做保洁工作都没机会，给她算了个“机动人员”，其实就是闲置着。

学习不好，又没什么事做，还没朋友，天天来上学也挺无聊。我想这可不行。我坚信所有人都有价值，都能发挥作用——我不得不这么想。如果我也认为她一无是处了，那么对我对她，都是很痛苦的。

我就想着给她找点事做，聊了几次，也没发现有什么特长。正失望着，忽然想起来有一次我问她平时喜欢干点什么，她随口说喜欢看电影，看过很多影片。大概是她无心学习吧，就看看电影。当时我没在意，因为这个都算不了什么爱好，很多人都喜欢看电影。再说，现在天天抓成绩，班级里也没有和电影有关的事情啊？转念一想，难道不能为她做一个与电影有关的工作吗？班级有没有这个需要？可以有。做个班本电影课程不是挺好的吗？观看优秀影片，丰富学生的课余生活，拓宽视野，增长见识，感知世界各国的优秀文化，这是很好的素质教育。

于是先找时间，看看计划是否可行。每天中午午休一个多小时，可以拿出一点时间；有时候还可能突然冒出来一点空余时间，就不要一直盯着做作业考试了，看一点电影也不错。

有了可行性，找她一谈，她果然很高兴。于是，一个新的岗位诞生了。我觉得电影放映员这个名称太低端，干脆就叫“电影课程负责人”。大主意我出，具体安排我和她商量，她有一定自主权。

我发现自从她担任这个职务后，完全换了一种状态。过去是无所事事，无精打采，班级里没有什么事可以吸引她。而现在，她变得异常忙碌充实。因为这个工作可不是简单地放放电影，作为一门“班本课程”，播放的影片是有选择的，有系列主题的。每放一部电影前，要做一个微讲座，介绍这部电影的故事情节、历史背景、导演主演、影片花絮等。每学期学生要交两篇影评或观后感作为课程结业的作业。要寻找片源，不能整部影片放映，只能见缝插针地播放。每天最多不超过半小时，到时间无论学生因为没看够怎么提意见都必须停止，所以往往一个多星期才能看完一部电影。这些工作都需要很用心地去做。不说别的，就是每次微讲座准备资料做 PPT 就要花很多时间。可以想见她要多忙。

但是她忙得挺开心。本来就感兴趣，现在更是觉得自己有用武之地了。原来只是爱好，随便看看，现在不行了，因为要开讲座，所以要备课。她本来在班上挺郁闷的，现在好不容易有了展示的机会，能不好好干吗？于是开始认真研究电影，提高讲座的质量。这样，她自己的收获也很大。

事情渐渐地发生了变化。原来她不被同学待见，但她在电影课程里的表现让大家对她刮目相看。同学们的态度在发生改变。大家觉得她对电影懂得蛮多，讲解也很认真，是个不错的同学，有她自己的价值。班上原来也有电影爱好者，现在她终于有了可以和同学交流的话题，她开始有了朋友，脸上常常挂着开心的笑容。最关键的是，她的价值终于被认可了。

一个量身定做的岗位，完全改变了她的班级生活状态。

我们之所以用很大的篇幅讲解岗位分配，配了很长的案例故事，就是因为在班级管理中，岗位有重要的价值。合理安排岗位是管理取得良好效果的基础。

第二讲
处理班级事务的两大支柱——组织机构与工作流程

本讲能力目标

· 掌握建立班级组织机构的基本思路。

· 掌握班级事务处理流程的设计方法。

确定岗位承包人只是工作的第一步，班级常规管理工作是动态的，有一定的工作流程。不同的事务应用不同的组织机构和流程处理。管理流程每个环节上的责任人都动起来，班级事务才能得到顺利的处理。

1. 制作班级岗位责任人一览表

班级应该人人有事干。岗位越多，大家锻炼、表现的机会就越多，班主任对学生观察的视角就越丰富，评价素材也越多。

当越来越多的岗位落实了承包人后，班主任就需要有个总体的掌握。可以将学生担任的职务、承包的岗位统计下来，做成一张总表（见表 4–1）。这样，无论是班主任、学生，还是家长，都能非常清楚地了解工作承包的情况。

资料库

表 4–1　班级工作承包责任人一览

学号	姓名	职务	保洁任务	其他工作 1	其他工作 2	其他工作 3

续表

学号	姓名	职务	保洁任务	其他工作 1	其他工作 2	其他工作 3

不同学生班级中担任的职务和承包的岗位不同，有人多一点，有人少一点，但每个人都有。一览表中为每个人都留了若干格，已经有的工作填上去，以后如果有增加的，填在后面的空格里。这张表会越来越充实，我们也能很直观地看到哪些同学为班级做事多，贡献大。一览表可以做大，在班级里公示，留下空格以便随时更新。老师、同学都能看到，家长也能看到，一切公开透明。这样方便找到某件事的负责人，以后评选各种先进，这张表也是依据之一。

班级岗位不嫌多。岗位多说明同学们在班级中的“就业”情况良好，对班级贡献大，没有闲人。

2. 建立各个岗位责任人之间的联系

《班级工作承包责任人一览表》是按学号的顺序排列的，所以单从这张表还看不出岗位之间的关系。其实，班级里每个人都不是单干。岗位与岗位之间、人与人之间都是联系在一起的。这种联系，一方面是工作关系形成的，另一方面是在长期合作中形成的情感联系。就工作而言，只有每个学生知道自己的定位以及与其他同学的关系，他才不会埋头乱干。也就是说，他只知道干什么（岗位）和怎么干（岗位职责）是不够的，他还必须了解：

（1）我和谁一起干；

（2）我听谁的；

（3）谁听我的；

（4）有问题可以找谁。

这就是通常说的组织结构问题。把班级的组织结构做好，工作才会有序，不出现混乱，学生的困难很快就能得到帮助，问题也能很快解决。所以这是开学初的一项重要工作。

马上行动

建立管理事务的组织机构并不难。班主任首先要搭好一个大的框架——以班主任为龙头，以班委会为核心，把具体的岗位分别纳入各个班干部分管的工作范围里即可。这样就形成了一个层级管理的结构。这个结构就像一棵树，有主干和分枝，分枝上可以挂果。不管以后班级再有什么新岗位、新小组、新社团，都可以挂在这棵树的某一个树枝上。参见图 4–4。

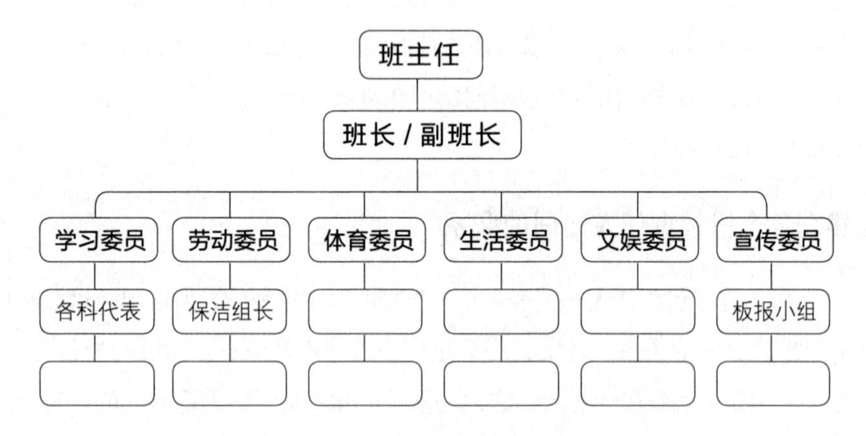

图 4–4　班级常规事务管理组织结构示意图

3. 在实践中运行这种结构

有了这个基本的结构，班级很多常规事务处理起来就会比较顺畅。当然，它要在实践中不断演练、磨合，大家才能熟悉，并运用自如。

要做好班干部的培训，通过案例解读这个结构的运作流程，在实践中不断指导学生怎么做。在第三章作业管理中已经解读了交作业的流程。在这个流程中，学生—科代表—学习委员—科任教师—班主任，形成一个闭环，作业本和相关信息在这个闭环中流动，每天的作业管理就这样运行起来：

学生把作业或未交作业情况说明书交给科代表，科代表把作业和未交作业名单交给科任教师，同时把情况说明书交给学习委员，学习委员统计，把交作业情况和未交作业说明书交给班主任。科任教师和班主任每天都能及时了解交作业的信息，他们可以及时沟通，也都可以找到相关的学生询问或处理问题。参见图 4–5。

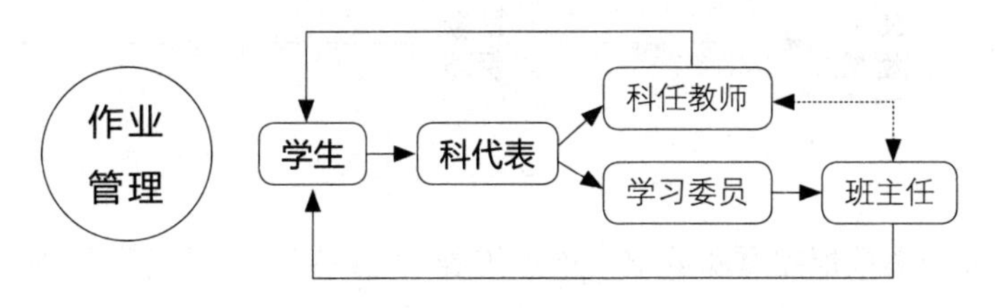

图 4–5　交作业的管理流程

组织机构是静态的，它本身不能发挥作用。工作流程是动态的，把组织结构上的各个点串联起来，使其有效运转。班级需要有很多这样的流程，在一个班的时间长了，学生也就逐渐熟悉了这些流程，知道什么事该怎么做，什么事该找谁。

再举一例。班级定期要出黑板报。你可以专门组织一个出黑板报的小团队，也可以让每个行政小组轮流出。如果选择第一种方式，那么可以采用如本课第一讲介绍的岗位招标等方法招募组员，按照每个人的特长分工（如图 4–6）。工作是可以兼任的，如宣传委员兼板报组长，还可以再兼版面设计等，这个可以根据组员的具体情况定。

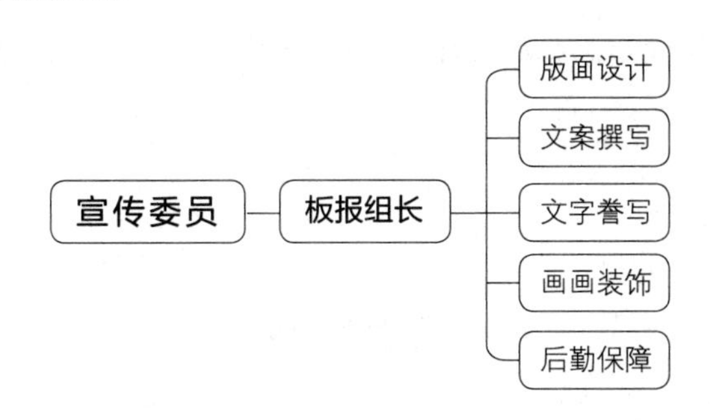

图 4–6　板报小组的分工

这个小组如何工作呢？这就要有一定的程序。如图 4–7 所示。

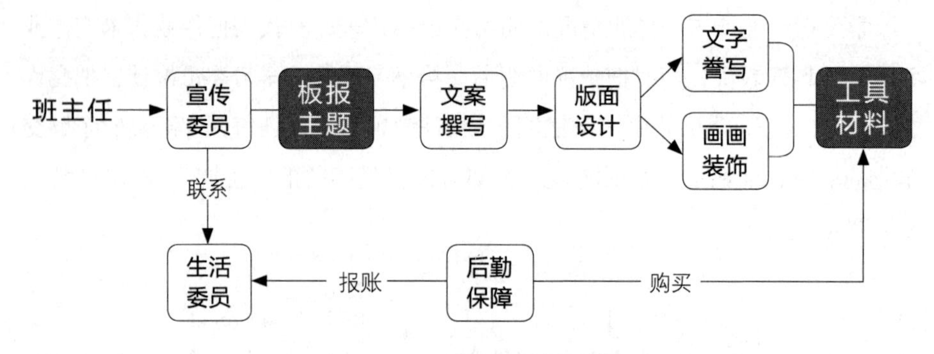

图 4–7　出黑板报的流程

班主任把黑板报主题和要求交给宣传委员（或宣传委员自定），宣传委员组织组员撰写文案、设计版面、写字、画画，所需材料由后勤保障人员准备（或自备），如果需要购买，经费在生活委员那里报销。宣传委员和生活委员对接此事。班主任的工作主要是关心进展、鼓励学生、拍照记录、组织评比等。当然，如果在出黑板报的过程中班主任也可以直接干预，组员也可以直接找班主任求助，但仅仅是在一些特殊的情况下或出现了学生自己解决不了的问题时。这个流程在出过几期黑板报后大家就都熟悉了，彼此之间的配合也会默契起来。

班级工作需要很多这样的流程。

超链接

关于班级管理流程的设计，参见第六课第三讲“班级组织机构的运作”。

马上行动

根据图 4–4 的组织结构，在实践中思考，设计班级常规事务运作流程，尽量让每天发生的事通过组织结构和流程来处理，不要每件事都亲自出马。要在工作中锻炼学生的能力。遇到学生直接来找你，你不仅要帮助他解决困难，更要教会他熟悉流程。要告诉他以后这类事情不一定都找班主任，班级还有很多同学和班干部可以找。这样学生也会更加方便。

要培训班干部独立处理问题的能力，不要什么事情都请示班主任。只要在自己职责范围之内，就有一定的自主处置的权力。只有在没有能力处理或问题超出职责范围的时候才求助班主任。

班主任不是前锋，不要什么事都冲在最前面，事必躬亲；班主任是守门员，是学生的坚强后盾。班主任只解决学生自己解决不了的问题，为学生提供必需的帮助。要告诉学生，非必需，不要找班主任。

4. 班级需要多种组织结构和流程

以上介绍的组织结构不是唯一的，它主要是用来处理常规事务，甚至在应对有些常规事务上也并非唯一的结构。班级的工作很多，就需要有不同的组织结构和流程，包括小组、项目组等多种组织运作方式，但即便这样，也不能穷尽或普适于所有的班级。所以本节介绍的主要是一种思路——用一定的组织和流程处理各种事务，可以做到公平、高效。每个问题总有比较合适的责任人和流程对应。如果还没有，那么就建立一个。这就是专业的思维。

不过，仅仅有组织结构和流程是不行的。人与人之间的默契不是靠设计出来的，是以责任为纽带，在长期的相处中合作、互助，渐渐形成的。其中，友谊和情感发挥了重要的作用。当然，这一切必须有一个组织结构作为基础。

超链接

班级组织机构的设计参见第六课第一讲中的“完成班级工作的组织机构”。

第三讲
设置值日班长

本讲能力目标

· 掌握运用值日班长辅助班主任管理班级的方法。

前面已经多次提到“值日班长”这个词。尽管不是每个班级都有值日班长，但从管理班级和培养学生责任感等方面看，设置这个岗位很有必要。班主任可以在开学第一个月内把这项工作完成并坚持下去。

1. 值日班长的职责

值日班长在班级管理中是个很特殊的岗位。它不是由某个同学固定承包的，而是全班同学轮流担任——按照学号顺序，每个人做一天，循环往复。

值日班长按照班级每天的运作流程，在某些时间点上做一些管理或服务工作，相当于班级一天的事务总管。所以，值日班长的工作职责是按时间顺序排列的。

资料库

值日班长一日工作流程（示例，仅供参考）

（1）最迟早读前15分钟必须到班，在黑板左侧填写“今日课表”，用投影打出“今日交作业提示”。

（2）协助科代表整理作业本。

（3）管理眼保健操纪律。

（4）午休前对班级卫生状况做一次检查。

（5）课间巡视，制止同学追逐哄闹。发现班级工作有不到位的情况，及时提醒相关责任人。如果责任人不在或提醒无效，则应先替代责任人完成工作并做记录。

（6）出现重大问题及时联系班主任或其他老师。

（7）放学后检查卫生并记录，关闭电源和门窗。

（8）记录班级一天中的大事或突出的问题，完成《班级日志》（不少于200字），第二天早读前对全班做“一分钟点评”。

配合以上任务，值日班长有一整套工作装备——一个文件夹，内装《值日班长一日工作流程》、班级名条、《午间检查表》、《每日保洁情况记录表》和一本《班级日志》，一支签字笔，等等。

超链接

值日班长的《午间检查表》和《每日保洁情况记录表》参见第三课第四讲“开学第一周的其他工作”。

从工作流程可以看出，值日班长很辛苦，要早来迟走，晚上还要写日志，可以说是从早忙到晚（这也是不能固定由一个人或某几个人做的原因之一）。好在是一个人只干一天，一个学期最多担任值日班长两到三次。

2. 值日班长工作的两大亮点

（1）早点评。

值日班长每天早晨在学生交完作业后、早读开始前有一个“早点评”（图4-8那是值日班长早点评实景），一分钟左右。时间虽短，意义不小。早点评的内容是回顾前一天班级的大事和问题并对今天的重要事务做出提醒。因为点评的都是自己身边的事，而且每天点评人都不一样，所以学生往往会很感兴趣，一般都会仔细听。

图 4-8　值日班长早点评实景

但早点评的主要意义不在于内容，而在于只用了很少的时间就让班级从自由的状态过渡到准备上课的状态。早晨的时间以早点评为界线，分成了两个部分：一是点评前学生交作业、整理东西、闲聊等自由时间。一分钟点评客观上起到了让学生停止处理私事、集中起来的作用。二是点评之后的集体时间，学生不能再随意走动或说话，因为早读或第一节课已经开始了。

所以，早点评是向全班同学发出了一个信号：今天的学习生活正式开始了。

值日班长早点评的内容，来自他前一天执勤后写的《班级日志》，也可以有自由发挥。早点评结束后，前一天和今天的值日班长交接工作。

（2）撰写《班级日志》。

值日班长每天最后一件事是撰写《班级日志》，就是第二天要在班级里早点评的内容。班级日志总结当天的情况，不要太多，两三百字就行。当然班主任会要求学生尽量写得生动有趣，抓住班级的亮点、热点，好的不好的都可以写。不要面面俱到，可有所侧重。日志内容有趣，早点评的效果就好。

不过，《班级日志》最大的意义也不是写了什么，而是全员参与写作的过程。全班每个人都会担任值日班长，《班级日志》在每个人手上传递。这是全班同学共同努力的成果，上面记载了每天班级生活的点点滴滴。它不仅是一份备忘录，可以随时查阅，更是一部班级的成长史。只要班级存在一天，日志就会延续一天。班级日志将成为班级文化的一部分，长久地被保留下来，是全班同学共同的精神财富。这才是《班级日志》最大的价值。

3. 值日班长的作用

值日班长是一种理想的设计。如果这些工作都能做到位，班级管理质量将大为提升，因为每个重要的时间节点值日班长都会出现。但实际效果是远远达不到预期的。其根本原因是每个人的能力和责任心差距太大。在实践中可以说几乎没有人能把所有任务不折不扣地完成。比较负责的能做到一大半，部分同学能做一半，少数责任心不强的同学只能做少数几项，还需要班主任不断提醒。工作水平也参差不齐。所以，很多班级一开始也有值日班长，但是因为效果不佳，最后都放弃了。但本教程依然推荐这个“不完美”的制度。因为不管效果如何，毕竟它倡导了“人人为我，我为人人”的理念，给所有学生提供了公平参与班级管理的机会。如果因为有些人责任心或能力不强，就把他们排除在班级管理体系之外，他们就会更消极，无法产生主人翁意识。同时，没有管理者的体验，就无法换位思考，理解管理的不容易。

所以，设置值日班长在教育学生上的意义要超过实际工作的作用。

班级管理要依靠学生，但不能完全依赖学生。学生只能起到辅助的作用，能做一点工作就不错。班主任的希望越大，失望就会越大。

4. 提升值日班长管理效果的措施

（1）进行值日班长培训。因为所有人都要担任值日班长，所以值日班长的培训是全员培训。班主任要在培训中强调设立值日班长岗位的意义，一一解读岗位职责。平时要对值日班长的工作随时指导和激励，发现问题及时指出。

（2）把值日班长的工作流程分成必做和选做。如以上流程中（资料库），必做（1）（4）（7）（8）四项，其余选做。评价值日班长称职与否，只看必做部分。选做的要求高一些，做了有一定奖励。

（3）加强对值日班长工作的提醒。值日班长的名字写在黑板左上方醒目的位置，常务班长或团支部书记要时常提醒那些容易忘事的值日班长，有时候也可以帮助值日班长一起做工作。

（4）对认真履行值日班长职责的学生予以表彰。同时，也请他们向其他同学介绍经验，分享做值日班长的体会，帮助其他值日班长进步。

在实行值日班长制的过程中，会遭遇很多问题，也会发生很多故事——这些故事，会极大地丰富你的教育阅历，给你带来许多感动和感悟。以下的这则故事就是关于值日班长的。

案例故事

42把钥匙与21:30的短信——一个值日班长的故事

我的新班，有42人，但我经常说，我们是43人，因为要加上我这个班主任。

我对所有人说，班级是我们的家。我们用实际行动把班级变成了一个家，而我们就应该是相亲相爱的一家人。这一大家子，还包括孩子身后站的上百位家长。家长，是班级发展的重要保障。

我每天至少要花半小时和家长进行沟通。我了解了很多家长的状况，以及他们对孩子的希望和诉求。家长们也全力支持着班级管理的所有措施，他们明白，我们所做的一切，都是为了孩子的进步和发展。

班级要新添置一个电热水瓶，我又不擅长网上购物，是叶青的妈妈主动揽下了这个任务。不几天，新的电热水瓶送到，又便宜又好用，深得大家的喜爱。班上的学生很快养成了喝白开水的习惯，又节约又健康，还节省了不少时间，因为他们再也不要跑“二里地”去打一杯开水了。有了电热水瓶，我又给班级配备了凉水瓶和取水器，学生在学校喝水的问题彻底解决。

这样的小感动时有发生，每当班级遇到什么问题，我总是会和家长们共商对策，研究解决方案。

这里要说到一个关于钥匙的故事。

我一直主张高中生可以自己配一把班级的钥匙，便于进出教室。比如早晨早来的同学，可以直接开门进去而不必等待专门负责开门的值日班长。平时在教室以外的地方活动，如出操、实验课等，教室应该随时锁门以保证安全。学生有教室的钥匙，既方便又安全，更重要的是，小小的钥匙让学生把班级真正当成了自己的家。试想，哪个人没有自家门的钥匙呢？当你最后一个离开家时，是不是会把门锁上呢？

把班级变成自己的家。这个家的感觉，不仅在于她的一些硬件建设，更在于班级还有自己的精神内核。班级，不仅是学生学习的地方，还是每个学生有归属感的地方。

一切班级管理措施，围绕着这个理念展开。大家轮流担任一日班长，无论身份、性别，无论成绩高低，每个人都参与到班级管理中来，人人为我，我为人人。日子一天天过，班长一天天轮流做。做过的在反思，自己在下一轮值日时，会不会做得更好；没做过的，则有所期待，也有些紧张，我该怎样做好。值日班长制，把每个人内在的管理潜能都调动了出来。都都就是其中之一。

都都是我们班一名非常不起眼的学生，在众多的好手中，她的学习和才艺都不算突出。

她坐在教室第一排，所以每天早晨整理作业的状况就非常显眼。我经常指导她快速整理作业的方法。她很认真，做事一丝不苟，就是有些不灵活，常常被厚厚的练习册搞得手忙脚乱。她知道自己也会担任值日班长，在周记中不无担忧地表示，自己连个科代表当得都吃力万分，要管理好全班，实在是不能承受之重。

不起眼的都都上任值日班长，虽然只有一天，但工作做得却很出色。我甚至觉得她是实行值日班长制以来表现最好的同学之一。看来，因为担忧自己能力有限，所以格外重视，工作也格外认真，压力果真激发了动力。值日班长制还有这一大好处，这是我始料未及的。那天她做值日班长的任务还特别重，因为既有考试，又赶上自习课，教师全体在开大会，直到放学教师都不会出现。

那天我是完全放手了。原想第二天再详细问问情况，结果晚上 8 点钟居然收到了都都的短信，后来我在班上朗读这则朴实的短信时，大家都被感动了。短信的全文如下：

“陈老师，你好！我是都都。今天因为我做值日班长，所以我 6:55 就到班了。但是我发现已经有几个同学站在门口等我了。所以我觉得应该给全班每个人都配一把钥匙，这样会方便很多，同学放学后万一想回班拿东西也没问题。今天我锁门，钥匙在我身上。明天我妈妈会去配钥匙。配好后她会和您联系。告知您一声：您不用自己配钥匙了。”

天哪，都都居然要给全班同学配钥匙！全班 42 个人，至少得两百多元啊！显然，那天听我讲了配钥匙的重要性，同学们还没有多少感觉。当时我的意思是如果哪位同学觉得很有必要，可以自己去配一把。按照我班的管理方式，全班至少应该有四把钥匙，运转起来才基本不会出问题——前后两天的值日班长各一把，一把放在教室共用，我办公室备用一把。当然，四把钥匙不可能让每个人都很方便，比如都都在短信中提到的，来得太早的学生会进不了门。如果按照我原先的设想，全班每人一把才能彻底解决不方便进门的问题，也能解决随时锁门的问题。但是，配钥匙要花钱，我不能强求每个人必须配，所以只是倡议，并不强制。现在，都都在执勤中切实感受到了我说的话。但是，与其他前任值日班长不同的是，她有了实际行动。不过，为每个人配钥匙，是大手笔了。

接到这条短信，我非常感动，当即回复信息：“非常感谢！我会向全班收钱的，虽然你们可能不会要。”

都都回：“如果收钱那就作为班费吧。这是我们家对我们班的心意。希望大家都可以爱这个班级。”

有了这样好的同学，谁会不爱这个班级呢？我回复她：“这很令人感动啊！”

随即我问了自习课的情况。因为此前有一节自习课上得并不好，我专门对此做了教育。不知道今天的自习课上得怎样。

都都告诉我：“大家经过提醒会安静下来，但是很快又有讲话的声音。可能是我的要求比较高，我觉得自习课就应该安安静静，讲话的人多了就没有自习课的气氛了。所以，只要一有讲话的我都会提醒他们不要说话，提醒的频率还是蛮高的。"

我表扬了都都。不过都都可能觉得我对自习课的纪律还有些不满意，又发来短信安慰我："万事开头难。以后多教育，大家的自习课就会变得很好了。现在的进步已经很大了。"

我说明天你点评班级常规时要把自习课的事说一下。都都说好。

这就是都都，一个非常普通的孩子。这样的好孩子在班级里比比皆是，这让我对班级的美好未来充满了信心与期待！

第二天早晨，都都在台上面对全班同学点评前一天的班级情况，声音响亮，情感真挚，赢得了大家热烈的鼓掌。都都点评完之后，我又上台把和都都的短信对话与大家分享了一下，同学们都非常感动，再次报以热烈的掌声。

下午，我接到了都都妈妈的短信，告诉我钥匙已经送到传达室了。我赶过去时，都都妈妈已经走了，留下了一包钥匙和一张纸条。纸条上写着：

"老班，你好！这里总共配了41把钥匙，系红绳的是原来的那把。麻烦您让同学们试一下，万一有不好的打不开的，晚上让都都带回来，我明天再去找配钥匙的，还要把原配的系红绳的一并带回来。谢谢！"

好细心的家长！看着眼前一大包沉甸甸的钥匙，我似乎感受到了家长们一份厚重的心意，更感受到了一份厚重的责任。

我发现负责任的学生总是会有很多事发生。转眼一个多月又过去了，又一次轮到都都担任值日班长。白天一切正常，平安无事。晚上21:30了，又接到都都的信息：

"老班晚上好！今天是我当值日班长。我如履薄冰，战战兢兢，生怕出差错。总算完成了一天的任务。但回家吃过晚饭后，我忽然想到一件事，我记不清走的时候班级电热水瓶的电源是不是关了，顿时紧张起来。因为实在没把握，我让我妈妈又陪我回了一趟学校检查。结果电源是关的。虚惊一场（流汗）。现在我已经回家了。特此汇报。都都。"

值日班长每天最后一个离班，走之前必须关闭门窗和电源。我常说值日班长是班级的"最后一道防线"。都都这个防线守得好！要不是值日班长制，我哪里会发现班级还有这样认真负责的同学。

期中考试后，都都被评为“优秀值日班长”，实至名归。

好的机制，能调动每一个人的积极性，激发人的潜能。一些平时在老师眼中毫不出彩的学生能脱颖而出，表现出乎你的意料。关键是班级要有给每个人提供机会的机制。有了机会，一批能人、有责任感的人，自然浮出水面。

完成了这些工作，一个班级基本就可以正常运转起来，而且是在正确的方向上运转；不做这些事，日子暂时也能过得下去，但班级只能是放任自流式的“野蛮生长”或者是被毫无章法地“管理”着，问题迟早会暴露，而且会越来越多、越来越严重。没有任何一个班级可以“自然长成”为一个优秀的群体。班级的健康发展，离不开专业的管理。

本课小结

本课主要介绍了班级常规“一横一纵，一静一动”的基本管理思路。

1. 横向，所有的常规事务管理工作都以岗位的形式落实给每个学生。
2. 纵向，在时间维度上，从早晨开始到放学结束，各关键时间点都有值日班长做辅助管理工作。
3. 静态，建立了班级层级管理的组织结构，使各个工作岗位有了密切的联系。岗位承包人不再是“单兵作战”。
4. 动态，开始建立班级常规工作的流程，使班级事务的处理变得流畅、高效。

本课思考与实践

1. 班级工作招标制适用于大多数岗位的安排。想一想哪些岗位的安排不宜使用岗位招标？这不是凭空想出来的，而是提醒你在遇到一个具体的任务时，要先考虑用什么方式、交给谁完成。

2. 以出黑板报为例，列表对比建立专门的小团队与各小组轮流出的优缺点。
3. 根据你班级的具体情况设计几条事务处理流程并演练，在实际操作中掌握流程设计的基本思路。

第 五 课

开学一个月：建立班级课堂教学规范

班级管理的重点之一是教学秩序的管理。从开学第一天开始就要上课，而且每天都要上很多课。所以，解决课堂教学管理的问题是很迫切的。除非学生素质非常好，也很听老师的话，根本不需要班主任操心，否则不要指望课堂教学的秩序会自动好起来。班主任必须从一开学就建立课堂教学规范并在一个月内基本稳固下来。

通过本课，你能学到：

1 如何建立课前准备的规范；

2 如何建立课堂教学秩序的规范；

3 如何建立破坏课堂教学规范行为的应对机制。

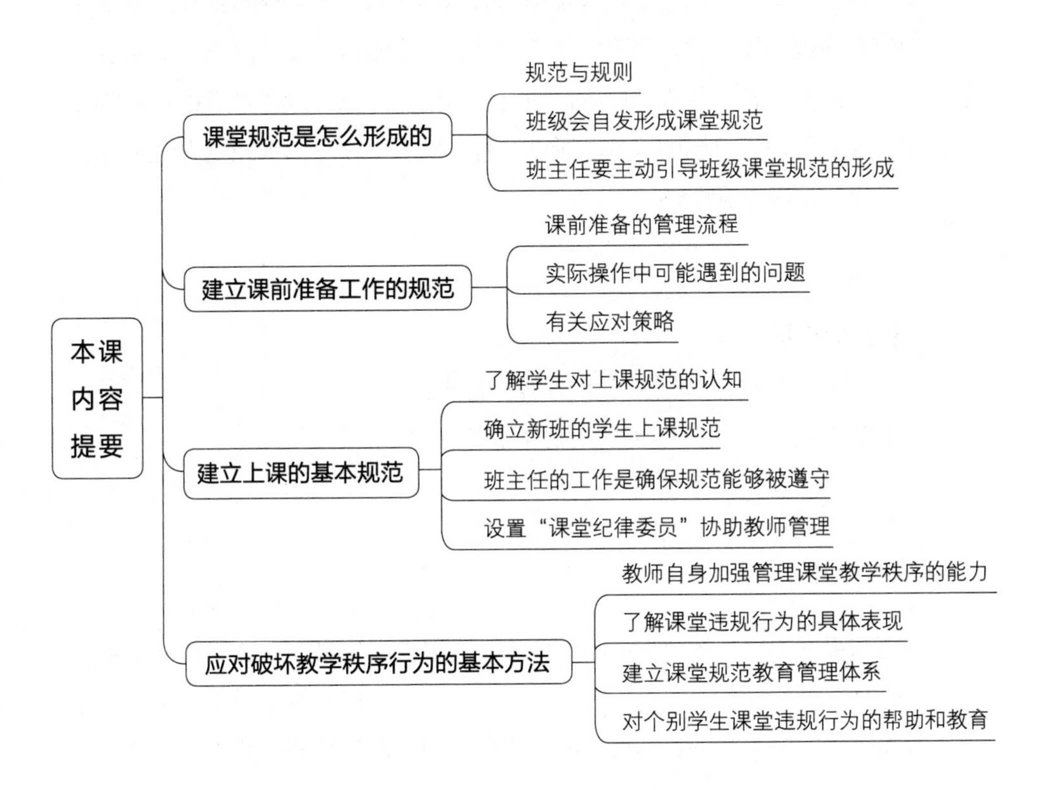
本课内容提要
课堂规范是怎么形成的
规范与规则
班级会自发形成课堂规范
班主任要主动引导班级课堂规范的形成
建立课前准备工作的规范
课前准备的管理流程
实际操作中可能遇到的问题
有关应对策略
建立上课的基本规范
了解学生对上课规范的认知
确立新班的学生上课规范
班主任的工作是确保规范能够被遵守
设置“课堂纪律委员”协助教师管理
应对破坏教学秩序行为的基本方法
教师自身加强管理课堂教学秩序的能力
了解课堂违规行为的具体表现
建立课堂规范教育管理体系
对个别学生课堂违规行为的帮助和教育

第一讲
课堂规范是怎么形成的

上课的教学秩序管理理论上应该由科任教师负责，班主任一般不能插手教师的教学工作。但是，因为目前很多学校并没有形成全员育人的风气，大量的非班主任教师只负责上课，不管教育学生的情况比较普遍。有些教师甚至对自己的课堂纪律也疏于管理，只要学生有问题，都推给班主任。班主任不得不承担更多的课堂教学秩序的管理任务。同时，由于班主任一般在本班也是某学科的教师，也要管理好自己的课堂。所以，对课堂教学秩序的管理能力也是班主任必须具备的基本专业技能。

本讲能力目标

- 理解班级自发形成课堂规范的原因和过程。
- 理解班主任在引导课堂规范形成中的重要作用。

---

1. 规范与规则

规范与规则不同。规范形成的基础是人的习惯。如果个人的某些习惯被群体接受，就会变成他的个人行为规范。很多人共有的规范可能就会变成一个群体的规范。规范类似于一种传统，是约定俗成的。规则是外加的。规则可以基于一些规范，但有强制性。尽管规则可能和个人规范冲突，但也必须遵守。所以，规范对人行为的影响是超过规定的，因为它是内在的。

规范有好的，也有不好的。

相对于制定规则，形成规范困难得多，所需时间也比较长。

班主任的工作重点并不是制定规则（虽然后者是必需的），而是全力引导学生形成一些好的班级规范。当然，制定规则与形成规范并不矛盾。好的规则是在对好的规范进行提炼和总结后形成的条例，规则的强制性可以引导规范的形成，规则只有变成规范才能真正被执行。“老师在讲解时不随便插嘴”“提问前先举手示意，获得同意后再发言”，这样的表述看不出是规则还是规范。如果仅仅是规则，就有可能不被遵守（还是有人会插嘴或直接发言）；如果是规范，则它们一定会被遵守（你甚至感觉不到是在“遵守规范”，因为这已经是你的习惯了）。

2. 班级会自发形成课堂规范

即使班主任不干预，课堂也会自发形成一些规范。这主要是由于学生来到这个班之前（如果他不是第一次上学的话），他已经有了一些上课的习惯——在过去的班级里形成的。这些习惯有好的，也有不好的。他会把这些习惯带入新班。当然，他会观察别人是怎么做的以及老师的反应。他也会做一些观察和试探，如果发现其他人也有这些习惯，或者他的试探被接受了，或者老师也默许这种行为，他就会认为这样做在新班也是可以的。以后在（这个老师的）课堂上他就可能重复这些行为，且胆子会越来越大。

比如，某学生以前就有上课随意讲话的坏习惯。来到新班后，刚开始还有些不敢，因为他还不知道这个班级的同学和老师会不会容忍这种行为。但习惯总是难改的，他偶尔也会忘记这是一个新班，就在课堂上讲起话来，结果他发现这个老师没有管他，周边同学也没阻止（可能是不敢），甚至还有人和他对话，他就会觉得在这个班上课时也能讲话。但是假设我们换一个情境，他上课一讲话就被老师狠狠批评了一顿，同学也向他投来谴责的目光，也没有人与他互动，他就会觉得这个班和以前的班级不一样，他那一套在新班吃不开了，他会收敛很多。

到目前为止，这还只是他个人的行为，尚不能上升到班级规范的高度。但如果有不少人或越来越多的人也这么做（他们的心路历程也和那个学生一样），班级（无形的）规范就会形成——无论是好是坏。

这样我们就可以理解为什么班级会自发形成一些上课的风气。这取决于：

（1）学生的习惯；

（2）老师的管理风格；

（3）同学的反应。

我们也就可以理解为什么每个班的课堂纪律都不一样，也能理解为什么同样的学生在不同老师的课堂上的表现判若两人。很多人都认为课堂纪律是由生源决定的，但是生源并不是唯一的原因。有些成绩很好的班级课堂纪律一团糟，但经常有成绩平平的班级课堂纪律却非常好。课堂纪律问题与班级管理水平高度相关。

3. 班主任要主动引导班级课堂规范的形成

如果班主任不加干预，学生就会出现课堂表现差异很大、生源不好的班级课堂秩序很差而且越来越差的情况。如果班主任能够采取有力的措施，就可能大大减少课堂混乱的情况——即使学生的基本素质不是很好。

刚开学有一点缓冲的时间。即使学生素质不那么好，甚至比较差，开学几天之内也不至于让课堂纪律崩溃。毕竟学生对环境对同学对老师还不太熟悉，有一个观察、试探的过程。但这个过程不会太长，一般一星期左右问题就开始暴露。班主任要抓紧时间，尽快行动。如果问题积累多了，蔓延开来，形成了坏风气，再想解决就会非常被动。

在有限的时间里，班主任一是要多观察学生和课堂（包括科任教师的课堂），获取第一手信息；二是考虑要建立哪些规范、规范的具体内容是什么。一个星期，所有的课都会至少上一节，所有的老师都会和学生见面。学生开始逐渐了解老师不同的教学风格和他的同学是怎么上课的。此时，也到了班主任要采取行动的时间了。

本课仅提供最基本的参考方案。制订管理方案的指导思想是：对一节课的最主要的两个环节——课前准备时间和课堂教学时间制定基本的行为规则并在实际操作中反复运用、强化，直至班级形成新的教学秩序规范。更细致的要求是在一节课的各个教学环节，包括教师讲解、学生回答问题、讨论问题、做课堂练习、随堂测试等，都要逐步建立一定的规范。但这些主要是由各科任教师自己建立。班主任可以从自己的课堂做起，以一定的规则为辅助，逐步建立自己的课堂教学规范。有些规则是简单的，但并不是一提出学生就能很好地遵守，要坚持提醒、纠正，直到学生适应了这些规则并形成了习惯。这样，教师上课就会比较轻松，不用花太多的精力去维持。

第二讲
建立课前准备工作的规范

本讲能力目标

· 掌握设计课前准备管理流程的思路。

· 掌握处理课前准备中的问题的思路。

不知道你是不是有过这样的经历：

走近一间教室，人还未见到，里面的嘈杂声已传来。进入教室，眼前是一片混乱的景象：走动的、哄闹的、闲聊的、扔东西的……你必须首先进行组织和整顿，才能开始上课。在上课中你会发现，有的学生不带书，有的没有讲义和资料。你因为这些事耽误了时间，败坏了心情，甚至教学计划也受到影响。这一切乱象的起点都是——课前准备。

课前准备，直接影响到教师上课的情绪和教学效果，也影响到教师对这个班级的评价。所以，课前准备时间尽管只有两分钟，但一定要加强管理。课前准备工作做得好，就为良好的课堂教学状态打下了基础。

1. 课前准备的管理流程

建立规范要以达到一定的效果为目的。课前准备主要是指“一硬一软”的准备。“硬”，就是硬件保证：黑板必须擦干净、讲台保证清洁整齐、电脑和多媒体设备准备就绪，等等。所谓“软”，就是“软件”，特指学生的状态，要定心，要准备进入学习状态。这些工作都需要有明确的责任人来做。

管理的基本思路是：不试图控制学生的行为，不用高压手段强硬要求学生不许说话（实际上也很难控制），而是用一些具体的活动引导学生的行为。如果学生有正事可做，也就不会打闹起哄。

（1）管理责任人。

主要管理人员：科代表、值日班长。

辅助管理人员：纪律委员。

（2）工作要求与流程。

①上课前，科代表与科任教师对接一次，询问老师本节课的内容、需要准备的资料和预习要求并做记录。

②预备铃响后，科代表将要求抄写在黑板上并提醒同学们注意按要求做；值日班长检查黑板、讲台、多媒体设备等是否符合要求。如发现问题，立即请有关责任人处理。如果责任人不在，值日班长要代替责任人完成工作。

③值日班长在教室内走动巡视，提醒同学们按要求做课前准备。

④科代表按老师布置的任务组织本节课的预习工作，如：看书、背书、准备默写、做思考题等，直到科任教师进入教室为止。

⑤纪律委员记录科代表和值日班长到岗的情况。

资料库

（1）纪律委员使用的管理员上岗记录表（见表 5–1）。

表 5–1　课前准备管理员上岗情况记录

日期_____　星期_____								
节次	1	2	3	4	5	6	7	8
科目								
科代表								
值日班长								

说明：纪律委员只负责提醒科代表和值日班长到岗。提醒无效再记录。尽量不记。

（2）值日班长使用的巡视情况记录表（见表 5–2）。

表 5–2　课前准备情况记录

日期____　星期____					
节次	科目	迟到	走动	喧哗	其他违纪
1					
2					
3					
4					
5					
6					
7					
8					

说明：只记录问题较大的同学姓名。原则同上：先提醒，无效再记录，尽量少记或不记，只要达到管理效果即可。

2. 课前准备规范在实际操作中可能遇到的问题

建立以上规范的初衷是用有意义的活动引导学生的行为，但一开始的实际效果可能并不理想，具体表现为：

（1）因能力、责任心的差距，管理人员未必能把工作做到位；

（2）部分学生的习惯不好，规则意识欠缺。铃声响起后依然想做什么就做什么，不仅不能服从班干部的管理，甚至老师走进教室也视而不见。

3. 有关应对策略

（1）讲清道理，加强教育。

分析课前准备的重要性和必要性。课前准备相当于运动员比赛上场前的热身活动。没有做好准备活动，如何能迅速进入学习状态，提高听课效率呢？

与学生分享自己的切身感受。描述当老师走进一个非常混乱的教室时的心情。问学生，以这样的情绪开始一节课的教学，能充分发挥教学水平吗？教师教学受影响，谁损失最大？

告诉学生，混乱的课前准备会令人厌烦，给班级带来差评。问学生，大家愿意听到人们对我们这样的评价吗？不会的。我们都有集体荣誉感，班级就像我们的家，谁希望听到别人说自己家不好呢？

强调一节课的教学活动是从打预备铃开始的，而不是等科任教师发话才开始。预备铃响，对于学生来说就不再是自由时间了，学生不可以利用课前准备的两分钟处理与本节课无关的事务。

要指导学生学会掌握时间：个人事务一下课就处理，不要等到打预备铃才想起来做。注意力要集中，要把课前准备当作大事来对待，不要随意。只要思想上重视了，要求不难达到。

（2）耐心提醒，严格执行规则。

规则定下了就要严格执行。班主任首先抓科代表和值日班长，做好培训，观察他们工作的情况，指导他们如何工作。

科代表和值日班长都要“走动式管理”，不能站在原地不动。预备铃响后，要在教室里走来走去，值日班长手上要拿着记录表格和笔，但不一定要记录。发现有问题的同学要走到他们身边提醒，注意态度和语气。耐心提醒一般都会有效果。班主任只处理不服从管理、问题比较严重的学生。

在起始阶段，班主任要多去教室。去教室不一定是亲自管理，主要是观察班干部的工作和班级状况，同时提高班干部的管理效果。发现了学生的问题，要先进行教育。不到万不得已，不轻易处罚学生。

第三讲
建立学生上课的基本规范

本讲能力目标

- 掌握引导学生建立上课规范的方法。

在所有的教学秩序管理中，课堂秩序是最重要的，是班主任需要投入精力最多的管理工作。课堂的秩序不仅对教学质量有影响，还对整个班级的风气也有巨大的影响。学生每天在学校的大部分时间是在上课中度过的。课堂的纪律情况不仅与学生的基本素质有关，还与科任教师和上课的科目有关，甚至和上课的时间有关。无论什么样的班级，都需要建立良好的上课规范。通过精心的管理，让学生"像个学生的样子"，在任何班级都可以做到。

1. 了解学生对上课规范的认知

由于班级规范是建立在学生个人规范的基础之上的，所以要首先了解学生理解的课堂规范是什么。从中选择、整合合适的内容，加上班主任自己的想法，确定新班的课堂教学规范。

可以在开学不久就做一个关于课堂规范的问卷调查。

资料库

关于上课规范的调查问卷（不记名）

你认为上课需要遵守哪些规范（多选）：

（1）上课迟到了要喊"报告"，得到老师同意后才进入教室□

（2）老师讲解时认真听，不随便讲话，不插嘴□

（3）发言前先举手示意，得到老师同意后再发言□

（4）站起来回答老师的提问，除非老师不要求□

（5）积极参与课堂讨论，讨论问题时尽量小声，不喧哗□

（6）做课堂练习时不说话，除非老师要求讨论□

（7）听课时要做课堂笔记□

（8）课堂测验时不偷看，不和同学对答案□

（9）不在上课时做与本节课无关的事□

（10）上课时不能睡觉□

（11）上课中途不离开教室。有特殊情况要向老师报告，得到同意后才能离开□

（12）被老师批评时不顶撞老师，如果有意见下课找老师或班主任□

（13）有同学破坏课堂秩序要制止□

（14）老师不在课堂的时候要保持安静□

（15）老师不在课堂的时候要服从班干部的管理□

其他补充＿＿＿＿＿＿＿＿＿＿

学生在同意的选项后面打钩，不同意可以不打，有补充建议也可以提出。问卷调查的目的是了解学生对一些上课规范的认识和接受程度，也为今后制定有关规则提供参考。

2. 确立新班的学生的上课规范

初步的课堂规范是在综合大家意见的基础上确定的。如果大多数人认为应该这样，这条就可以入选；如果很多人不同意某条规则，就先不入选。班主任可以继续做修改和引导，直到大部分人同意为止。

这样操作学生会更愿意接受，执行中的阻力也最小。

课堂规范实际上是指导意见，即“你可以”或“你应该”这样做，是一种引导班级走向健康发展之路的方式，比强制规定学生怎么做更加柔和。从长远的角度看，它有更加持久的作用。但规范不同于规则，比如，上面的规范中并没有涉及“如果不这么做，后果是什么”的问题。可以想见，一定会有人不遵守这些规范。不过，规范却给今后制定规则奠定了基础。

切不可以为有了班级规范，学生就能自觉遵守，变成自己的规范。班级规范从确立到真正变成大家的习惯，有一个漫长的过程，班主任要做大量的工作。

3. 班主任的工作是确保规范能够被遵守

班主任真正有效的工作是保障规范可以推行下去。班主任要密切观察课堂状况，特别是要关注几个最容易出问题的课堂：

（1）学生心目中的副科，如音乐课、美术课等；

（2）脾气较好、管理能力相对较弱的教师的课；

（3）特定时间段的课堂，如第一节和最后一节课、体育课后的那节课等。

班主任要多与科任教师沟通，了解每个教师的性格特点。研究班级课表，尤其是以上这几个“短板”，学初一段时间要尽量多巡视，发现了问题要在第一时间找到相关的学生谈话。

在一开学时就做这些工作，效果会比较好，不一定需要什么惩罚。但是你会发现，谈话对有的同学有效果，对有的同学没效果。因为习惯是很难改的。一个所有人都存在的现象是：知道但做不到。所以，教育需要有耐心，而且以后肯定还是要制定一些惩戒规则。

总之，班主任对课堂教学秩序问题要表现出足够的重视。只有班主任重视了，才可能引起学生的重视。学生是特别能揣摩班主任的意图的。

4. 设置“课堂纪律委员”协助教师管理

班主任不可能始终在班上，所以需要有班干部的协助。班级可以专设“课堂纪律委员”一职。纪律委员的主要工作有两个：

（1）记录课堂上的重大事件（配专门的《课堂日志》）；

（2）协助科任教师劝阻、制止同学在课堂上的违纪行为。

要选择有正义感、能力强的同学担任纪律委员。但是纪律委员在班级里往往是同学们很反感的一个角色，原因在于他要记录课堂情况，会被同学认为是“打小报告”的。如果纪律委员在课堂上劝阻同学不要违纪，也会得罪人。所以班主任要保护纪律委员不被排挤，保证他能正常工作。你可以用下面的方法处置。

①不严重的或经过教师提醒已改正的违纪行为不记入《课堂日志》。

②课堂上学生的良好表现也要记录在《课堂日志》上。

③公开《课堂日志》供学生查询，有异议可以向班主任反映。

④违规行为得到改正后，在《课堂日志》上备注。

⑤正面支持纪律委员。告知学生纪律委员是为大家有一个良好的学习环境而服务的同学，请尊重并支持纪律委员的工作。纪律委员要对班级负责，也要对课堂秩序负责，不要让纪律委员为难。

⑥及时纠正纪律委员管理中的不当行为（如果有）。

⑦请全班同学自己选纪律委员。

⑧请多位班干部轮换担任纪律委员，如一星期换一个人。

资料库

《课堂日志》示例

表 5–3　课堂日志

日期		星期		
节次	学科	纪律	课堂情况记录	教师签字
1				
2				
3				

续表

日期		星期		
节次	学科	纪律	课堂情况记录	教师签字
4				
5				
6				
7				
8				

第四讲
应对学生破坏教学秩序行为的基本方法

本讲能力目标

· 了解有关课堂纪律管理方面的专业书籍。

· 掌握分析原因后再采取行动的工作方法。

· 掌握维护课堂秩序的一般方法。

· 掌握对课堂违纪学生个别教育的基本策略。

课堂纪律问题始终是科任教师和班主任关注的重点。尽管本课前几讲已经详细介绍了如何建立课堂教学秩序的规范。但在现实中，一定会有学生不遵守规范。如果班级整体情况较好，偶尔出现的违规行为并不影响大局，只要个别处理好即可。但是有些班级的课堂秩序非常糟糕。不管怎样，班级应该有一套应对课堂违规行为的处置办法，而教师自己也需要加强管理课堂秩序的能力。

1. 教师自身要加强管理课堂教学秩序的能力

尽管个别教师会把课堂纪律不好的责任推给学生，但不可否认，教师才是管理课堂秩序的关键。

同一个班级在不同学科老师的课堂上的表现会有较大差别，除了学生感兴趣和重视的学科不同之外，教师教学水平和管理能力的差异是最主要的原因。前面说过，由于学校缺少全员育人的氛围，不做班主任的教师会把教育学生的工作推给班主任。帮助科任教师处理课堂纪律问题几乎成为班主任必做的工作，这也是造成班主任负担过重的原因之一。但维护课堂纪律不是班主任一个人的事，而是每一个教师的责任。其实，只要教师用心，运用一些合适的方法，课堂纪律的问题就不会那么严重。不够用心和缺少方法的问题确实在很多科任教师身上存在，即使他的教学水平还不错。

无论是班主任还是科任教师都应该加强自身管理课堂纪律的能力。特别是科任教师，不能对班主任有依赖心理，要意识到自己的课堂应该以自己管理为主。即使是对问题较严重的学生，也应该是联手班主任做教育。班主任则需要经常主动和科任教师研究课堂纪律问题。

资料库

阅读一些专门研究课堂纪律管理方法的书籍，借鉴他人的成功经验，是快速提高自己业务能力的途径之一。如：

（1）李茂：《今天怎样“管”学生》，华东师范大学出版社，2008。

（2）苏·考利：《学生课堂行为管理》，范玮译，教育科学出版社，2009。

（3）汤普森：《中学课堂纪律管理指南》，许昌和、李颖译，中国轻工业出版社，2012。

（4）比尔·罗格斯：《课堂行为的有效管理策略》，蔡艳芳、马慧、郭燕飞译，中国轻工业出版社，2013。

2. 了解课堂违规行为的具体表现

好的规范的建立基于学生原有的好习惯，应对学生违规的策略也应该基于学生坏习惯和当下情况的了解。班主任在采取管理措施之前首先要对学生课堂违规行为做充分的调研。包括以下几个方面：

（1）哪些学生存在此类问题？是经常性的还是偶一为之？严重程度如何？（需要区别故意还是无意）

（2）违规的具体行为是什么？

（3）哪些学科的问题比较突出？

方法指南

班主任获取课堂秩序信息的方法

（1）做关于“遵守课堂规范情况”的问卷调查，内容涵盖以上问题。回收问卷后进行分析。但是问卷调查只能提供最笼统的信息，而且还有可能失真，所以价值有限。

（2）询问学生。询问可以直接获得信息，主要的麻烦是学生不愿意说出详细情况，特别是具体的人名。

（3）听取纪律委员汇报，从《班级日志》中寻找线索。但是，因为同学之间的人情关系，此举获得的信息也是很有限的。

（4）询问科任教师，或者有科任教师主动反映问题。这样得到的信息虽然有一些主观性，但基本是真实的。

（5）班主任加强巡视课堂的频率，通过自己的观察获取信息。

虽然没有一种方法绝对有效，但是把这些做法结合起来，应该能获得比较全面的信息。采集信息的过程本身就能引起学生的注意，对改善课堂纪律起到促进的作用。所以，上述一些做法可以作为班级管理的常态措施，常抓不懈。

3. 建立课堂规范教育管理体系

违反课堂规范的情况虽然与教师的教育教学能力不无关系，但最主要的还是因为学生缺少自觉性、情商低，不顾及他人的感受造成的。课堂秩序问题不是孤立存在的，违规的学生往往在其他方面也有问题。对他们的帮教就要多种措施并举，形成体系。这个体系由“对事”和“对人”两部分组成，对“人”又分解为面对全班的“人”和面对个别的“人”。

对事，就是对课堂违规行为有具体的处理办法；对人，就是要加强对学生综合素养的教育培养。以往课堂纪律的管理侧重于“对事”，以面上的控制为主。

重管束轻教育，没有从育人的角度切入，所以效果不佳。其实，个人素养提升了，课堂秩序问题自然会得到解决。所以，前者治标，后者治本，要标本兼治。

课堂秩序管理是一项长期的工作。从新班组建开始一直要做到班级形成良好的教学氛围，然后是对个案的处置和对氛围的一般维护。当班级进入良性发展的轨道，这些基本的维护工作就变得相对容易。关键是如何把班级带向这个轨道。本教程将提供一个一揽子的工作方案建议（参见图 5–1），这些工作会分解在相当长的一段时间内逐步完成。

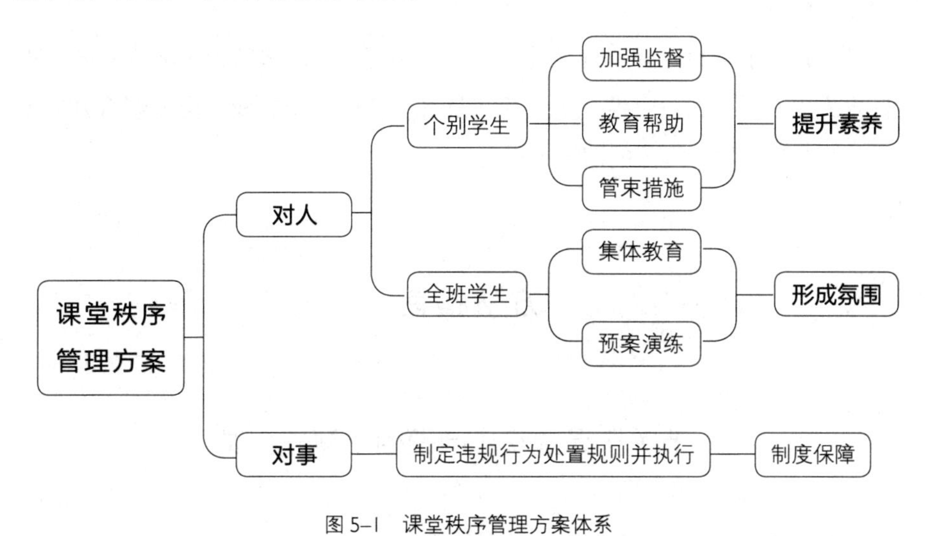

图 5–1　课堂秩序管理方案体系

马上行动

在课堂秩序的管理工作中，班主任需要做什么

（1）采取各种方法获取课堂教学情况的信息。

（2）分析学生课堂违规行为的原因。

（3）开学初一段时间加强对科任教师课堂的巡视。

（4）在掌握基本情况后与个别学生谈心，思考如何帮助这些学生。

（5）制定应对课堂违规行为的行动预案并带领学生演练。

（6）带领学生制定相关的规则。

（1）制订行动预案并演练，培养学生维护课堂秩序的经验。

所谓“预案”，是指根据分析或经验，对潜在的或可能发生的事件事先制订的处置方案。制订教育预案并带学生演练是比较常见的有效的教育方法，比单纯说教有用得多。

考虑到一定会有课堂违规行为的发生，制订相关的教育预案非常必要。班主任要先组织学生讨论：课堂上发生了扰乱纪律的情况，我们应该怎么办？可以做什么？讨论要在具体的情境下进行。

方法指南

一节关于课堂秩序问题的主题班会课

◎班会主题：有人上课违规了，我们怎么办？

◎班会主持人：学习委员。

◎班会过程：

（1）复习班级课堂秩序规范。

（2）设置情境。

模拟上课。请一个学生扮演科任教师上课。一个学生在下面玩手机，被老师发现了。老师要求学生把手机交给他，学生不肯。师生发生了语言上的冲突，发展到有拉扯动作。

（3）问题讨论。

出现了这样的情况，大家看看我们可以做什么？重点提问：

①班长。

②纪律委员。

③科代表。

④违规学生的同桌和周边的同学。

其他同学可以自由发言。学习委员做好记录，把要点写在黑板上。

（4）制订预案。

小组讨论，给出建议。组长向全班同学介绍，将大家比较认同的建议要点写在黑板上。

（5）预案演练。

重复前面的情境模拟，将讨论过的建议带入，现场演练。

（6）班主任总结。

要点：要在全班范围内对扰乱课堂纪律的行为达成一些共识：是积极参与劝阻，还是冷眼旁观甚至跟着起哄？一个纪律良好的课堂对班级的发展意味着什么？应该如何对待教师在课堂教学过程中出现的各种问题？……要发挥全班同学，特别是骨干同学的力量，齐抓共管，形成正向的氛围。少数扰乱课堂纪律的同学得不到支持，课堂纪律的管理才能取得实效。

◎班会后续。

整理预案，正式向全班发布。

这节课上得十分热闹有趣。情境模拟让学生对课堂违规现象有了真实的感受，学生通过讨论自己得出建议和方法，在实战演练中加以运用，增长了经验。

资料库

一份关于应对课堂违规行为的行动预案文本

××班维护课堂秩序行动预案

维护良好的课堂纪律，保障正常的教学秩序，是每一位同学的责任。当课堂上有人违反班级课堂教学规范，教师制止无效，有可能引发师生冲突或中断正常教学活动时，请各位同学按照以下方案行动。

（1）该行为发生者的同桌及周边同学有责任在第一时间提醒、劝阻违纪者停止其行为，尽量使事态不至于扩大。

（2）如果周边同学未及时采取行动或行动无效，班长、纪律委员要做出反应，劝阻违纪者停止其行为并制止其他同学可能的起哄，必要时可以站起来劝阻。

（3）纪律委员将该情况记入《班级课堂日志》。

（4）班级鼓励同学参与劝阻行动，维护正义。参与劝阻的行为由纪律委员记入《班级课堂日志》。

（5）以任何方式支持或变相支持扰乱课堂纪律行为视同违纪，将接受班主任的调查询问并承担一定的责任。

（2）制定破坏课堂秩序行为的惩戒制度。

对学生课堂违规行为要进行教育帮助，除了用规范引导学生的行为，班级还应该制定管理课堂秩序的规章制度，这些制度包含一定的惩戒措施，在不得已的时候使用。

尽管规则不能解决难度大的个案，但它毕竟是面对全班所有同学的基本要求，也是管理课堂纪律的依据，所以是必备的。鉴于课堂教学秩序的重要性，班级应该有专门的规章制度而不是将其夹杂在笼统的所谓班规中。破坏课堂秩序，如果后果不是很严重，属于轻微违纪，在班级内部处理即可；如果造成严重后果，则应由相应的校纪校规处理。

①违反课堂教学秩序的具体表现。

与其他规章制度一样，有关课堂纪律的规定也要首先对行为进行界定和分类。既然已经建立了课堂教学基本规范，那么违反这些规范的行为一律都要处置。

马上行动

组织学生讨论违规行为的具体表现

班主任可以让每个学生自己先写几条，然后汇总交流。经过讨论，大家一致认定以下行为属于违反课堂秩序规范的行为：

（1）上课时发出较大的声响，如讲话和起哄；

（2）随意插话，内容与教学无关，打断或扰乱教师正常讲解，引起哄笑；

（3）在课堂上做与本节课教学内容无关的事并已对其他同学造成影响（举例：做手工、画画、玩手机、摆弄玩具等）；

（4）用语言或一些物品吸引他人注意力；

（5）在课堂上随意走动、与他人交换座位或未经教师允许离开教室；

（6）捉弄同学或老师的恶作剧行为；

（7）对教师的提醒或警告有对抗甚至攻击性的言行。

这是某次讨论情况的整理。每个班在讨论时可能都会有一些不同的意见，但总体情况应该是类似的。

②对违规行为严重性的界定。

是不是所有的行为都要记录并惩罚呢？班主任可以让学生自己先谈谈想法。学生的想法可能是多样的，学生不同的价值观决定了他不同的态度。有人主张一定要处罚，有人则不希望受到惩罚。班主任要引导学生在某些地方达成共识，否则难以出台一个令所有人都能接受的规则。

马上行动

班主任组织学生讨论

（1）什么样的违规行为可以暂时不记录、不处罚?

以下是讨论的几个结果：

①偶尔的或很轻微的违规行为；

②不严重的或经过教师和同学提醒后立即能改正的违规行为；

③无意的、不严重的违规行为。

排除以上情况，顺势得出需要记录并予以一定惩戒的行为：故意的、较严重的、经常性的违规行为。经过这样的讨论，学生就比较能接受了。接下来，继续讨论。

（2）如何界定“故意的、较严重的、经常性的”违规行为?

以下是讨论的几个结果：

①教师或同学已经提醒过了，继续违规就是故意的；

②影响到其他同学听课和老师讲课的行为，比如同学听不进去、老师不得不停下讲课，就是比较严重的；

③对老师的提醒有顶撞的行为就是比较严重的；

④直接和老师发生冲突的行为就是比较严重的；

⑤在上课时和同学发生冲突导致上课中断的就是比较严重的；

⑥一天之内被老师点名三次以上的，就是经常性的违规。

③学生课堂违规行为的处置。

对学生课堂违规行为的处理方法是根据行为的严重性和危害程度确定的。依次是：提醒、口头批评教育、书面检讨、一定的惩罚措施、告知家长、报备学校、校纪处理。

4. 对个别学生课堂违规行为的帮助和教育

一般来说，课堂违规问题在班级某些同学身上比较突出。面向全班的教育主要是形成氛围，但是直接有效的是个别转化。重点学生（课堂违纪已形成习惯）的影响很大，只要成功转化一个，就可能带动一片。班主任的工作繁杂，精力分散较多，集中力量做个案是较好的策略。

（1）分析学生不遵守课堂规范的原因。

分析学生行为背后的原因是非常重要的工作。不遵守规范、扰乱纪律只是表象，行为的背后有潜台词。只有了解真实原因，才能对症下药。

学生不遵守规范的原因无外乎这样几点。

①纪律观念淡漠，自控能力差。

发生故意扰乱课堂纪律行为的学生大多数纪律观念淡漠，在课堂上想干什么就干什么、想说什么就说什么已经成为习惯，对教师的提醒也经常置若罔闻。因为这些坏毛病与孩子先天的性格和家庭教育缺失有很大关系，所以班主任试图联合家长进行教育的努力基本上是徒劳的。班主任必须以自己的努力并联合集体的力量对其严加管束。

②唤起他人的注意。

这类学生不一定品质不好，他只是想唤起大家的注意罢了。唤起别人的注意又有可能是出于几种完全不同的动机，比如想表达自己的优秀和独特，对某个问题有自认为独到的见解而教师对此却视而不见，于是采用扰乱的方式引发教师和同学关注；再比如某学生的成绩很差，表现也不好，他试图用挑战课堂纪律表现自己的勇气和另类，赢得大家的关注甚至佩服。

③对科任教师不满。

如果总是有针对性地扰乱某门学科的课堂，那就有可能是学生与科任教师的关系出了问题。不满科任教师的原因是多种多样的，需要进一步了解。这类问题容易发生在一些个性很强的学生身上，既有可能是优生，也有可能是学困生。

④觉得课堂太无聊了。

如果课堂教学内容太过无聊或沉闷，或者觉得这门课完全听不懂，有人就会制造点动静，扰动平静的气氛。这类学生主要是那些能量很大、组织纪律观念较差的少数人。

⑤欺负科任教师。

不管班级处于什么层次，一个基本的事实是，班主任上课时的纪律会明显好于科任教师的课。毕竟班主任在学生面前有一定的权威。但是科任教师就不一样了，每一位教师管理课堂的能力是不同的。学生很“聪明”，他们清楚老师的要求，了解每位教师的脾气、个性，知道在什么教师面前可以放肆一点，在什么教师面前要“老实”一点。那些所谓的副课（主要是中高考不考的学科）和一些个性柔弱、脾气好的，包括一些缺少教学经验的年轻教师的课堂，是课堂纪律问题的“重灾区”。确实存在学生欺负“老实人”的情况。

⑥自身情绪问题。

有些扰乱课堂秩序的行为与教学本身无关，是因为其他的事情迁移到课堂上来的。青春期的孩子个性还不成熟，情绪不稳定，容易冲动。当学生处于情绪异常波动或烦躁时，任何一点诱因都有可能引发破坏课堂纪律的行为。如顶撞老师、摔东西、发出巨大的声响、和同学产生纠纷等。这类行为可以看作一种情绪宣泄，有偶发性，难以预见，后果往往比较严重。

⑦有心理疾病。

极少数学生的违规是因为有心理疾病，无法控制自己。班主任不是这方面的专业人士，一定要慎重，不能随便怀疑学生心理有问题，要与家长沟通并求助专业人士。

⑧其他原因。

以上归纳的，是一些常见的原因。还有一些情况无法归入上述任何一类，可以视作个案。个案需要单独处理。

很多学生违规的原因可能不止一个，违规的行为也不限于课堂。这类学生的教育工作本身就是困难而复杂的，班主任对此要有充分的思想准备和良好的心态。这是长期的工作，要有足够的耐心，不可操之过急。

（2）针对违规的原因采取教育帮助措施。

发现某学生有上课违规的行为，要找到他违规的原因。在探寻原因的过程中往往就能找到解决问题的办法。因为不同学生的情况不同、个性也不同，所以也不可能有固定的办法，只能是用一定的思路寻找具体的办法。所有的方法都不一定有效，不存在万能的方法，但一定不能用错误的方法，更不能用违法的方法。有些简单粗暴的方法（比如以罚代教）看上去省事，但其实不仅没有用，更可能产生反向的效果。在教育学生的问题上，没有捷径可走。

对于有违规行为的学生，应视其原因采取有针对性的措施。表 5–4 是一些教育的建议。

表 5–4　学生课堂违纪行为原因及教育策略

违规原因	教育策略
纪律观念淡漠	谈话，加强教育，规则约束
自控能力差	规则约束，同伴帮助，加强提醒督促
试图引起他人注意	多关心，给予适当的展示机会
无心学习，不想上课	立志教育，树立目标，帮助改善学习状态
对科任教师不满	加强沟通，了解原因，改善关系
欺负科任教师	指出问题的严重性，严肃教育
自身情绪问题	谈心，疏导，激励
有心理疾病	与家长沟通，请专业人士确认并帮助

班主任首先要把学生的思想工作做通，针对违规学生中普遍存在的“认错很快，坚决不改”的情况，要一对一地做一些约定并认真执行。约定中要有目标，实现目标后要兑现承诺。要有长期工作的思想准备，因为约定意味着要改变他原来的一些习惯，而习惯的力量是强大的，想改变没有那么容易。反复违纪是很正常的，班主任要盯住不放，反复抓。这是比拼耐心和意志的工作，而效果取决于班主任的坚持和合适的方法。对违纪学生仅仅是压服、惩戒肯定是不行的，要在其他方面关注、关心他们，多谈心，建立良好的师生关系。他们的问题往往不局限于课堂纪律，其他问题的改善很可能对课堂纪律的改善有积极的作用。

从长远、完整的角度看，对课堂纪律问题严重的同学，提升其个人修养是关键。在《中国学生发展核心素养》中的“社会参与”版块，“责任担当”是重要的教育内容，包括：自尊自律，文明礼貌，宽和待人，对自我和他人负责，能明辨是非，具有规则与法治意识，维护社会公平正义，等等。这些内容都是班主任做教育的主要着眼点。解决课堂秩序问题不能就事论事，要把课堂秩序管理纳入到学生情商培养的教育活动中。

课堂纪律水平体现了一个班级的文明程度，良好的课堂氛围是班级文化的一部分。而较高的集体素养来自较高的个体素养。长期以来，无论是家庭教育还是学校教育，都过于重视考试分数，轻视学生基本素质的培养，加之在整班建制的情况下，全班各种层次的学生接受同样的教学内容，而每个教师对课堂的掌控力又差异很大，课堂上的问题是这些因素的综合反映。显然，不是仅依靠班主任一个人，也不是在短时间内就能彻底改善的。

本课小结

1. 每个班级都会形成一定的课堂秩序规范，有些规范是好的，有些是不好的。
2. 班主任要加强引导和教育，建立包括课前准备和课堂教学各个环节良好的规范。
3. 班主任要用启发式的方法带领学生制定保障正常课堂教学秩序的各种措施。
4. 班主任要加强对个别学生课堂纪律问题的教育。

本课思考与实践

1. 建立规范与制定规则是一个意思吗？规范与规则的区别是什么？
2. 在建立规范到规范形成的过程中，班主任的主要工作是什么？
3. 对那些完全不想学习又必须待在教室里听课的学生，班主任该如何教育？

下　篇
系统课

班级管理系统的建设

新班第一个月的工作虽然也有章法，但总体来讲还是有些匆忙。每天都有大量需要处理的事情，因为先要把“日子过起来”。在一片空白上开始班级建设，一个月内很多工作都已经铺开，但还比较粗糙，有的只是开了个头。当班级逐渐稳定，学生对新班级已经比较熟悉后，班级将进入平稳的发展阶段。很多工作从性质上看，与前期都是相同的（因为班级工作每星期就是一个小循环），但绝不是简单地重复，而是在不断细化、深入，班级呈现螺旋状发展。

从第六课开始，将不再沿时间轴而是按班级管理系统的架构分类讲解班主任工作专业技能。这些技能无论班级发展到哪个阶段，都是适用的。

第 六 课
班级组织机构

班级是一个组织。组织就是指“两个以上的人为实现某个共同目标而协同行动的集合体”[①]。一个组织必须有它的架构。好的组织机构不仅可以充分发挥每个人的作用，更能很好地协调组织中的人，通力合作，实现目标。建立班级合理的组织机构是体现班主任“管理者”“领导者”专业素养的重要工作。班主任通过一系列专业的方法，把班级从一群散兵游勇组合成一个力量强大的团队。本教程第四课已经介绍了一些班级组织机构，本课将对这个问题做系统的梳理。

通过本课，你能学到：

1 掌握建立层级管理制、小组合作制等班级组织机构的方法；

2 掌握使班级组织机构顺利运行，应对班级各种工作和事务的方法；

3 了解提升班级组织机构工作质量的一般方法。

① 观点引自周三多《管理学（第三版）》（2010，高等教育出版社）。

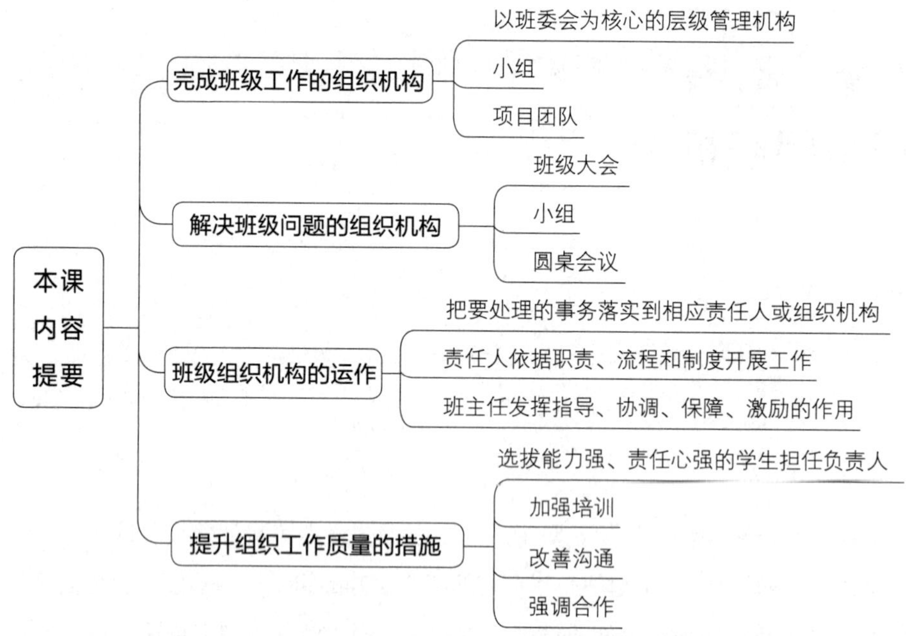

一项工作可以由个人独立完成，可以由两个人合作完成（可以称之为“搭档”），或者需要三个人甚至更多的人合作完成。两人组对结构的要求还不是很高，因为人数少，商量、合作起来很方便。两个人以上的群体对组织结构就有要求了，人数越多，关系就越复杂，对组织结构的要求就越高。所以，整个班级需要有大的组织机构，细分下去，一些小的群体（如小组、小社团），也要有一定的组织架构。所以，设计组织机构的对象是班级两个人以上、要完成一定任务的群体，设计的目的是让群体里的人能更好地合作，高质量地完成任务。

对于不同的工作，要设计不同的组织机构。这种组织机构一定是最适合完成这项工作的。如果在运行中发现有不合适的地方，要及时调整。

一个班级经常要用的组织机构有两大类：完成工作（任务）的组织机构和解决问题的组织机构。前者自带解决工作中问题的功能，而后者是专门用于解决工作以外的班级问题的（如学生违纪）。

设计班级组织机构主要解决三个问题：

（1）人员分工——每个人各自做什么；

（2）人员之间的关系——谁领导谁，还是互相合作；

（3）组织运作的方式——工作的流程、要求和注意事项。

第一讲
完成班级工作的组织机构

完成班级各项工作和任务的组织结构一般有三种：层级管理结构、小组管理结构、项目团队合作结构。

本讲能力目标

- 掌握班级层级组织机构的架构方法。
- 掌握组建小组的原则和小组的功能。
- 理解项目团队机构在班级工作中特殊的优势。

---

1. 以班委会为核心的层级管理机构

这是一种垂直管理的结构——上级指挥下级，下级向上级汇报、寻求帮助（参见图 6–1）。层级组织管理权力自上而下递减，责任也是如此。班级比较小，管理层级以两层为主（我指挥你），最多不超过三层（我指挥你，你指挥他）。班主任居于顶层，班主任把工作交给班干部，班干部再落实到学生。学生有什么问题可以向上反映、汇报。班主任可以（跳过班干

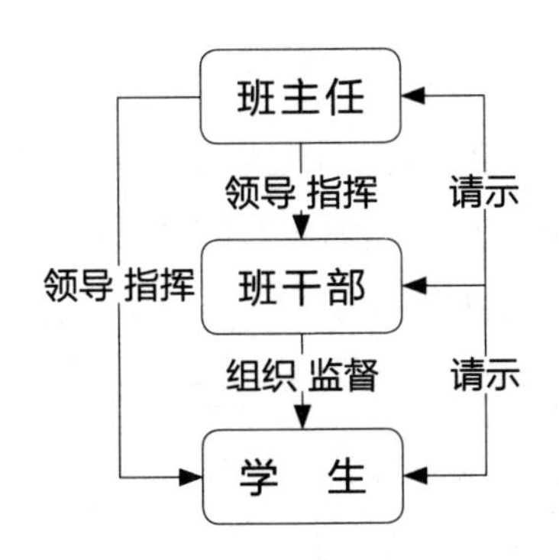

图 6–1　层级管理组织的运作方式

部）直接指挥具体工作的学生，学生也可以直接向班主任汇报或寻求帮助，但不要每件事都这样做，因为这样会让班主任工作量加大，班干部的能力得不到发挥，这样的结构设计就失去了意义。

层级管理结构的优点是权力、责任、分工明确，便于负责人指挥控制，运行起来很方便。缺点是不利于调动下层人员的工作积极性和主动性。特别是在班级这样一个非营利性组织，除了班主任的权力一家独大外，其余同学，尽管有职务的不同，但等级观念还比较模糊，比如经常有学生不服从班干部管理的情况。所以这个结构能否发挥作用，关键在于负责人的组织、领导能力。

要让层级管理结构更好地发挥作用，减少管理的阻力，常用的方法是选拔优秀的、威信高的学生担任班干部，加强班干部的培养，做好团队内部的沟通工作。

层级管理结构是班级最常用的，但不是唯一的，对很多工作来说甚至不是最合适的。

一般来说，班级大量的常规管理工作都可以通过层级管理结构来完成。

超链接

班级层级管理组织结构图参看第四课图 4–4。

---

2. 小组

把班级分成若干小组，把工作交给小组完成。

小组管理有两种方式：一种是直接用现成的自然组，另一种是单独组建小组。前者操作方便，但功能较少，工作效果一般，适合完成一些简单的任务；后者要用到小团队的建设方法，比较专业，功能强大，但操作比较费事。

（1）自然组。

每个班级一般有四个自然大组，教室中间留出三条通道便于出入。每组人数与班额有关，一般是 10 ~ 14 人（对应班级 40 ~ 56 人）。采用围坐方式安排座位的小班额班级自然组人数更少，一般为 6 ~ 8 人。

自然组可以经过一定的组织形成若干相对独立的行政单位，相当于把班级这个小社会分成几个社区。这种组织方法比较粗放，操作最简单，功能当然也较少。

自然组类似于一个小小的班级，它的运作方式基本类似于层级管理组织。由于人数较少，一般不需要再做更多的分工，平时设一个行政组长（如果小组人多，可以增设一名副组长）即可，有了任务时可以临时分工。

以这种组织方式完成工作的效果关键取决于组长的能力。所以要选一个能干的组长。组长的地位相当于班干部，甚至比有些班干部还要重要。

自然组在组长的带领下，可以应对的工作主要有：

①承包或轮流完成较大型的任务，如大扫除、排练文艺节目；

②收发作业、通知、物品；

③任何集体活动中需要分组完成的工作；

④户外活动时集合队伍，清点人数；

⑤其他任何不需要全班参与的行动，都可以以组为单位来安排。

自然组的人数较多，组员能力、素质差异较大，组长的管理难度大，所以功能十分有限。但自然组有个优势，就是平时不用多做建设，随时可以用。

（2）专门组建的小组。

这种小组与自然组不同，是特意组建的小团队，人数在 6 人左右。

拓展学习

管理跨度与小组的人数

管理跨度是指一个管理人员所能有效地直接领导和控制的实际人数。班级的人数和学生的素质决定了班级的管理跨度。管理跨度决定了小组人数。小组的人数不能太多，否则组长管不过来，效果就不好。但小组人数太少了，可以完成的工作就少。经过反复研究比对，中学班级一个小组的人数在 6 人左右最为合适。这样就可以根据班级人数决定小组数量（班级人数除以 6）。如，一个 48 名学生组成的班级，应设 8 个小组，选 8 个组长。班主任管 8 个组长，精力是够的；每个组长管 5 个组员，也在他们的能力范围之内。如果学生的素质比较高，能力比较强，跨度可以适当大一些，但小组人数多是会影响管理效果的。

马上行动

建立班级小组

◎怎么建？

考虑到联系方便、小组人员基本固定等因素，小组的组建采用座位就近原则。根据班额，有两种基本建组方法。

（1）双人座（有同桌）的班级，同一自然组前后三张课桌的 6 人为一小组。如下图所示：

组员 1	组员 2
组员 3	组员 4
组员 5	组员 6

图 6–2　建组方式 1

（2）单人单座（无同桌）的班级，同一横排（或纵排）学生组成一小组。如下图所示：

组员 1		组员 2		组员 3		组员 4		组员 5		组员 6

图 6–3　建组方式 2

说明：有些教师会将教室前后两张座位设为 4 人小组，这样的分组主要是临时用于课堂讨论，但因为 4 人小组人数过少，合作力量薄弱，除了课堂讨论以外可执行的任务较少，不宜作为班级基本行政管理单位。

虽然这些分组方法类似于自然组，只是比自然组人数少一点，但它与自然组最大的不同是组员不是随机的，座位是经过特意安排的。自然组是坐在一起就形成了组，小组是分好了再坐在一起。

◎建小组要注意什么?

建组前要做好一定的准备工作。如为防止小组在合作过程中出现不愉快的情况，组员的关系要良好，但也要适度。这就需要班主任对学生的情况有所了解，通过谈话、问卷、周记等方式搞清楚以下两个问题：

（1）班级里有没有“水火不相容”的同学，如果有，要采取措施调解，暂时调解不了的，先调整座位，不要分在一组；

（2）有没有过于亲密的“非正式小团体”，如果有，也尽量不要放在一组里，以免小组内部再形成小帮派。

由于小组有学习合作的任务，就要求班主任考察全班同学的学习成绩，在分组前适当平衡，争取让每个小组都有一些学习成绩（可以是单科）相对较好的学生，这也要通过调整座位完成。要事先在班级里做好宣传告知工作，让学生对分组有所准备。

小组在班级工作中能够发挥很多作用。实际上，只要是不需要全班全部都参与的、又需要几个人合作的工作，都可以通过小组完成。

（1）完成基本学习任务。

小组在教学上就是学习小组。在学科组长分工时，为避免学生产生畏难情绪，要做好引导工作。组长的作用主要是召集人和组织人，只要认真负责即可，不一定要求组长的学科成绩绝对领先。组内成员既是组长，同时又是组员；在某一学科是组长，在其他学科是组员。如下图所示：

行政组长	语文组长
数学组长	英语组长
文科组长	理科组长

图 6–4 组长分工

班主任可以制作一张全班的小组分工表（表 6–1）。每一个学生，无论成绩高低，在小组内都有一定的组织任务。

表 6–1 全班小组成员分工一览

序号	组名	行政组长	语文组长	数学组长	英语组长	理科组长	文科组长
1							
2							
3							
4							
5							
6							

由于每个小组都有各个学科的组长，所以理论上所有的科任教师都可以利用小组完成一定的学习任务，如预习、背诵、默写、检查、讨论、批改、订正，等等。运作方式为：教师把任务交给科代表，科代表布置给各个组长，组长组织组员完成任务并把情况反馈给科代表或科任教师。科任教师掌握情况后可以重点抓小组内没有过关的同学，这样精力集中，效果好。参见图 6–5。

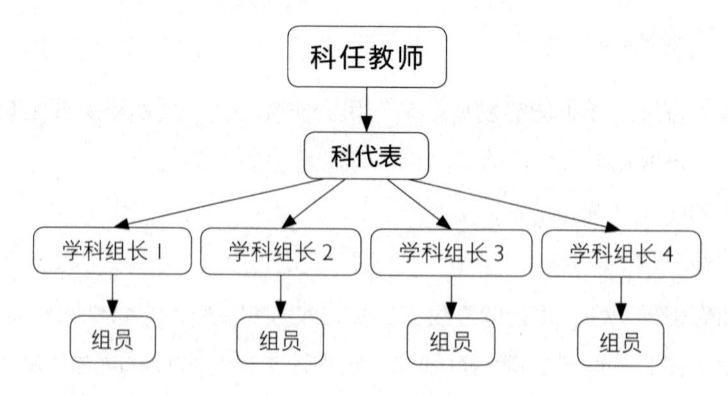

图 6–5 科任教师通过科代表把学习任务分配到小组

（2）改革课堂教学形式。

研究表明，小组合作式的学习效率是个体学习的两倍以上。小组成员在学习上是各有强项的，可以取长补短，互帮互助。小组合作式的课堂学习，学生感兴趣，讨论充分，气氛热烈，教学参与度高。唯一需要注意的是，教师要设计适合小组学习的教学方式，不可流于表面热闹的形式，那样反而会降低教学效率。

小组合作式的课堂教学，教室的布置参考图 6–6。

					讲台区域					
					教师走动通道					
1	课桌	4		1	课桌	4		1	课桌	4
2	课桌	5	教	2	课桌	5	教	2	课桌	5
3	课桌	6	师	3	课桌	6	师	3	课桌	6
教		师	走	走		动	走	通		道
1	课桌	4	动	1	课桌	4	动	1	课桌	4
2	课桌	5	通	2	课桌	5	通	2	课桌	5
3	课桌	6	道	3	课桌	6	道	3	课桌	6
					教师走动通道					
					后黑板区域					

图 6–6　小组合作式课堂学习座位排布

不是每节课都需要以小组合作的方式进行。经过数次训练，学生可以在一分钟内完成这样的教室布置，也可以用一分钟恢复原状。所以无论是不是采用这样的布置，都不会影响教学秩序。

采用上述小组合作方式上课，教师授课时，学生面向（或斜向）黑板，讨论或实验时，学生围坐，对坐的同学可互问互查。教师可以很方便地在小组之间留出的通道里巡视走动，观察每一组的状况并及时予以指导。

上课时可进行小组竞赛等多种活动。

（3）组内学习互助。

小组的学习成绩推进是小组评价的重要内容，提升组员的成绩也就成为小组的任务之一。组员在学习上的困难首先可以在小组内得到解决，组内学习较好的同学帮助本组成员，组内解决不了的困难再去求助老师或其他同学。这样每个学生就增加了一条获得帮助的渠道。

（4）讨论班级事务。

以小组为单位座谈、讨论班级事务，非常方便。有些主题班会课学生讨论的环节也可以利用小组进行。

（5）小组内组织活动。

小组可以自行组织各种活动。由于每个小组组员的特长、资源都不一样，所以小组活动是各具特色的，体现了丰富多彩的小组文化。

（6）承包组织班级活动。

大量的班级活动尽可以交给小组来组织完成。比如班会课，一般每星期1节，一个学期大约20节，其中相当一部分可以分包给各个小组，班主任只需做好指导、审查、建议和评价工作即可。

（7）承包某些工作。

各小组可以作为志愿者公益团队分块承包班级甚至学校的一些工作。

以上功能是从理论上分析的，在现实中小组能否充分发挥这些作用，取决于经营小组所花费的精力和采用的方法。事实上，因为投入有限，现实中很多班级的小组运作的效果都不是很理想。小组建设，并非易事。不过，即使不花很多精力单独培养训练，小组也能发挥较多的作用。班主任的心理预期要合理。

3. 项目团队

与小组不同，项目合作小团队不是多功能的。它往往是因完成某个任务的需要而成立的一个小团队。比如为参加学校组织的篮球赛而成立的班级篮球队。

项目团队的负责人是在这个项目上有特长或资源的人（可以是班干部，也可以是班里其他任何人，甚至可以招聘班级以外的人）。他全权负责这个项目，制订方案、组织团队、指挥调度。所有的人都支持并服从项目负责人的安排，互相配合，为完成任务共同努力。

项目团队有两大优势：

（1）不拘一格用人才，打破了班干部垄断管理权的传统，为更多人提供了施展才华的机会。

（2）机动灵活，团队因任务而随时组建，可以调动最适合的人。任务完成后，团队可能解散。在一个项目团队里的负责人到了另一个项目团队可能就是一个普通的队员。

三种组织结构各有利弊，对比情况参见表 6–2。

表 6–2　班级常用组织机构对比

	层级机构	**自然组**	**小组**	**项目团队**
人数	全班	10 ~ 14 人	6 人左右	不定
成员关系	上级指挥下级	组长指挥组员	平等合作	以项目负责人为核心
适用工作	各种常规事务	多种任务	更多种任务	单一任务
凝聚力	低	低	高	高
存续时间	长	长	长	短
优势	控制方便	运作简单	人尽其才	灵活高效
缺点	基层积极性差	管理难度大	经营难度大	对组员才能要求高

第二讲
解决班级问题的组织机构

本讲能力目标

· 理解议事方法在处理班级问题时的重要作用。

· 掌握班级大会、小组会、班级圆桌会议等班级议事的方法。

班级几乎每天都有问题发生。如何处理这些问题，班主任有两个选择：自己处理，依靠大家一起处理。班主任自己当然要处理一些问题，但如果所有的问题都要由班主任过问、拿出解决方案，班主任的工作量也太大了！不仅如此，这样做，班主任也将承担所有的责任。其实很多问题，学生是自己能处理的，班主任也应该有意识地培养学生自主管理的能力，不能凡事都依靠班主任。

班级管理不能用高压控制的手法。编写本教程的目的之一就是希望班主任用专业的方法带班，摆脱那些简单粗放的管理方式。解决问题不靠个人，而是靠大家，靠组织和制度，这就是管理的专业思维，特别是解决共性问题的机构和制度。

解决班级问题的组织机构一般有班级大会、班级圆桌会议、班委会及其下设的小团队等。这些机构可以独立运作，处理问题，但多数情况下需要班主任的介入和指导。有些学校的班级设立了“班级事务听证会”，有的甚至成立了“班级模拟法庭”等，这些都属于学生自主解决班级问题的尝试，不过并不普及。

通过组织机构解决班级问题的主要方式是“班级议事”。所谓班级议事，就是大家在一起商议公事。很多班主任都有采用与学生商量的方式解决问题的好习惯，把这种较为随性的个人习惯上升到一种管理方式，以组织机构的形式确定下来，就是专业的做法了。

一般来说，可以通过班级议事解决的问题有这样几种：讨论、辩论班级问题，研究解决方案；制定班级规则；收集学生对班级管理制度和做法的反馈意见；评议选举；等等。班级议事不适用于解决个体个别的问题。

1. 班级大会

班级大会是全班学生和班主任共同参与的一种正式的班级议事方式，有明确的组织形式和议事规则。班级大会多用于讨论通过重要的规章制度、研究班级重大事项或进行选举表彰等。班级大会可以定期召开（比如每学期两次），也可以根据班级实际需要选择适当的时机召开。

班级大会要事先确定议题，由专人主持。主持人可以是班主任，也可以是学生。班级大会的一般议程是：

（1）主持人提出议案（或议题）；

（2）讨论议案（发言、辩论或小组讨论）；

（3）总结讨论结果；

（4）议案表决（举手或投票）；

（5）通过（或不通过）议案，形成决议。

会后，执行通过的议案，倾听、记录、回复对不同意决议的同学的意见，以示对他们权利的尊重。如果议案没有通过，可以修改或暂时搁置，也可以再次对修改过的议案进行表决。

管理案例

利用班级大会通过《学生使用手机的管理规定》

◎主持人提出议题。

现在绝大多数学生有手机并且有一部分同学每天带手机到学校，少数同学在上课时玩手机（用手机做与课堂学习无关的事），而且情况有蔓延的趋势。本次大会专门讨论手机管理问题并争取形成决议。

（1）在学校里什么时间段内可以使用手机？

（2）在允许使用手机的时间段内，对“用手机做什么”做出限定。

（3）如果违规使用手机，班级应该如何处理？

◎议事规则。

（1）采用自由发言的形式依次讨论上述议题，每个议题讨论时间不超过10分钟。

（2）要发表意见的同学必须先举手并获得主持人同意。依次发言，不得打断别人的发言。

（3）每人每次发言时间不超过1分钟。每次发言之前都要先举手示意并得到主持人的同意。

（4）发言人要使用文明的语言，不得谩骂、叫嚷或人身攻击。如果出现以上情况，主持人可以取消其发言资格。

（5）每个议题经过讨论，形成议案后，通过或确定后才能进入下一个议题。

（6）以无记名投票的方式对议案表决。赞同议案的比例超过50%，议案通过。

（7）议事过程中要服从主持人的安排。

◎议事过程（略）。

◎通过的议案。

经过商议，同学们对手机使用问题达成共识，并表决通过以下议案。

（1）尽量不带手机进入学校。可以借班主任的手机解决对外联络的问题。（全班通过）

（2）非教学时间段各人妥善保管手机。如果手机在校内遗失，由本人负责。（全班通过）

（3）未经老师同意，教学时间段不允许使用手机。（全班通过）

（4）可以在非教学时间，即上午最后一节课后至午休前、下午放学后到晚

自习前两个时间段使用手机，但不得用手机玩游戏。（经过讨论，最后获得四分之三以上赞同票通过）

（5）违反第（3）、（4）条规定，第一次被发现，由班主任提出警告并暂扣手机到放学；第二次被发现，暂扣手机一个星期并通知家长；第三次被发现，暂扣手机一个月并通知家长。（这是讨论最热烈的一条，经过反复商议，最后获得三分之二以上赞同票通过）

（6）如果遇到特殊情况需要使用手机，要向老师提出申请并得到批准。（全班通过）

◎班级大会的体会和后续工作。

（1）学生讨论很热烈，特别是（4）、（5）两条，学生充分表达了他们的意见和诉求，对方案反复研究、争论，最后经过了修改才通过。这次班级大会积累了一定的经验，特别是会前必须有成形的议案，再拿到会上讨论。不能凭空讨论，那样很容易偏题，浪费时间，最后可能不了了之。另外就是对主持人的要求比较高，不能被学生带着走而是要引导学生的发言，要严格遵守议事规则。学生要经过多次的演练才能熟悉这套流程，议事的效果会逐渐提升。

（2）会议结束后，要把通过的决议形成文本，作为班级正式的规则。同学们签名承诺遵守，但可以保留不签名的权利。

（3）决议文本送达家长，收取家长回执留存。

（4）班主任对规定有异议的同学逐一进行回复、解释。

（5）总的感觉，班级议事，不仅可以通过民主协商解决班级的问题，也可以起到教育学生的作用。学生参与议事，可以增强其民主意识，提升自我管理的意识和能力。

班级大会需要全班参加，很正式，规格高，但组织成本较大。有些问题可以只召集一部分学生议事，组织起来比较方便。

2. 小组

因为建立了小组，所以小组议事操作很方便，可以根据需要随时组织（小组议事会议实景参见图 6–7）。议事地点可以在教室，也可以在户外或者其他合适的地方。以小组为单位讨论班级事务是小组的重要功能之一。小组议事既可以作为班级大会或主题班会课中的一个环节，也可以单独进行。

图 6–7　小组议事会议实景

（1）小组议事的功能。

①提交提案。

②讨论班级议案。

③搜集对班级工作的意见和建议。

④对班级问题的处理提出参考建议。

⑤设计班级活动的方案。

⑥提名、推选、评议。

⑦以小组为单位投票（组内经过讨论达成一致意见后投票，一个组计一票，可以大大减轻唱票的工作量，使评选过程简化）。

（2）小组议事的组织。

小组议事由组长主持，班主任可以参与其中任何一组的交流，也可以在各个小组分别坐一段时间。小组讨论与班级大会的组织相似，但是因为小组人数较少，所以每个人的发言机会更多，讨论更加充分。主要流程是：

①小组围坐；

②组长宣布议题或下发材料；

③讨论，记录；

④组长整理讨论结果；

⑤组长在全班交流本组讨论的情况，将结果提交班主任或班委会。

（3）小组议事的注意事项。

①小组讨论的结果只能供班级决策做参考。

②小组议事可以向班级提交提案，提案可以在班级大会上讨论、表决。

管理案例

通过小组议事解决学生在教室里吃零食的问题

学生在教室里吃零食的现象越来越普遍，已经对班级的卫生状况甚至上课的秩序造成了影响。班主任想制定关于吃零食的规定，但又想了解学生对这个问题有什么看法，所以在制定规则之前召开一次小组议事会，让学生先提出建议，为发布正式的规定打好基础。

◎议题。

（1）对学生在教室吃零食问题的看法，列出赞成的理由和反对的理由，赞成的理由和反对的理由不能冲突。

（2）提出解决在教室吃零食问题的建议。

◎议事结果。

本次议事采用了“毁誉分析”的方法，即不辩论不争吵，大家往一个方向思考：在教室吃零食有哪些好处、哪些坏处。这种方法有利于引导学生放下争执，理性地分析问题，得出有参考价值的看法。当学生能理性分析一件事情的两面性时，大家就能制订出合理的、都愿意接受的解决方案。

经过讨论，学生列出了很多支持在教室里吃零食的理由（这是必然的），同时也分析了不少在教室里吃零食的害处，头脑顿时冷静下来。接下来大家提出的建议就比较中肯了。在议事的基础上最后制定并通过了班级关于在教室吃零食的规则，这个规则最关键（也是学生最支持的）的内容是允许学生为解决肚子饿的问题适当吃一些零食，最实用的内容是列举了可以吃的食物品种清单，同时规定了能吃东西的时间段以及善后问题。这样的规则学生是可以接受的，而且大部分建议是学生自己提出来的。

（1）为保证班级的卫生和秩序，请尽量不在教室内吃东西。

（2）如果确实因为饥饿需要吃东西，只能在允许的时间内吃允许品种之内的食物。任何时间段不得在教室里吃任何气味很重的食品。

允许吃的食物品种：牛奶（饮料）、水果、煮鸡蛋、面包（饼干）、饭菜等。

允许吃东西的时间：每节课课间（打预备铃之前），上午最后一节课下课后到午休前，下午最后一节课下课以后。

（3）吃东西时注意环境卫生，及时清理包装袋等物，如果对卫生产生了影响，要立即清理干净。

（4）违反以上规定的，第一次由值日班长提醒，第二次要接受处罚。

（5）处罚办法：参加公益劳动一次。

3. 班级圆桌会议议事

圆桌会议议事在组织形式上和小组议事有相似之处，但是功能有所不同。小组议事一般不直接做决策，而圆桌会议是可以直接做决策的，这一点又与班级大会相似。但是圆桌会议比班级大会更灵活。当议题比较小或比较专业时，一部分同学参与即可。

参加圆桌会议的每个人的话语权是相同的，表决时也是一人一票，班主任并无特权。参加圆桌会议的包括与讨论议题直接相关的班干部或科代表，也有普通同学。所有同学都可以自己报名参加，人数多了可以抽签决定。

圆桌会议一般由班干部主持，基本流程类似于小组座谈会，但多了一个表决环节。由于参加圆桌会议的人员来源丰富，足以代表班级各类学生，所以可以直接通过议案。（参见图 6–8）

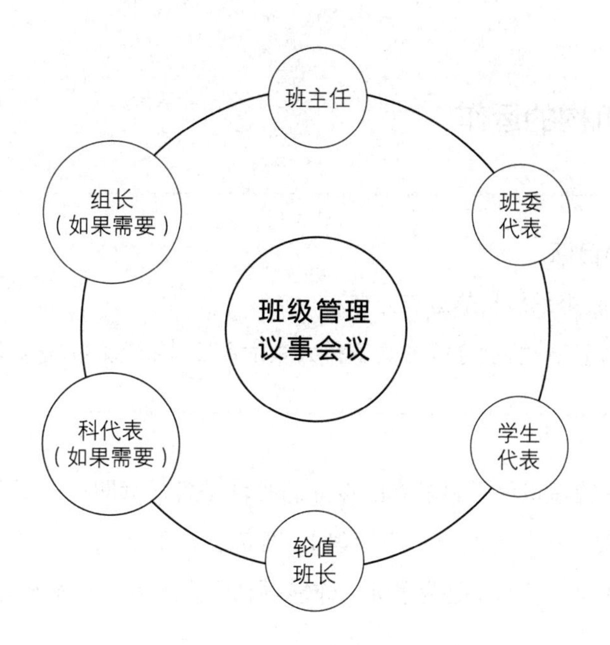

图 6-8　班级圆桌会议议事

第三讲
班级组织机构的运作

本讲能力目标

- 掌握班级组织机构的运作方式。
- 掌握利用工作协调会等形式安排大型活动工作布置的方法。

班主任在管理班级上最基本的专业思维就是各司其职——工作不能都由班主任一个人做（一个人做事不叫管理），要善于调动全班学生共同完成管理工作。建立一些组织机构就是为了让工作能顺利安排下去，合理处置。

1. 把要处理的事务落实到相应责任人或组织机构

当班主任面对一个问题的时候，他不是首先想着自己该怎么做，而是想到可以把它放到班级的哪种组织结构中去处理，这说明他已具备管理者的专业思维了（思路可参见图 6–9）。当然，那些只能由班主任做的事除外。

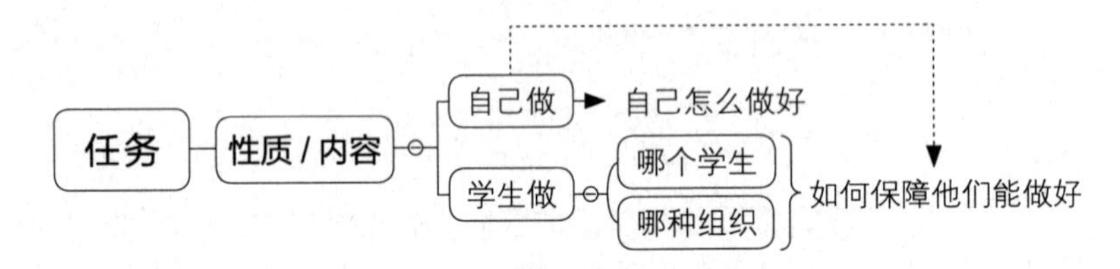

图 6–9　班主任对“谁做”的思考

班级的事务是分类的，班主任要像分拣包裹一样，把不同的事务投向不同的人或组织结构，先落实责任人再说。责任人一定要有一个主要负责的，有的还可以配一些辅助人员。随着班级的发展，很多常规工作大家都已比较熟悉，不必每一次都强调。新增的任务或项目，采用“一事一议”的方式确定负责人。表 6–3 就是这样一种分类。当然你可以有自己的分类。分类可以不同，但原则不变，那就是必须有人负责。

表 6-3　班级工作的责任人

序号	工作	主责任人（组织）	辅助责任人	工作依据
1	请假	班主任	副班长	请假制度
2	考勤记录	副班长	班主任	考勤制度
3	早读前秩序	值日班长	班长、班主任	岗位职责
4	课前准备	科代表	值日班长	工作流程
5	课堂秩序	纪律委员	科代表	岗位职责
6	午休秩序	值日班长	班长	午休纪律
7	课间秩序	值日班长	班主任	有关规则
8	放学秩序	班长	值日班长	有关要求
9	作业管理	科代表	学习委员	工作流程
10	成绩记录	学习委员	科代表	成绩档案
11	学科竞赛	学习委员	科代表	有关要求
12	卫生保洁	保洁组长	劳动委员	岗位职责
13	卫生检查	劳动委员	值日班长	保洁标准
14	设备维护	指定责任人	——	岗位职责
15	跑操锻炼	体育委员	班主任	有关规则
16	黑板报	板报组长	宣传委员	岗位职责
17	班级联欢	文娱委员	其他班干部	活动程序
18	文艺演出	文娱委员	组长	上级要求
19	运动会	体育委员	多部门	有关程序
20	合作学习	组长	学习委员	有关规则
21	学困生辅导	绩优生导师	学习委员	结对契约
22	外出活动	小组	有关班干部	有关流程
23	安排座位	班主任	班长	有关规则
24	违纪处理	班主任	相关班干部	惩戒规则

续表

序号	工作	主责任人（组织）	辅助责任人	工作依据
25	主题班会	班主任	组长、相关班干部	班会规划
26	制定规则	班级大会	班委会	议事规则
27	分组讨论	组长	班长	议事规则
28	积分统计	团支部书记	——	积分规则
29	荣誉记录	团支部书记	——	记录本
30	考核评价	班主任	班委会、组长	有关规则
31	购物	生活委员	生活委员指定	财务制度
32	经费管理	生活委员		财务制度
33	团委工作	团支部书记	团支部成员	上级部署
34	单独项目	项目负责人	由项目负责人制定	项目方案

2. 责任人依据职责、流程和制度开展工作

做事要有章法，有依据，叫有法可依。依据如表 6–3 所示，有岗位职责、工作流程、管理制度等（可统称“班级制度”）。所以，建立班级组织机构和订立与组织结构相关的制度是同步的。

第四章已介绍了流程的重要作用。关于流程设计，这里再强调几点。

（1）凡是例行的，经常要处理的，或虽然使用次数不多但非常重要（如学生意外伤害事件的处置）的，均应确定处置流程。另外，有的活动虽然可能是一次性的，但因为环节和涉及的人员较多，也需要事先设计流程。

（2）要有意识地注意记录处理事情的步骤和操作要点，并反思处理过程中好的地方和需要改善的地方。将以上内容整理成流程，用简洁的方式（如流程图、操作步骤）表述。

（3）流程设计好后，要在实践中检验，不断修改、完善、优化，最终形成一个成熟的流程。

（4）要让所有的学生了解流程，特别是流程涉及的责任人。要通过若干次

实际操作，熟悉、掌握流程。重要的流程可以张贴在教室里。与家长相关的流程（如请假）要告知家长。

3. 班主任发挥指导、协调、保障、激励的作用

班主任是班级工作的总负责人，但这不意味着班主任要事必躬亲。班主任的主要任务是为学生完成任务提供保障，包括解决他们遇到的困难，协调他们的关系，帮助他们一起想办法，提供必要的资源支持，不断激励他们，等等。可以说，班主任是为任务的完成扫除障碍的人。除了由班主任亲自做的一些工作，在其他很多工作上，班主任的位置是“辅助责任人”。对于学生来说，最重要的是在做的过程中学会这些方法，增长经验，提高能力。

简单的任务和工作，班主任尚可对责任人进行点对点的布置、指导；环节较多，涉及很多人，需要多种组织机构密切配合、通力合作才能完成的大型的活动、复杂的任务，对班主任的组织协调能力是一种挑战。班主任往往需要通过召开工作协调会应对这类任务，并且在活动过程中不仅要亲临现场，还要充分利用现代通讯技术和人力资源掌控进程、随时调整。

方法指南

工作布置协调会

一些大型集体活动，涉及比较多的人或较复杂的流程，需要统一协调的，在活动之前召开一个有关人员参与的工作布置协调会非常必要。会议一般要明确以下内容（要有书面记录）：

（1）每项工作的具体负责人和参与者；

（2）各项任务完成的具体时间；

（3）工作的要求是什么，要达到什么效果（目标）；

（4）出现问题如何解决（找谁解决）。

工作布置协调会要务实，内容要详细具体，不能讲大道理。工作布置的结果一般以两种方式呈现。

（1）活动程序。

按照时间顺序将活动的主要步骤、每一步的要求和责任人确定下来，形成活动程序。

（2）工作分配任务单。

以表格或清单的方式让每一个参与工作的人明确要做哪些事、有什么具体要求。

在工作协调会上，班主任要向所有参与的同学下发活动程序或任务清单或者要求学生做笔记。逐条解读程序或任务单的内容。

实际上，这就是活动之前对学生进行的培训。

通过召开工作布置协调会落实大型活动的工作安排，是专业的管理方法之一。

管理案例

学校运动会的工作安排

学校每年组织的运动会（或体育节）属于大型活动，这样的活动无论对班主任的管理能力还是对学生的综合素质都是一次考验。如果班主任能顺利组织好运动会的工作，相信组织其他工作都不会有问题。

首先要整理出运动会所涉及的工作，不要遗漏。

（1）组织报名。

（2）选手参赛（含通知提醒）。

（3）参赛选手后勤服务。

（4）看台秩序。

（5）看台环境卫生。

（6）宣传工作。

（7）安全保护。

（8）散场秩序与善后。

（9）志愿者工作。

显然，这是需要调动全班学生共同完成的活动，也是考验班级各个组织机构执行力的机会。班主任先召集班干部和组长开工作布置协调会，把所有环节梳理一遍，确定每项工作的责任人，最后整理成一个方案。方案打印几份，几个主要的负责人人手一份，在全班开会布置工作，在家长群同步发布。

资料库

运动会工作安排文案示例

20×× 年校秋季运动会高一（×）班工作安排

我校于 × 月 × 日，星期 ×，在 ×××× 召开秋季田径运动会。为保证同学们文明、安全、有序地参加比赛和观看，特制订以下工作方案。

◎看台座位安排。

第一排（座位号 12.48—12.58）×××—×××，组长 ×××。

第二排（座位号 13.48—13.58）×××—×××，组长 ×××。

第三排（座位号 14.48—14.58）×××—×××，组长 ×××。

第四排（座位号 15.48—15.58）×××—×××，组长 ×××。

◎观赛纪律、安全和卫生。

（1）按时到看台就座，不迟到，不早退，不缺席。四次点名：上午 7:30，中午 11:30，下午 1:00，学校宣布结束时。

（2）对号入座，不得随意换座位，有人不在时座位空着便于点名。

（3）文明观赛、就餐，热情为运动员加油，禁止哄闹。

（4）进出会场需出入证，找班长拿，用完立即交回。

（5）每人带一个小垃圾袋，各人负责自己周边卫生，结束后个人整理，带走垃圾。组长负责提醒本组同学。

（6）卫生组组长×××，随时检查卫生，提醒同学保持，结束后总检查。

（7）保管好个人物品，注意安全。

（8）服从学校的管理，有事随时和班主任联系，班主任不在找班长。

（9）没有比赛任务或工作，不乱跑，不窜班。点名时不在视同旷课。

（10）活动结束，组长、值日班长、卫生组长留下，检查无误后方可离开。

（11）值日班长×××，负责点名和纪律检查，各组组长协助。

◎运动员参赛。

（1）比赛组组长×××，听广播，提醒选手点名和领奖。

（2）保障组组长×××，临时招募志愿者为运动员服务，每项比赛一名选手配一名志愿者。

（3）参赛选手比赛完毕，速回班级（15分钟之内），不在运动场上长时间逗留。

（4）以上工作由比赛组组长总负责。

◎宣传工作。

（1）各组组长组织本组同学写宣传稿，每组不少于10篇。

（2）宣传组组长×××，收宣传稿，送主席台。

（3）摄影师×××、××，为班级活动拍照。

（4）海报组负责海报、横幅、旗帜的制作，运动会前一天完成。

（5）以上工作由宣传组组长总负责。

◎其他工作。

（1）啦啦队队长×××，组织同学为比赛选手加油助威。

（2）后勤组组长×××，成立后勤小组（3～4人），购买运动会所需物资并负责保管。

（3）参加学校志愿者活动的有：×××、×××、×××、×××，直接由团委领导，不在点名范围之内。

以上方案还可以责任人任务清单的方式整理。参见表 6–4。

表 6–4　运动会工作责任人任务单

序号	责任人	姓名	工作要求
1	组长	×××	提醒本组注意卫生，收宣传稿，组织本组结束后打扫卫生。
2	值日班长	×××	点名，提醒、检查纪律，结束后检查。
3	比赛组组长	×××	比赛总负责。听广播，提醒选手点名、参赛、领奖。
4	保障组组长	×××	招募志愿者为参赛选手服务。
5	后勤组组长	×××	购买运动会所需物资并负责保管。
6	宣传组组长	×××	宣传总负责，收宣传稿，送主席台。
7	摄影师	×××	全程为班级活动拍照。
8	海报组	×××	制作海报、横幅、旗帜，提前一天完成。
9	啦啦队长	×××	组织同学为比赛选手加油助威。
10	卫生组组长	×××	随时提醒、检查卫生状况，结束后总检查。
11	班长	×××	保管出入证，协助以上责任人管理。
12	志愿者	×××	服从学校统一安排。

综上，班级组织机构的正常运作需要同时满足三个基本要素：

（1）确定的责任人（各司其职）；

（2）确定的规则和流程（有法可依）；

（3）班主任的指导和帮助（全局控制）。

第四讲
提升组织机构工作质量的措施

本讲能力目标

· 掌握提升班级组织机构工作水平的基本方法。

每个班级都有班委会等组织机构，但每个班级的管理质量不一样。实际上，起决定作用的不是组织结构和流程，是人的素质和能力。但在大家起点差不多的情况下，用专业的管理方法肯定比随意的管理质量高。

班主任除了激励和帮助学生外，以下几个方法可能会有助于提升组织机构的工作水平。

1. 选拔能力强、责任心强的学生担任负责人

一个组织机构最重要的是负责人。在同一个班级里，学生的能力和责任心是不一样的。担任负责人的学生首先要责任心强，且乐于为同学服务，其次才看能力。不同能力、不同个性的学生，班主任要用不同的方式与他们相处。

责任心强、能力强的学生，要多放权给他，不要有太多干涉；

责任心强但能力稍差的学生，要加强对他的指导培养；

责任心不强但能力强的学生，要与他建立良好的关系并且多激励他；

责任心不强、能力也不强的学生，不要因为他没什么大缺点，为了鼓励他就让他担任负责人。鼓励他的方式很多，但把他放到负责人的位置，对工作有影响。

超链接

班干部的选拔参见第九课第一讲“选拔任用班干部”。

2. 加强培训

培训很重要，但很多班主任都不重视，有些班级根本没有培训。如果班主任想提升班级管理的质量，培训是一项不可或缺的工作。只要看一下班级管理的循环图（图 6–10）就能发现，培训起着承上启下的作用——对前期制定的岗位职责、流程做解读，同时对后期如何检查做出说明，让学生真正明白怎么做。岗位培训还提供了练习的机会，可以提高学生操作的熟练程度。

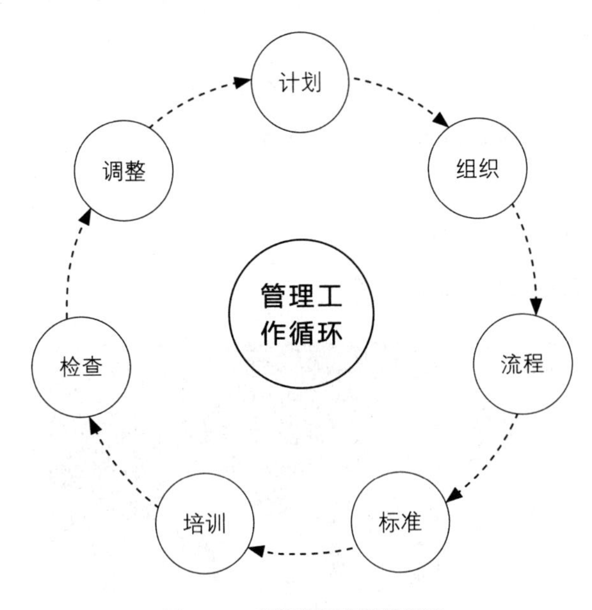

图 6–10　班级管理流程循环图

培训的意义还远不止技术方面。培训首先是对责任人的尊重和对岗位的重视，因为只有重视才会培训。所以，对岗位职责和工作流程的解读和操作的示范、演练属于技术培训，只是培训的一部分，而且不是最重要的一部分。培训最重要的是培养学生的责任心。从这个意义上讲，培训是一种教育。所以，班级既要有按岗位分组的分类培训，也要有全员的教育培训。

班级可以组织专门的培训会，也可以随时现场指导培训。二者要结合起来。培训会既可以由班主任主讲，也可以请班级里的能人甚至是家长或社会人士来做。

重要的岗位（如班干部）要组织多次的培训。

马上行动

利用少量时间分批次对全班各个岗位的责任人（参照表 6–3）进行培训。培训内容主要有：

（1）宣讲岗位职责、流程和标准，并答疑；

（2）操作演示示范，讲解要领，参训人员练习；

（3）交流操作经验和心得体会；

（4）讲解如何检查，如何评分。

图 6–11 是某次岗位培训的实景。

图 6–11　劳动委员组织讲台保洁小组培训

超链接

班干部培训详细内容参看本教程第九课第三讲“对班干部进行系统培训”。

资料库

班级全员培训要点

（1）岗位是展示自己能力、责任心的窗口。

（2）每个岗位对班级都非常重要，不可或缺。

（3）在自己的岗位上努力工作，一定会得到认可并有回报。

（4）班级工作可以锻炼能力和培养创新意识。

（5）掌握任何一项技能对个人未来的发展都可能有很大的帮助。

（6）班级要“人人为我，我为人人”。班级工作是公益性的。做公益可以提升一个人的道德水准，帮助他人将收获友谊并获得心灵的愉悦。

（资料来源：陈宇：《班主任工作思维导图》，教育科学出版社，2019。）

3. 改善沟通

有些工作做不到位可能是信息不能准确传达导致的。所以，在建立班级组织机构的同时，也要建立班级沟通的网络。如果说班级的组织机构好比是人的各个器官，那么沟通就相当于血液循环，不断把信息及时传递到各个组织中，保障各器官工作状态良好。反之，沟通不畅，信息无法传递或错误传递，就会造成工作失误。

班级沟通网络的主核心是班主任，次核心是以班长为龙头的班干部团队。不仅有自上而下的沟通渠道，还有自下而上的和横向的沟通渠道。

在工作安排中，沟通的作用非常关键。不同的沟通方式各有利弊，不同的信息，应该采用最适合的沟通方式或若干种方式的组合，如“口头＋书面”“书面＋网络”。班主任不要以为自己已经交代清楚了，而是要明确学生已经完全明白了。必要的回复、核对、反馈不可少。一般来说，班主任对学生习惯了进行自上而下的沟通，而很多学生对自下而上的沟通还是有顾虑。书面沟通和网络沟通可以让学生消除顾虑，所以也是很好的沟通方式。

管理案例

教师节买礼物的风波

教师节快到了，班主任说准备给每位科任教师送一份小礼物表达一下心意，但没有明确交代给谁办。学习委员认为礼物应该是科代表给科任教师，而科代表归他管，所以这事儿得由他来做。生活委员则认为买礼物需要动用班费，购物当然是她的事。结果两个人都准备了礼物。学习委员去生活委员那里报销，生活委员说她已经买过了，让他把礼物退掉。两个人吵了起来，好事变成了坏事。

这个误会就是因为信息传递不够准确，沟通不及时造成的。班主任的失误在于布置任务时没有明确指定责任人，班干部的失误在于自以为是，没有沟通。因此，班主任、班干部都要从这件事中接受教训。班主任布置工作一定要明确具体——什么人负责、什么时间完成、要求是什么，等等，不能含糊其辞；对于班干部来说，虽然有岗位职责，但岗位职责不可能细致到谁负责准备教师节礼物。那么在遇到无法确定谁负责的时候，要与其他班干部沟通。如果不能确定找谁沟通，那么应该找沟通网络中的两个核心人物中的任意一个——班主任或班长。如图 6–12 所示。

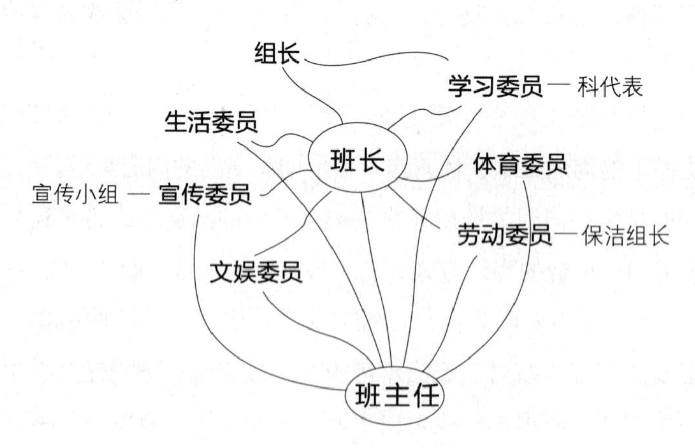

图 6–12　班干部沟通网络示意

4. 强调合作

班级管理立足于分工——各司其职，但一定不能把各司其职理解为“各人自扫门前雪”。相反，各司其职是为了更好地合作。如果在工作中大家各自为营，从个体角度上看，每个人是尽力了，但整体效果可能并不好。前面所讲的加强沟通，其目的之一也是合作。学习委员和生活委员经过沟通，可能会达成以下的合作：由于学习委员负责的团队是科代表，而科代表与科任教师联系较多，最了解科任教师，所以可以让科代表提供给教师送礼物的建议，由学习委员汇总后交给生活委员负责的购物小组统一购买。这样的合作效果最好。

因此，班主任一定要指导学生建立以下理念：

岗位职责规定的工作首先做好；岗位职责以外的工作，可以协助别人做好；分不清分内分外的工作，要加强沟通；既有分内又有分外的工作，要加强合作；凡是对班级有利的事，要主动去做。这就是一种担当意识。

本课小结

1. 班级工作一部分由班主任亲自做，一部分交给学生做，各司其职。
2. 要建立各种班级组织机构应对不同的工作或任务。
3. 组织机构正常运作的要素是责任人明确，职责和流程明确，班主任协调和帮助到位。
4. 加强培训、加强沟通、加强合作是提升组织机构工作质量的有效措施。

本课思考与实践

1. 试着在某次大型活动之前召开一次工作布置协调会，制定一份活动流程，在实践中检验一下效果。
2. 班上有两个学生打架了，事件处理之后思考一下，有没有必要制定一个“处理学生打架的流程”？如果你觉得没必要，请说明理由；如果有必要，制定一份处理流程。
3. 设计一节以“担当意识”为主题的班会课，有可能的话，实际操作一次。写下总结感悟。

第　七　课
班级制度体系

制度在班级管理中所起的作用是非常大的。可以说制度是管理的灵魂。没有制度的管理不是专业的管理。尽管制度的制定与执行有通用的原则和方法，但是班级制度必须符合班级和学生的特点。

通过本课，你能学到：

1 建立“按制度处理事务”的专业思维；

2 掌握引导学生利用班级议事制定制度的方法；

3 掌握规则教育的基本方法。

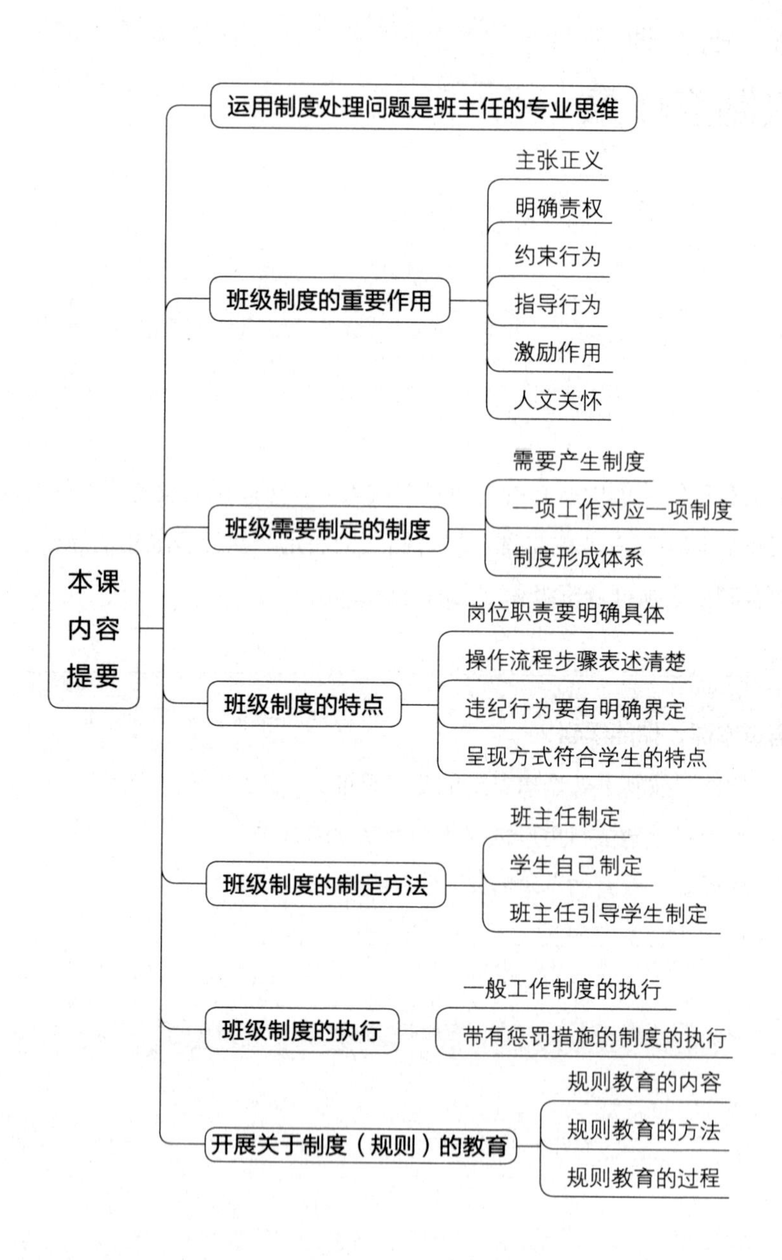
本课内容提要
运用制度处理问题是班主任的专业思维
班级制度的重要作用
主张正义
明确责权
约束行为
指导行为
激励作用
人文关怀
班级需要制定的制度
需要产生制度
一项工作对应一项制度
制度形成体系
班级制度的特点
岗位职责要明确具体
操作流程步骤表述清楚
违纪行为要有明确界定
呈现方式符合学生的特点
班级制度的制定方法
班主任制定
学生自己制定
班主任引导学生制定
班级制度的执行
一般工作制度的执行
带有惩罚措施的制度的执行
开展关于制度（规则）的教育
规则教育的内容
规则教育的方法
规则教育的过程

第一讲
运用制度处理问题是班主任的专业思维

本讲能力目标

- 理解用制度管理班级的专业思维。

说明:《现代汉语词典》(第7版)对制度的定义是“要求大家共同遵守的办事规程或行动准则”。另外还有一个词：规则，含义与制度非常相近,《现代汉语词典》(第7版)的解释是“规定出来供大家共同遵守的制度或章程”。虽然从拓展的意义看，这两个词还是有一定区别的，但本教程所讨论的问题基本局限于班级范围，因此在本教程中提及的“制度”和“规则”均指“班级制度”和“班级规则”，二者在大部分情况下是可以混用或相互替换的。

作为一种专业素质和现代思维，班主任要有“按制度办事”的意识。注意是“要有”，而不是“只能”。这句话可以理解为：制度是解决很多问题的基本依据，但制度也不能解决所有问题。所谓“意识”，就是一种感觉和思维，即你遇到一个问题时，马上能产生的想法。

“按制度办事”，看上去很有道理，而且似乎也是很简单的做法，但不是所有的班主任都具备这样的思维。

比如，班主任认为学生犯了一个错误。这种判断可能有两个依据。

1. 道德层面

道德判断有主观性，人们根据自己的个人价值观和一般社会生活准则判断一个行为的对错。由于每个人的价值观和观察问题所处的角度不同，对同一个行为对错的判断也可能不同。比如，某中学班级有男女生恋爱了。老师认为这是错误的，但学生认为到高中了，男女生恋爱很正常。这个问题从道德层面就不好判断了。所以，我们经常会见到老师批评一个同学，而这个同学不服气，两个人争辩甚至争吵(老师往往会认为学生是在狡辩)。我们不能说老师就一定是对的。就算老师是对的，以理服人也往往非常困难。

2. 规则层面

因为规则是大家事先约定好的，违规了肯定就错，这一点似乎没有什么疑义。但问题的关键在于规则与道德是否相符。如果规则和道德是相符的（即“道德的规则”），而规则又具有强制性，可以弥补道德约束力不够的问题，那是再好不过了；如果规则有违道德，则规则可能需要修改（这也是本教程后面即将讨论的内容）。

如果班主任首先根据道德判断认定这个学生错了，然后对其说教、批评、训诫，但处理这个学生的办法是随意的，想怎么处理就怎么处理，我们就认为这位班主任没有按制度办事的意识，也就是没有专业的思维和方法。

如果学生发生了一种行为，班主任首先想到的是，这种行为是否违反了有关规则，如果确实违规，那么按规则处理。至于教育（肯定要有教育），是另一种行动。如果这种行为按常理判断肯定是错了，但却没有对应的规则，则需要制定或补充规则，亡羊补牢，以后再发生这类行为，就有适用的规则了。这样，我们就认为这位班主任具备了按制度办事的意识。

表面上看，这两位班主任只是做事的方式不同，但实际上反映了他们思维不同，一个是专业的、理性的，一个是随意的、感性的。

因为不具备基本的专业思维，导致一些班主任在面对一些即使很简单的问题时也会束手无策。比如有老师说班上有个同学有抽烟的习惯，经常在厕所、走廊等地方偷着抽烟。找学生谈话，学生说他从小学六年级就开始抽烟，已经有四五年了，现在很难戒掉。班主任鼓励他戒烟，但是他背地里还是抽烟。班主任也不知道怎么办了。可以想见，如果班主任总是为这些事所困扰却拿不出办法解决，就会有严重的挫败感。

其实对于这类问题，通用的办法就是“规则约束，人文关怀”。所以，那位班主任应该首先强调教学区内是完全不能吸烟的，这是制度，和戒烟与否无关。先遵守规则，再帮助他戒烟。

制度对班级管理和发展，乃至学生的成长，都有着重要的意义。

第二讲
班级制度的重要作用

本讲能力目标

· 理解制度在班级管理中的重要作用。

尽管制度有强制性，被很多班主任作为管理班级的利器使用，制度也确实能帮助班主任解决很多问题，如前面提到的几个案例，都可以尝试使用制度来处理。但是如果仅仅利用制度的强制性约束功能——允许做什么，禁止做什么，否则怎么样——那么就远远没有发挥制度的作用，甚至还可能造成与学生的对立，引起学生在心理上的抵触和反感，甚至发生师生冲突。

实际上，制度的作用很多。只有用好了才能成为班级发展的护卫舰和助推器，用不好则适得其反。班主任只有充分理解了制度的意义并能充分发挥其作用，才真正具备了这项专业技能。

1. 主张正义

所有的制度都有一个共同的核心，那就是“公平正义”。制度可以很好地维护正常的教育教学秩序，营造公正的班级风气。与一些学生的理解相反，班级制度不是和学生做对的，而是保护学生，给每一个学生带来安全感。

制度首先自带公平性，规则面前一律平等，学生就不会担心受到不公平的对待。好的制度还有公正性，即制定制度的程序是正义的（如第六课介绍的班级议事），规则的内容也是正义的，充分尊重学生的权利，不伤害学生的身心健康。

制度的公开透明则保证了公平和公正得以被监督。所以，班级的重要制度都要公示。制度公示本身是一种制度，保证把班级的各项制度暴露在阳光下，从而保证了大家都必须按制度办事。

2. 明确责权

学生在班级中的责任和权利也是以制度的形式确定的。比如值日班长制度，既保障了学生在班级事务中的话语权和管理权，也规定了学生在班级里必须承担责任。学生作为集体的一员，必须尽到基本义务，即每个人都有必须做、不得不做的事。这些也是用制度明确的。

很多学生包括一些教师，对制度的这个作用认识比较模糊。比如有个班主任说他班里有个别学生就是不肯打扫卫生，怎么劝说都没用。对于这样的行为，班主任不能仅停留在劝说上，必须立场鲜明地向他指出，在我们的集体中没有一个人可以逃避自己应尽的义务，否则，你也不可能享受到任何权益，甚至你都不能在这个集体中存在。班主任要让所有的学生都明白：有些事不是你想不想做的问题，而是你必须做。一个集体不能允许学生连最基本的义务都不尽。在这件事上不能只是用诸如不要好逸恶劳、劳动最光荣等道理对学生说教，而是要用制度把学生应尽的义务明确下来，与你想与不想、勤劳与懒惰、先进与落后都没有关系。每个学生必须参加劳动，否则就要用规则处罚他。

3. 约束行为

在班级里，学生的行为自由只能是相对的、有限的。班级制度让学生明确知道，在自己的班级里不是想做什么就做什么、想怎么做就怎么做的，必须受到制度和规则的制约。

4. 指导行为

有的班级制度可以用来指导学生的工作，即解决“怎么做”的问题。比如岗位职责和班干部的职务说明书，既明确了责任，本身又带有指导的性质。

案例故事

教室空调的正确打开方式

学校每间教室都安装了大功率空调，可以做到冬暖夏凉。

有了空调，人舒服了，但是问题也来了。空调的电费单独核算，要每个班自己出。如果整天开着空调，不仅学生容易生病，电费也不菲。电费让全班同学平摊，也有不公平的成分在里面。不说每个学生家里经济条件不一样，就说每个人对温度的感受吧，同样的温度，有人热得受不了，有人觉得无所谓。所以班里经常为开不开空调的问题发生不大不小的争执。

为了解决这个问题，我让生活委员去买来一只温度计，特别嘱咐一定要那种带湿度的，因为我知道决定人的舒适度的因素不仅有温度还有湿度。

我们约定，以绝大多数同学（超过四分之三）都认为需要开空调的温度为标准，达到了就开。

某天，天气十分炎热，大家都觉得有必要开空调了。看一下温度计，29℃。这样就产生了第一条规则。

规则一：室内温度超过 29℃，开空调。

考虑到湿度是一个很重要的指标，湿度过高，人会在不太高的温度下中暑，而人体感觉比较舒适的湿度是 50% ~ 60%，于是继续制定规则。

规则二：以湿度 60% 为标准，湿度每上升 10%，开空调的温度标准就下浮 1℃。

这样一来，大家就没有什么争议了。但是问题并没有完全解决，因为不同的人对温度的耐受力是不一样的，如果温度湿度指标没有达到开空调的标准，而有人觉得特别难受（比如刚下体育课），很想开空调，那怎么办？是不是绝对不允许？继续讨论。

有人提出开空调，说明这些人有需要，可以考虑。但开空调的电费需要平摊到每个人头上，那些不想开空调的人，也必须为一部分人的要求而埋单，也不够公平。

怎么办？那就让想开的人承担多出来的电费不就行了吗？询问了一下电价，根据空调的功率计算出电费即可。但这笔电费也不能让提出要求的人完全承担，因为没有提出要求的人也享受了空调。所以，让提出要求的人承担一半，其余的钱大家再平摊。建议一提出，大家都觉得很好。经过估算，最终确定由提出者承担的费用为1节课1元。如果是几个人共同提出的，再由这几个人自己平摊，和班级无关。方案确定，皆大欢喜。关于使用空调的补充规则就定好了。

规则三：如果有人在不满足上述两条的情况下提出开空调，则提出要求的同学必须承担电费1节课1元，交给生活委员。

经过讨论，又增加了两条。

规则四：使用空调期间，严禁任何人在室内吃东西，每一节课的课间都需要开门开窗通风透气，以保持室内空气的清新。由班级卫生委员负责执行。

规则五：夏季使用空调，温度统一设定为25℃，不得随意调低温度。空调遥控器由生活委员保管，其他人不得擅自使用遥控器。

有了规则，班级就再也不会为“开不开空调”这样的小问题所困扰了。

（案例选自陈宇：《班主任工作十讲》，教育科学出版社，2014。略有删节）

虽说这个案例是件小事，但班级中这类小事甚多，解决不好也很麻烦。如果有规则做指导，学生就不至于茫然，班主任也不会一而再，再而三地亲自解决这些小事，而且每次解决的情况还不一样。

5. 激励作用

很多人都以为制度就是用来约束人的行为的，其实，制度的激励作用更重要。换句话说，制度不仅是用来管人的，更是用来激励人的。制度的激励功能主要通过过程评价和奖励实现，鼓励学生大胆行动，勇于创新。即使是犯了错误，也鼓励学生用积极的行动来弥补过失。

超链接

班级制度层面的激励机制主要是评价。参见第八课“班级评价体系”。

6. 人文关怀

学生在班级中，除了要接受教育，还需要被关心，被重视。但如果对学生的人文关怀仅仅是班主任的个人行为（这样的班主任会被认为很有爱心），显然会比较随意，也容易因班主任的观察不够细致或与学生关系的亲疏不同造成不公平。

在制度层面对学生施以人文关怀才是最根本的。一个好的制度，不仅仅是正义的，也是充满人文关怀的（二者本身也是一致的）。人文关怀不会影响到制度被公正地执行。比如，班级应该有帮助学困生补习的制度，应该有困难求助机制等。即使是处罚制度，也能体现对学生的人文关怀。参见图 7–1。

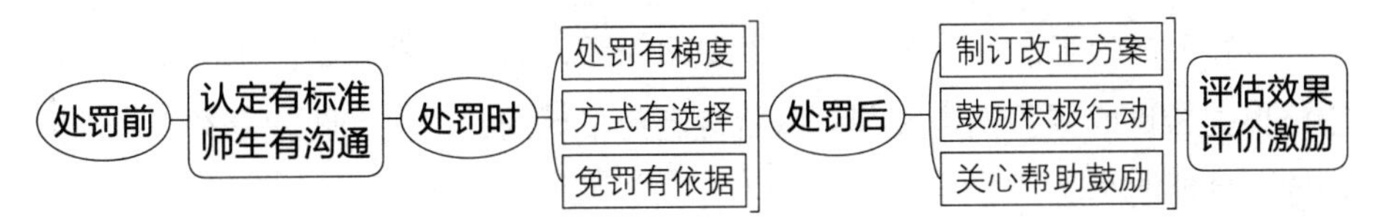

图 7–1　制度对学生的人文关怀（以处罚违纪行为为例）

第三讲
班级需要制定哪些制度

本讲能力目标

- 理解制度是如何产生的。
- 掌握运用制度应对班级各种问题的思路。
- 理解班级制度体系。

一个班级需要什么制度是由管理和教育的需要与目标决定的。有什么需要就制定什么制度，没有需要就不制定。一般来说，班级的任何工作和活动都需要有相应的制度。工作与制度是如影随形的。

1. 需要产生制度

制度来自教育和管理的需要。一种需要就会催生一类制度。

需要有两个来源：一个是已经出现的问题；二是虽然问题尚未出现，但班主任根据常识或经验做出预判，以后肯定会出现的。这些问题就要有相对应的制度。参见图 7–2。

一些简单的制度可以随时制定，也无须走复杂的程序。比如班主任要召集一些学生开个会，发现他们完全没有开会的概念，不知道怎么开会。班主任就可以制定几条开会的规则，以后就可以沿用了。学生如果不知道规矩，就永远不会把会开好。但是如果用规则指导一下，就会好得多。生活中处处存在需要规则的地方，规则可以让很多事情的处置变得简单，也无须一次次强调，更不会每次处理的情形都不一样。

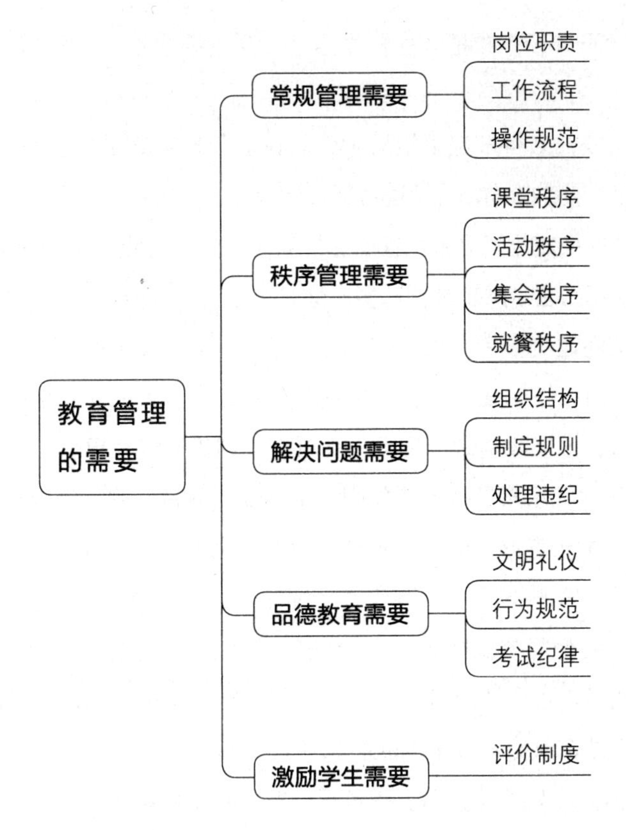

图 7–2　班级教育和管理的各种需要是制定制度的理由

管理案例

如何应对调换座位的请求

某天，班主任接到一个家长的电话，要求给自己的孩子调换座位，理由是孩子视力不好，看不清黑板。班主任表示有些为难，家长说我认识你们校长，请一定帮帮忙。你答应考虑考虑，其实并没有好办法。

第二天，有学生来找班主任，要求换座位，理由是同桌上课总是影响他。

你花了好长时间做工作才把学生打发走了，学生要求没有得到满足，一肚子不高兴。

第三天，校长亲自打电话给班主任，说你们班某某是他朋友的孩子，家长希望给孩子换个座位，你看能不能想想办法。

一个小小的换座位问题就能让班主任疲于应付，班级里类似的事情几乎每天都有，有时候还比这个问题麻烦得多。这班主任还怎么当？

应对这类问题的参考方案，思路就两个字：制度。班级里有没有调换座位的制度？如果有，按制度执行。如果没有，制定。有人说，制度没用。真的吗？我们用制度来把上述案例做个复盘，看看制度到底有没有用。

家长："请给我家孩子换个座位吧。他坐得太靠后，看不清黑板……"

班主任："家长你好！关于换座位，我们班级是有制度的。制度全班学生都很清楚，也发在家长群里了，所有家长都知道。如果你家孩子符合条件，不用你说，我也会帮他换的。如果不符合条件，我硬给他换，别的孩子会怎么想？别的家长知道了，也会认为班级不公平。你是想你家孩子好，我能理解。但是，如果不按规则做，对你家孩子到底有利还是不利呢？"

校长："你们班某某是我朋友的孩子，家长希望能帮孩子换个座位……"

班主任："校长好！我明白了。我们班有换座位的制度，那位家长是知道的。我会帮助他达到换座位的条件，一旦符合条件，立即换座位。这样他也满意，其他家长也不会有意见。请校长放心！您朋友的孩子我一定会多多关注的。"

效果是不是不一样？但前提是你要有换座位的规则。只要有规则就好办。没有规则，就只能一次次看情形处理了。

这个案例给我们的启示是：规则可以让那些看似复杂难缠的问题的处置变得简单且公平。

规则不能解决所有难题，但能解决一般性的问题。当不再为处理一般性的问题而烦恼时，班主任就能腾出精力处理那些难度大的个案了。

资料库

班级座位安排规则（示例）

说明：任何规则都不是完美的。本规则仅仅是一个示例，提供一种思路，每个班级具体的规则要根据自己班级的情况制定。

（1）座位原则上按身高安排，个子高的同学座位靠后，不受性别的影响，男女生可以同桌。（说明：前排同学尽量不影响后排同学看黑板。）

（2）安排座位一般不考虑视力，除非有医院证明视力有严重问题。（说明：大部分同学都近视，看不清黑板可以配眼镜。）

（3）听力不佳的同学可以坐在前排，需要有相关证明。

（4）学习成绩高低与座位没有关系。

（5）座位每两星期以小组为单位按“1→2→3→4→1”顺序整组平行轮换一次。

（6）班主任有权临时安排严重影响课堂纪律的同学的座位。

（7）不得私自调换座位。

（8）要求调换座位的同学不能违背上述原则。有调换座位要求的同学要先与对方协商，征得对方、对方同桌和自己同桌的同意后，向班主任提出申请，经班主任同意后再调换。

（9）如果同桌之间产生矛盾，影响了学习，班委会和班主任将尽量调解。如果暂时调解不成功，班主任将为双方调整座位提供帮助。

（10）班级对在安排座位的问题上表现出大度、谦让、顾全大局的同学提出公开表扬，评优评先时在同等条件下优先考虑。

无论规则的内容是什么，只要有这样的规则，就可以应对各种各样的调换座位的要求。比如有学生以要和同学讨论问题方便为由提出调换座位，不符合规则。上课不能随便讨论问题，除非老师允许，而下课讨论问题就和座位无关了。如果确实想调换，需要自己去说服相关的其他三个同学，他们都同意了，再提出申请。如果学生提出同桌影响他学习，那么按规则第 6 条，如果这个同学确实严重影响了课堂纪律，班主任是有权调整的，但这是一个综合的考评，不是只依据申请者的反映。其实这种诉求多数属于“证据不足”。该规则也鼓励学生尽量依靠自己的力量解决好座位的问题，班主任可以提供必要的帮助。

2. 一项工作对应一项制度，所有制度形成体系

我们经常发现有些班级的制度是不分类的，只有一个笼统的所谓“班规”，东一条西一条，没有任何系统。这是班级管理工作不专业的表现。

制度具有专一性，一项制度一般只能解决某一个（或某一方面）的问题。所以一个班级需要有各种各样的制度。制度是一项一项制定的。每项制度都可以用一定的标准归类。随着班级的发展，制度逐步积累，形成完整的制度体系。参见图 7–3。

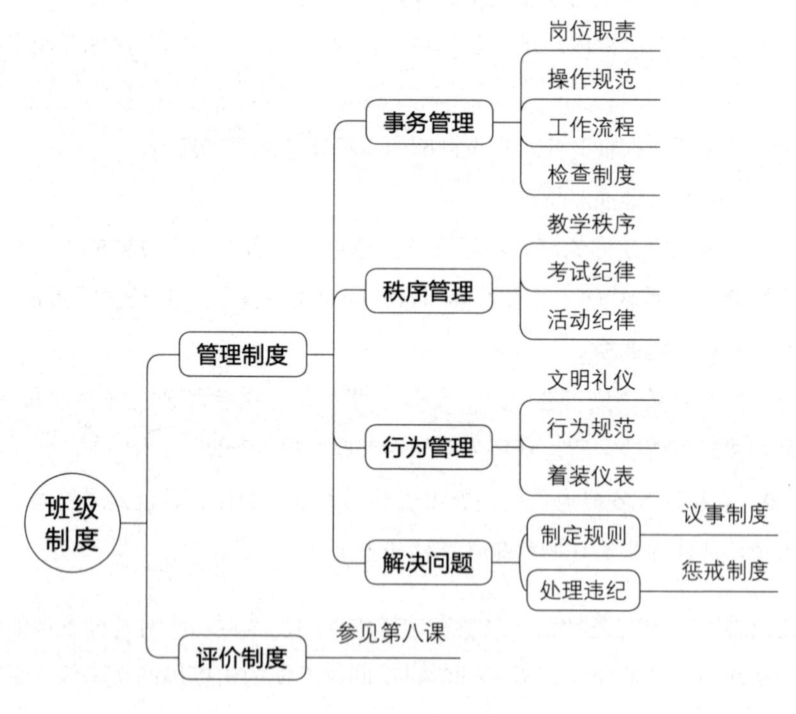

图 7–3　班级的制度体系

班级制度体系含“管理制度”和“评价制度”两个互为关联的分支。每一项班级制度均规定并指导着一类班级事务的处理。如果出现了新问题而没有对应的制度，则可以随时补充制定，新的制度纳入班级制度体系中。

班级的每项制度不是孤立的，制度与制度之间有联系。比如第五课谈到的课堂教学秩序规范，为了保证规范能够形成，就需要有课堂纪律的制度。制度怎么制定？班级有专门制定制度的制度。如果违反制度，就需要有违纪处理的制度来处理。谁来执行处罚，是由组织机构决定的。如果做得好，就会有评价制度予以激励。这些工作都是配套的。参见图 7–4。

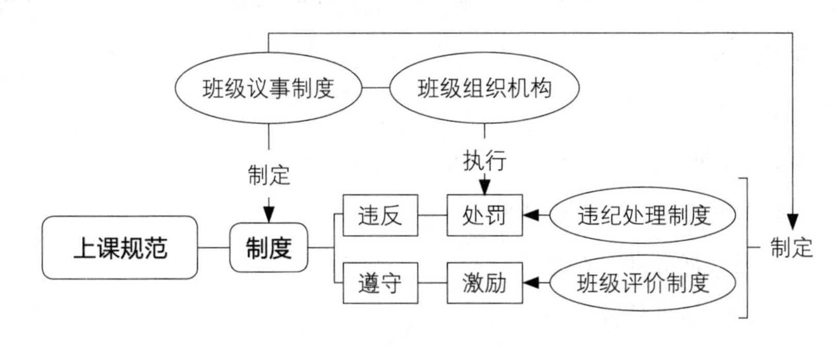

图 7–4　班级制度之间的联系

所有的制度都是因为有切实的需要才制定的，不是先入为主地制定很多规矩让学生服从。制度体系越健全，班级管理越规范。随着班级的发展和学生的进步，很多规则将渐渐少用甚至不用，因为规则已内化为习惯和素质。

马上行动

建一个专门存放班级规则的文件夹。每制定一项规则都要归类、存档。慢慢积累，越来越齐全。这些规则不仅这个班可以用，带下一个班的时候也可以用，至少可以提供一个供修改的模板。

第四讲
班级制度的特点

本讲能力目标

· 掌握制定各类班级制度的注意事项。

班级制度一定要表述清晰、严谨，有可操作性。制度的表达方式应该符合本班学生的特点。

某班级有如下班规：

（1）每天按时到校，不迟到、不早退、不旷课；

（2）按时交作业，不得抄作业；

（3）上课认真听讲，不睡觉；

（4）严禁把手机带进学校。

……

分析这份班规，且不说它全部以规训的方式表述，而且负面语言很多，容易造成学生的反感，就说它的可操作性——说了那么多“不得”“严禁”，看上去“纪律严明”，但是怎么认定、违规了怎样处理等问题一概没有说清楚，也就是说，这样的规则是完全无法操作的。既然无法操作，规则也就没有实际意义。

规则不是挂在墙上装点门面的，是要在实际工作中发挥作用的——要么是约束，要么是指导，要么是说明。所以班主任在制定班级制度时一定要注意，除了“班级公约”外，一份正规、专业的制度或规则，一定要措辞严谨、表达清楚，不会产生歧义，有可操作性。

1. 岗位职责要把操作步骤、标准表述清楚

这样的职责必须是在反复总结操作经验后才能制定出来的。不要笼统、含糊地表述。不要把态度与操作混淆。比如：“认真打扫”，是指态度。态度是不

好衡量的，更重要的是，工作需要的是“结果”，光态度好没用。“地面没有纸屑或其他杂物”就是结果。岗位职责要用这样准确的文字表达。读者可以参考第三课岗位职责的有关内容。这里再举一个例子：黑板保洁岗位职责。

（1）每节课一下课就擦黑板。

（2）黑板擦过后应该完全看不到字迹。

（3）每天中午和下午各清理一次黑板槽，保证无积尘。

（4）每天用完后的黑板擦需要清理上面的粉尘。

2. 操作流程要列清楚

用分列的要点或流程图清楚地说明每一步谁负责、怎么做，让人一看就明白。

本教程第三课中专门有对工作流程的解读，可以参考。这里再举个例子——请假。请假也有制度，请假制度也可以叫作请假流程。学生要请假，就要按制度办事。按制度办事，严谨、公正，对学生和家长负责，对班主任也是一种职业态度的考量。

资料库

请假制度（示例）

◎病假。

（1）家长将医院的病假条交给班主任，或拍照发给班主任，或学生返校后将病假条交给班主任。

（2）如果没有医院病假条，须家长手写请假条。操作方法同上。

（3）家长可以先打电话向班主任请病假，再补手写请假条。

（4）家长替学生请病假，最多1天。超过1天的需要重新请假，但最多不超过3天。超过3天的一律需要医院开证明。

（5）较严重的疾病、传染病、长期病假（超过 1 周），班主任须报备学校。

◎事假。

（1）家长书面请假，说明请假原因和起止日期。

（2）事假超过 1 周，班主任须报备学校。

◎注意事项。

（1）学生不能自己请病假或事假。特殊情况由班主任核实处理。

（2）电话或网上请假只能临时应急，不能代替书面假条。

（3）书面假条由班主任保存。请假情况由副班长负责统计。

3. 做明确的界定

有关纪律、行为规范的制度一定要先对行为做明确的界定，再说明处理方法，处理方法要可操作。

类似“上课不得迟到”的说法有两个问题：第一，没有说清楚怎么才算迟到；第二，没有指出“迟到了怎么处理”，所以这样的规则形同虚设。

这类规则一般的表述方法是先给出认定标准，再给出处理意见。规则文本可参见以下资料。

资料库

规则文本示例：迟到的认定与处理

◎认定标准。

（1）正式上课铃声结束还未进入教室。如果科任教师另有规定，则按教师的规定认定。

（2）上课 15 分钟未到，计旷课 0.5 节。30 分钟未到，计旷课 1 节。按旷课处理。

◎处理办法。

(1)迟到的同学须在教室门口等待，教师允许进入后方可进入教室。

(2)迟到情况由纪律委员记录。

(3)每周前两次迟到不记录、不处罚，但纪律委员要提醒。

(4)每周迟到三次以上(含三次)要予以一定处罚，处罚方法参见《学生轻微违纪处理办法》。

(5)因特殊原因迟到，不记录、不处罚，但需要班主任认定。

以上示例看似简单，其实制定得非常专业、严谨。首先，认定标准明确，没有歧义，而且考虑到了科任教师的教学风格，不会造成误会、冲突。其次，处理办法明确，当事人该怎么做、班干部该怎么做都很清楚。对迟到行为的处罚，并入另一个制度(参见本课“学生轻微违纪处理办法”)，统一处置，避免了重复和混乱。再次，制度已充分考虑了各种可能引起学生迟到的特殊情况，体现了制度的人文关怀。

班级的制度就应该这样，既具体明确，有可操作性，又要有足够的人文关怀。

4. 制度的呈现方式要符合学生的特点

以上关于制度的特点对于所有班级都是适用的。但是，制度的表达却要考虑学生的年级段和认知发展特点。小学，特别是小学低年级的学生，可能不太适应过于严谨、刻板的表述。建议可以采取小学生容易理解和接受的方式，比如儿歌、漫画、图片等来呈现规则。

第五讲
班级制度的制定方法

本讲能力目标

· 掌握通过班级议事制定班级制度的方法。

班级制度既可以由班主任制定，也可以在班主任的引导之下，通过班级议事师生双方共同制定。

1. 班主任制定

班主任完全可以根据工作的需要自己制定制度。这种方式的优点是简单快捷，尤其是在事情比较紧急，时间比较紧迫，或者事情不大的情况下。班主任直接制定规则可以节约时间，效率高；缺点是没有走民主程序，学生被动接受，可能在执行中有一定的阻力。

2. 学生自己制定

有些规则不妨让学生自己制定。学生制定规则最大的好处就是认可度高，但限于学生的能力和认知水平，自己定的规则是否合理，不能保证。所以不是最佳的方法。

3. 师生共同制定

在有可能的情况下，班级制度应该由师生双方共同制定。这样制定出来的制度，学生认同度既高，又能保证其合理性。采用这种方式，要先解决几个问题：制定规则的主体和组织、制定规则的程序、通过规则的方式。这些可以简称为“制定规则的规则”。仅有规则还不够，因为规则要靠人来执行。学生如果不会或不习惯这种民主的方式，也无法完成制定规则的任务，或者在制定过程中出现各种问题。所以，还要引导、培养学生的积极参政议政的意识和能力。要经过若干次的实战演练，学生才能熟悉制定规则的规则并形成民主氛围。

马上行动

组织制定规则的主题班会课

学生只有在实践中学习、练习，才能掌握制定班级规则的方法并逐步适应这种民主的方式。班主任可以利用主题班会课让学生学习，这个过程对培养学生的现代意识有很好的帮助。因时间的限制，一节课无法完成所有的学习和练习，可能需要两节课甚至更多时间。

资料库

制定规则的主题班会课课例

班会主题：说说规则那些事……

班会主持：班主任（配一名记录员）。

班会准备：简单制作一个班会的 PPT。

班会流程：

◎说说我们身边的规则。

主持人：请列举日常生活中的规则。

提问与思考：如果没有规则，我们的生活会是什么样子？

学生发言，主持人小结。

◎什么是规则？

PPT：大家共同制定、公认或由代表人统一制定并通过的，班级所有成员共同遵守的条例或章程。

◎怎么制定规则？

（1）谁来制定规则？

主持人提问，学生发言。

提问：学校的规章制度是我们学生自己制定的吗？（学生摇头）

提问：学校或班主任能不能制定规则让大家遵守？（提示学习规则的定义）

提示与思考：由此可见，规则可以由大家共同制定，也可以由代表人统一制定。班级需要很多规则，也不能都靠班主任一个人定好了我们来执行。想一想，如果同学们自己制定班级的规则，有什么好处吗？

学生发言。

主持人引入：今天我们就来练习一下如何制定规则。

（2）怎么制定规则？

主持人提问，学生讨论、发言。

主持人小结：规则需要大家通过商议制定。

提问：大家商议时发表意见要注意什么礼节？

学生讨论、发言，主持人及时小结、引导。

主持人小结：议事要有规则，不能随便发言或吵架甚至人身攻击。

（3）怎么通过规则？

主持人提问，学生发言。

主持人小结：投票表决，少数服从多数。

提问：怎么投票、多数的比例是多少？

主持人小结学生的发言，用讨论的结果现场演练。

请大家对规则通过的比例进行表决：

A. 超过半数同意　　B. 超过 2/3，多数同意

（这波操作很有意思。如果班级人数是偶数，为防止一半对一半的情况，班主任可以参加投票，班主任是机动人员，确保一定有选项可以过半。但如果没

能超过 2/3，该规则能不能通过呢？主持人可以直接规定。但是从这次练习与思考中，学生能够感受到任何事情都不是看上去那么简单的，这恰恰是在培养学生勤于思考的品质。）

提问与思考：如果一项规则通过了，但是有少数人不同意，是不是可以不管他们？如果管，可以怎么办？

学生讨论、发言，主持人现场小结，记录员记录。

小结与过渡：以上我们讨论的是制定规则的规则。这是很重要的。既然做事讲规则，那么制定规则也要有规则。下面我们来讨论规则的具体内容。

◎规则包括哪些内容？

以管理迟到的规则为例。

（1）界定标准。

提示与提问：我们都知道上课或开会需要守时，不能迟到。但什么叫迟到？如果不明确什么是迟到，那么对处罚迟到的讨论就没有意义了。

学生讨论，发言，主持人归纳，记录员记录。

主持人小结：

经过讨论，绝大多数同学同意以第二遍铃声结束后没有进教室视为上课迟到。

这个讨论可以提醒我们，以后制定规则也是一样，要先把问题界定清楚。

PPT：要有认定标准。

（2）处理办法。

主持人：上课迟到，不仅影响自己的学习，也会影响其他同学和老师。所以，迟到了要接受一定的处罚。

案例讨论（PPT）：某教师在班级里规定，迟到的同学罚做俯卧撑，迟到一分钟做一个。请你谈谈对这个规定的看法。

学生讨论、发言，主持人引导。

主持人小结讨论的情况：

对迟到的处罚要有选择性，不能一刀切；

处罚不要太重，不能超过可承受的程度。

根据学生讨论的情况现场小结。

主持人引导：第一次迟到和多次迟到的处罚是不是一样?

小组讨论：提出如何处罚迟到的建议（每组至少三条）。

小组展示讨论结果。

时间已到。

主持人小结：

这节课我们学习了如何制定规则。制定规则的规则将在以后制定规则时再次使用。

我们已经知道规则要有认定标准，对违纪行为的处罚方法要有选择性，也要考虑偶尔违纪和经常违纪的区别。

课后我们将归纳大家在本节课提出的处罚迟到建议并表决通过。另外还有更重要的问题要讨论。

班会后续：整理迟到处罚建议，准备下一节班会课。

一节班会课仅仅让学生对如何制定规则做了初步的思考和练习，关于规则还有很多问题需要教育，所以这节课还有后续。

超链接

规则的教育主题班会课课例参见本课第七讲。

整理这节班会课的过程，可以得到师生共同制定班级制度的一般程序。如图 7–5 所示。显然，这节课的目标是采用班级议事的方式达成的。

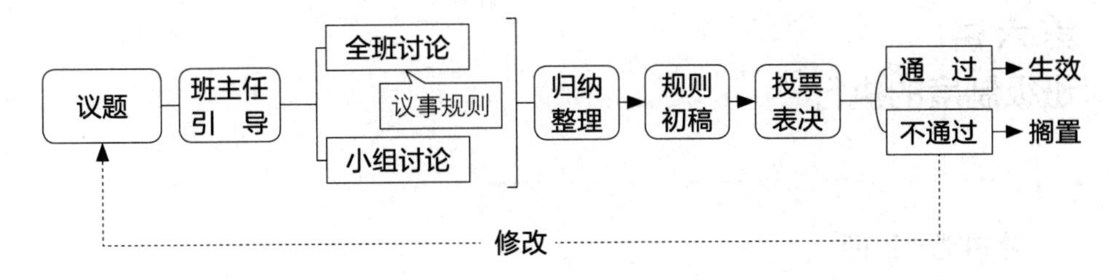

图 7–5 班级规则的制定程序

班级规则的制定除了上述“班主任 + 全班同学”的方式外，还有“班主任 + 班委会”“班主任 + 部分学生”“班委会 + 全班学生”等多种形式。制定程序基本相同。

第六讲
班级制度的执行

本讲能力目标

- 掌握一般班级制度的执行要领。
- 掌握学生轻微违纪行为处理制度的原则、方式和注意事项。

定了制度而执行不到位，是很多单位的普遍现象，也是导致制度的权威性下降的主要原因。一旦学生不拿制度当回事，制度也就失去了作用。所以，制度管理最关键的问题是执行。不能执行的制度就不要制定。

执行，是制度权威性唯一的标志。

1. 一般工作制度的执行

班级大部分制度都与惩罚无关。非惩罚性制度主要是岗位职责、工作流程、班级组织机构的章程等，是班级制度的主要组成部分。非惩罚性制度的执行直接关系到班级管理的质量。不能一说到制度，就理解为惩罚学生的制度。

这些制度执行的难度其实不大，关键就是要严格认真。

（1）制度要经常用。

所有的制度都是出于一定的真实需要、针对某一类经常出现的问题而制定，不是凭空想象的。所以，制度都是有实用价值的。既然定了制度，就要用。经常用，就会被记住，最后成为习惯。虽然这个道理很简单，但实际上有些班级虽然定了制度，但在做的时候却还是以班主任的意志为准，大家都忘记了还有制度。班主任应该主动引导学生，遇到问题，先看有没有制度，而不是先看班主任的意思。“按制度办事”的氛围是需要培养的。

（2）制度要制定一个，执行一个，巩固一个。

制度的执行需要成本。同时铺开很多制度，势必分散管理者的精力，不能做到全面监督执行。所以要先选择最主要的问题制定制度，然后集中精力抓执行。一项制度只要能被很好地执行，就树立了制度的权威，也为以后其他制度的执行树立了标杆。

（3）对执行制度的难度要有充分的思想准备。

不能只想着制度一用就取得好效果，要充分估计各种情况，尤其是能不能坚持下去。一个较为普遍的情况是，刚开始的时候，执行制度还是比较认真的。时间一长，慢慢就松懈了，最后就没人在意了。制度的内容，除非养成习惯，否则一定要坚持。这个过程可能需要较长的时间。班主任在一开始就要预计到，如果自己是执行人，自己有没有这个精力；如果是学生干部执行，他们有没有这个时间和能力。制度，与其说是对学生的考验，不如说首先是对制定制度的人的考验。一旦制度制定了，无论多困难，都要坚持下去。否则就要宣布修改制度或废除这个制度。

（4）鉴于以上情况，制度需要明确执行人、执行流程以及预判可能出现的问题，尽量做到有预案。

①设定制度的“试行期”，以便在执行中发现问题后可以及时调整。

②制度一定要有确定的执行人，是班主任还是哪一个班干部或者是小组长要说清楚，不能随意。比如，某学生没有打扫卫生，需要补做，就要明确由劳动委员负责监督补做是否完成。

③选择能力强的班干部担任制度执行人。将制度的执行任务分解到若干学生，一个人只负责一项。比如，保洁情况，保洁组长负责本小组的检查，劳动委员负责单独承包的岗位的检查，值日班长负责每天下午放学后的全面检查（一天一个人，负担不重）。

④多利用小组机构完成执行。

⑤制度执行的流程尽量简化，提高执行效率。比如，前几章中有一些检查的表格，但表格的主要作用是提示检查项目。所以，表格是“尽量不填”，只填写问题较大的，能当场解决的、小的问题没有必要填，更没有必要把表格填满。充分利用口头提醒、手机拍照等方式做工作。

⑥对学生进行制度的培训，宣讲解读，让大家清楚制度的内容。重要的制

度张贴在教室里并且要告知家长。

2. 带有惩罚措施的制度的执行

对学生轻微违纪行为的管理制度常常有一定的处罚措施，这是个比较敏感的问题。一个班级肯定需要一些惩戒制度，但惩戒不是目的，通过一定的惩罚或者负强化促使学生改正错误行为才是目的。如果达不到效果，甚至出现反效果，制度肯定出了问题。

以下是关于惩戒制度执行的几个建议。

（1）制度的制定要程序正义。

如果制度是经过班级议事的方式制定的或者是学生自己商议制定的，学生对制度的认可度就高，执行难度就小。这一条可以称为“程序正义”。

（2）制度的表述正面化。

应当用正面的语言表述制度，不把学生的错误行为随便上升到道德层面的高度，不把学生当作坏人或潜在的坏人对待。负面、生硬的表述会让学生反感甚至逆反，影响制度的执行。

（3）制度的内容要正义。

制度的内容直接决定执行情况。如果制度是合情合理的，合乎一般社会道德规范，也就是前面提到的制度与道德相符，执行情况就好。这一条可以称为“制度正义”。犯了错误要受到处罚，这个理念大家都可以接受。但如何处罚才是关键。以下几点需要注意。

①处罚的标准对所有人都是一样的。

②错误越严重，处罚就越严厉。初犯的处罚轻，累犯的处罚重。

③处罚措施不能超出正常学生可承受的范围，不能带有侮辱人格的行为。

④处罚的方案与所犯的错误要有关联。比如有的班级对迟到者的处罚是打扫卫生或罚跑步，这就是不匹配，也没有对犯错者起到教育的作用；如果对早晨迟到的处罚是“第二天提前 15 分钟到班帮助值日班长执勤”，就是匹配的。

（4）处置方式统一性和多样性相结合。

班级应该有一些通用的、正式的违纪处理方式。所谓“通用的处置方式”

是指不限定哪一种具体的错误行为，只是根据情节轻重设置的处理方法。班主任可以就违纪情节轻重的界定和处理方式组织学生讨论，最好举出一些实例，便于理解。按情节轻重处理某一个行为时，可以不止一种方式。经过与学生达成共识，正式宣布这些规定。班级有了通用的处理方式，在处理具体问题时就“有法可依”，管理更加规范、公正；以班级大会形式通过的制度以正式的文本发布，提升了制度的权威性；班级规定提前告知家长，减小了执行制度时的阻力或出现意外情况的可能。

资料库

某班级对学生轻微违纪行为的通用处理方式（仅供参考）

表 7–1　高一（×）班学生轻微违纪行为处理方案

序号	处理方法	适用情况	举例（不限于）	备注
1	提醒	初次违纪、情节轻微	一次迟到	不公开
2	口头警告	情节稍重、有一定影响	多次迟到	不公开
3	书面警告	多次违纪或情节较重	抄袭作业	不公开
4	书面检查	多次违纪或情节较重	辱骂同学	小范围公开
5	公开检查	情节严重、影响较大	旷课	全班公开
6	公开谴责	情节较重、涉及人员较多	教室里打牌	全班公开
7	通报家长	多次违纪或情节严重	校园内吸烟	不通报全体家长
8	约谈本人	多次违纪或情节严重	多次上课捣乱	
9	约谈家长	多次违纪或情节严重	上课严重捣乱	
10	留校反省	情节严重，影响较大	打架	0.5—2 小时
11	停课反省	情节恶劣，影响很大	严重顶撞老师	需上报学校

续表

序号	处理方法	适用情况	举例（不限于）	备注
12	暂扣物品	违规携带或使用的物品	按学校规定	1天—1个月
13	扣除积分	参考班级积分政策	——	
14	学校处理	情节超出班级管理权限	考试作弊	按校纪处理
		涉及外班或校外人员	聚众打架斗殴	

除了通用的处置方案，对一些非常轻微的违纪行为（如短暂迟到），班级还可以有一些个性化处置方式，而且可以为学生提供多种选择并鼓励学生以做好事的方式弥补过失。但除非太小的学生，一般不主张采用娱乐的方式处理违纪行为，因为这样会影响制度的严肃性。

班主任一定要注意，班级内部对学生的惩罚要十分慎重。

①处罚之前一定要有教育过程，不可以一违规就罚，只管处罚不做教育。

②惩罚不可超出一定的程度。虽然国家还没有正式的文件界定怎样的处罚不是体罚，但班主任应该站在一个旁观者的角度，以一般的社会公理和常识性的感受，考虑到未成年人的身体、心理承受能力，判断措施是否适度。

③不可以采取侵权违规的行为。如果有疑惑，最好去查询一下有关政策或请示学校领导，不要随意规定。要保证所有的规定都是不违法的。

④一定要经过学生的讨论并征得学生的同意，要请学生签字确认。

⑤一定要书面告知家长，请家长签字，保留回执。

⑥在执行处罚的前后和过程中，要密切注意观察被处罚者的情绪反应，要考虑到不同个性的学生对待同一种处罚方式的心理承受能力，做好随时调整的准备。

⑦要严格按照“提醒在前，警告在中，处罚在后，教育贯穿始终”的原则处理学生的轻微违纪行为。特别是在处罚之后，教育和鼓励一定要跟进，切不可罚完就算，以罚代教。

从以上论述可知，处罚学生，是一件很麻烦的事，是不得已而为之，尽量要少用，能不用尽量不用，尽量通过如谈心沟通、做好事补偿等更为柔和积极的方式取代处罚。

有的班主任会认为采取这些温和的方式根本不可能取得效果，学生不会听的。但是，如果学生从内心里抵触，即使那些惩罚也不会起到效果。不可高估惩罚的作用，尽管有时候惩罚是必要的。

教育从来就是一件复杂的事，没有任何捷径可走。一招制胜、立竿见影的方法只是传说。

第七讲
开展关于制度（规则）的教育

本讲能力目标

- 理解制度的教育功能。
- 掌握规则教育的基本方法。

无论是制定制度还是执行制度，其最终的目标都是帮助学生健康成长。所以，制度不能仅停留在制定和执行上，班级一定要有关于制度的教育，也就是“规则教育”。当然，开展规则教育也有利于规则的执行。

1. 规则教育的内容

任何班级制度中都有教育元素——利用岗位职责可以培养学生的责任意识，班级议事制度可以培养学生的公民意识，操作流程和纪律制度可以培养学生的规则意识等（参见图 7–6）。学生能够遵守规则还不够，与被动地遵守规则不同，规则意识是主动的、下意识的遵守规则的觉悟。规则意识是现代公民必须具备的基本素养。利用班级制度对学生进行系统的教育是班主任的重要责任。规则教育的方法是班主任一项重要的专业技能。

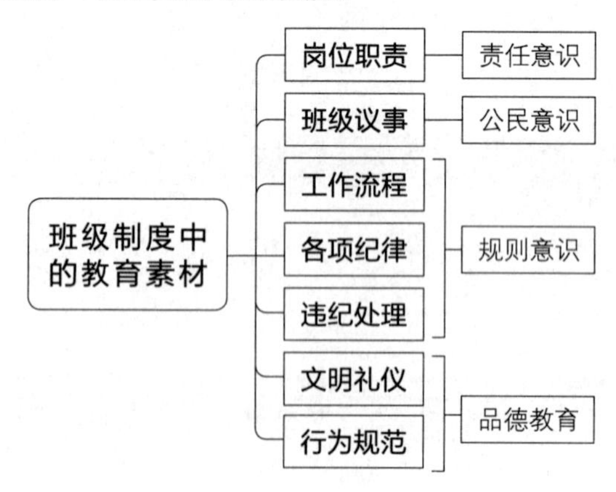

图 7–6　班级制度的教育素材

2. 规则教育的方法

（1）主题班会课。

主题班会课是开展规则教育的主流方式。因为主题班会课是集体教育的专用时空，可以精心准备，创设情境，取得良好的教育效果。

（2）平时结合班级的案例随时进行教育。

班级生活每天都有鲜活的案例。无论是遵守规则的正面案例还是不遵守规则的负面案例，都是规则教育良好的素材。班主任要有强烈的教育意识，及时抓住机会进行教育。

（3）主动进行关于规则的实验。

根据已经发生的案例进行教育和主动进行关于规则的实验是两种不同的思路。班主任可以给学生布置任务或利用现成的任务作为实验机会，让学生在做中学，做中感悟。比如利用自习课培养学生遵守课堂规范的习惯，在强调了自习课规则后，班主任离开教室，学生通过这节自习课的情况就可以对制度的执行情况做出评估、产生感悟。自习课后，让大家写写感受，再找个时间聊一聊，分享自己的观点。这种方式也有较好的效果。

马上行动

组织规则教育的主题班会课

学习制定规则主题班会课是规则教育的入门课。很多关于规则的比较深入的话题需要继续讨论。规则教育第二节主题班会课的重点是体会制度的人文关怀和培养规则意识。

资料库

规则教育主题班会课课例

【班会主题】说说规则那些事……（续）

【班会准备】根据班级流程制作 PPT

【班会主持】班主任

【班会过程】

◎复习。

上一节班会课各小组讨论了如何处罚迟到的建议。经过整理，有下列方法……（PPT 展示），现在请大家表决。

主持人对快速无记名表决法进行指导：表决时请所有人把头埋在自己胳膊弯里，不能抬头看别人。根据听到的表决指令做动作。比如我说：同意的请举手！同意的人就把手举起来。整个过程都不许抬头，直到统计完票数，主持人说“表决结束，可以抬头了”为止。

全班对整理出的建议举手表决。

主持人：表决结束。处罚迟到的建议正式通过的有……这些建议将写进班级制度中。这是我们班通过民主讨论的方法同学们自己制定的第一项班级制度，我们用掌声鼓励一下自己（鼓掌）。

◎规则的人文关怀。

主持人：请我们班以前因为迟到被处罚过的同学举手。（有学生举手）说说迟到的原因。

学生发言。

主持人：如果你出于一些特殊的原因甚至是你不能控制的原因迟到了，被处罚是不是很委屈？你是否希望规则能考虑到这个情况，不要一迟到就罚？

学生同意。可能也有人不同意。

主持人：违反了规则但不被处罚，有没有先例？能举例吗？

学生举例。（如果学生举不出来例子，主持人可以举例）

主持人：但是会不会有人因此以各种借口逃避处罚呢？那如何避免这种情况呢？

学生思考，讨论，发言。

学生：那要有证据。

主持人：很好！这个算一条。但是如果他拿不出证据怎么办？

学生讨论，发言。主持人引导，归纳。

主持人：既然这种情况是有可能出现的，那么在制定规则的时候可以考虑不要一迟到就罚，可以有一定免于处罚的次数。同意吗？

学生同意。

主持人：那给多少次免于处罚的次数合适呢？

学生讨论，发言，表决。

主持人：如果免罚的次数达到了再迟到，但确实不是出于自己的原因迟到，能不能继续不处罚？

学生讨论，发言。主持人归纳。

主持人：每个同学一个月给两次迟到免于处罚的机会，不问原因（具体次数是和学生讨论的，可以有变化）。两次免罚机会用完，如果再迟到就要接受处罚。除非能拿出证据证明迟到不是自己的原因造成的，这种情况的决定权在班主任。

主持人：以上讨论了那么多不处罚的情况，是不是不讲规则呢？不是。因为这些要同样写进规则里。写进规则，就不能随意罚或不罚了。对每个人都是平等的。这样处理，制度就不是冷冰冰的铁板一块，而是有人文关怀的制度。所以，制定规则时要严谨，考虑全面。一个好的制度，既要严格、公平，又要有人文关怀。这些内容，可以"补充说明"的方式写进规则里，同样算作规则的一部分。以后大家自己制定规则的时候，也要考虑到这一点。

主持人小结：通过学习，我们已经知道了制定规则的几个要点。

（1）要有明确的认定标准。

（2）制订处罚方案时要注意：第一，有梯度，初次和多次不能一样；第二，要有选择性，给人选择的机会。

（3）规则要严谨。要考虑到各种特殊情况。

◎规则的两难问题。

主持人：我们接着讨论规则的那些事儿。

案例呈现：小明早晨骑车上学。因为出门迟了，他一路飞奔。眼看就要到学校，最后一个路口，遇到了一个长长的红灯。学校已经快打铃了。如果闯过这个红灯，就能正好赶到学校，不迟到。如果等完这个红灯，肯定要迟到了。看着马路上车辆不多，小明在犹豫——这个红灯，是闯还是不闯？请大家讨论。

学生讨论，发言。

主持人：不闯红灯，是《道路交通安全法》的规定，是国家的法律。不能迟到，是学校的规定，大家都应该遵守。但是在不能同时遵守的情况下，是以学校规定还是以国家法律为先？同学们的发言说明了大家都知道如何选择，但为什么在现实中做出的决定却常常相反呢？这个问题值得我们去思考，更需要我们拿出实际行动。我们来分析一下，为什么总是有人违规呢？

主持人：你做过违反规则的事吗？简单说说情况以及你为什么会那样做。

学生发言。主持人归纳。

主持人：我们来小结一下，违规总是有各种理由的。（列举学生举出的理由）我们总是会用各种理由原谅自己的违规。但规则就是规则，如果每个人都出于所谓的“原因”去违规，那规则还有意义吗？

引用《流浪地球》中的著名台词：“道路千万条，安全第一条，行车不规范，亲人两行泪。”改编一下：理由千万条，守则第一条。这不仅是我们应该记住的，更是应该努力做到的。

主持人呈现案例：某出租车为送危重病人去医院抢救，一路闯红灯。病人最后得救，司机却收到好多罚单。经过申诉核实，交管部门撤销了对司机的罚单。

主持人：司机违规却未受处罚，请大家发表自己的想法。

学生思考，讨论，发言。

主持人小结：法与情的矛盾始终存在。有人说规则再大大不过人的生命，有人说一码归一码，挽救生命的行为要表彰，违规也要接受处罚。每个人可能都会遇到这样的选择。如果事情发生在你身上，相信你的选择一定是良心选择。但是，这个案例也充分证明了我们班在制定规则时要考虑的一个重要问题——规则也要有人文关怀。

（这是一个著名的两难案例，引起过激烈的辩论。相信学生的发言也十分精彩。没有标准答案，主持人要善加引导。）

◎遭遇不合理的规则，怎么办?

主持人：你的身边有没有你认为不合理的规则？请举例。

学生发言。

主持人：如果你认为规则不合理，你会怎么做?

学生发言。

主持人：大家说得很好，小结一下，如果你遇到不合理的规则，你可以这样做……（归纳学生的意见）

主持人：如果你想发出声音，但是有人劝你："算了，多一事不如少一事，管好自己就行了，别管那么多。"你会怎么做?

学生发言。

主持人：希望大家能说到做到。只有大家共同努力，才会让规则越来越合理，让社会越来越美好。每个人都要思考一个问题：如果可能需要为此付出代价，你还会坚持吗？不需要你们现在回答，只要去问自己，再用行动回答就可以。

主持人呈现案例：在某个国家，有很多十字路口没有红绿灯，也没有摄像头，只有一个牌子，提醒你到了路口要停下来观察。结果大家到了路口都会停下来，确认安全后再通过。如果有车过来，就要按照约定俗成的先来后到的原则通过。

主持人：大家猜一下，这些没有红绿灯和摄像头的路口，交通事故会不会很多?

学生发言。

主持人：事实上，这样的路口很少发生交通事故，而且这些道路的通行效率还特别高。（想一想为什么）请问，这个路口有没有交通规则?

学生发言。

主持人：先来后到，没有写进交通法规，而且路口既没有红绿灯，也没有摄像头，为什么他们就能按照先来后到的原则通行？再请大家思考，在我们这个城市，如果也没有红绿灯和摄像头，开车不守规矩也不会被扣分罚款，大家还会先来后到吗？为什么？

学生发言。

主持人：有人说，遵守规则，记住规则，是为了忘掉规则。你怎么理解这句话？

学生发言。

主持人小结：比遵守规则更重要的是规则意识。我们不是因为怕被扣分罚款而不闯红灯、礼让行人，而是因为要尊重生命和他人的权利而自觉遵守规则。我们甚至没有感觉到有规则在约束着，我们本能地会这样做，因为规则意识已经深入人心，成为一个人的品质。当所有人都有规则意识的时候，这个社会才是和谐美好的。与人方便，与己方便。看来，我们还有很长的路要走。培养规则意识，从我做起，从现在做起。

【班会总结】

（1）生活离不开规则。

（2）规则要公平正义。

（3）规则是在大家达成共识的前提下制定的。

（4）规则要严格，但规则也要有人文关怀。

（5）规则可以修改。

（6）要遵守规则，更要培养规则意识。

【班会作业】请运用本节课学到的知识，结合自己的理解，为班级制定一个关于管理抄袭作业的规则。

这是一节很有思想的班会课。通过主持人的不断启发、提问，层层深入，引导学生不断思考。对有关规则的几个比较重要的话题都进行了讨论——制度的人文关怀，规则与情理的两难问题，规则意识的培养，等等。特别是对挑战不正义的规则的勇气的追问，把学生关于道德的思考提高到了较高层次。

本课提供的两个关于规则的主题班会课课例（可能需要 3 节课完成），与科尔伯格的道德发展阶段理论匹配度相当高，给学生带来的思考和思想上的冲击很大。因为中学生中有相当多的人道德发展已具备较高的水平，从因害怕惩罚而服从规则，到为了取悦老师或家长，赢得认可而做一个守规矩的乖孩子，再到不再盲从规则，而是对规则有独立的价值判断，甚至想努力去改变不合理的规则，争取自己的权益。班会课正是在理论的指导下设计，试图一点点引导学生，提升学生的道德水平和思维能力。

其中，讨论的中间点是"必须遵守规则"，对应于科尔伯格提出的道德发展的第四阶段：法律和秩序倾向阶段。这是对大多数学生所处的道德发展水平的设定。向前，教育仍处在前三个阶段的学生要努力发展自己，不要因为害怕惩罚或得到什么好处或者为了取悦于谁才遵守规则，而是基于维护社会的秩序而遵守规则；向后，引导学生向第五、第六阶段发展，知道规则有正义的，也有不正义的，面对不正义的规则要敢于发出自己的声音并付诸行动，推动社会的进步。以无红绿灯的路口大家能自觉按先来后到的习俗（社会契约）开车的案例引导学生，这个案例是对应道德发展第五阶段的设计，属于较高要求，所以放在第二节课的后半部分。最后提出思考：为什么制定规则，遵守规则，最终要忘掉规则（第六阶段）？以上设计的依据可参考表 7–2。

表 7–2　科尔伯格的道德发展阶段理论与规则教育要点[①]

道德发展水平	道德发展阶段	对规则的反应
前习俗道德水平	阶段 1，惩罚—服从倾向	不遵守规则会被惩罚
	阶段 2，个人报酬倾向	遵守规则会受到表彰
习俗道德水平	阶段 3，好孩子倾向	遵守规则会让老师和家长高兴
	阶段 4，法律和秩序倾向	规则是权威（或国家）制定的，必须遵守

① 表中科尔伯格道德发展阶段的文字表述引自阿妮塔·伍德沃克：《教育心理学》，江苏教育出版社，2005。"对规则的反应"一栏为作者编写。

续表

道德发展水平	道德发展阶段	对规则的反应
后习俗道德水平	阶段 5，社会契约倾向	如果规则侵犯了人权，我要想办法让规则得到修改
	阶段 6，普遍的伦理道德原则倾向	不管有没有规则，都要遵从内心的选择，不做违背道德伦理的事

3. 规则教育的过程

关于制度（规则）的教育是班级最基本也是最重要的教育工作之一。从制度的制定到执行，再到执行之后，每一个环节都有教育，也都需要教育。

本课提供的两节主题班会课课例可以基本呈现规则的教育过程，这些教育内容也可以放在平时，随时进行。

（1）通过制定“制定规则的规则”，对学生进行公民意识的教育。

（2）通过对制定规则的原则和内容的学习，培养学生的人文精神。

（3）通过实例解读规则，让学生理解遵守规则的重要性。

（4）通过在班级中反复运用规则处理问题，培养学生“按规则做事”“办事讲规则”的意识。这个可以看作是教学中的“练习”过程。

（5）在班级发展过程中逐步实现自主管理，自我管理。制定规则、执行规则，最终忘掉规则。规则意识一旦养成，人才能获得真正的自由。

学生从接触规则直至将规则内化为习惯、素质，要经过漫长的教育过程，其间出现波动、反复甚至倒退都是非常正常的。所以，规则的教育不仅要有方法，还要有足够的耐心。

本课小结

1. 用制度或规则解决班级管理中的各种问题是班主任的专业思维。

2. 制度有维护班级公平正义、明确责权、约束行为、指导行动、激励学生、人文关怀等重要作用，这些作用体现在从制定制度到执行制度的全过程中。
3. 关于规则的教育是班级教育的重要内容。规则教育与学科知识的教学思路有相通之处，规则教育的方法可以参考学科知识点的教学方法。

本课思考与实践

1. 尝试用民主协商的方法制定一项制度并以此建立制定班级制度的标杆。
2. 开学不久，你在午休时间发现班级里有几个男生聚在一起用扑克牌玩游戏，你将如何处理这件事?
3. 你想在班级里规定：午休期间教室里不允许任何人说话。但是有学生向你反映，他们想和同桌小声讨论问题。你该怎么办?

第 八 课

班级评价体系

评价制度是班级制度体系中的一部分。班级评价制度本身也构成一个体系。评价的语义是指对一件事或人物进行判断、分析后的结论。在课堂上，一个学生很好地回答了一个问题，会得到老师的表扬，这就是评价。评价（名词）和评价制度不同。评价制度是以一定的标准，采用一定的方法，对学生的学习或工作等方面的表现做出评定的正式的程序和章程，这其中也包括学生的自我评价制度。

建立班级的评价制度，是班主任的重要工作之一。建立班级评价制度体系是班主任的一项重要的专业技能。

在本课，你能学到：

1 建立班级评价制度的依据和原则；

2 如何进行学生的量化评价；

3 如何进行学生的定性评价；

4 如何组织学生的自评、互评；

5 如何给学生写评语。

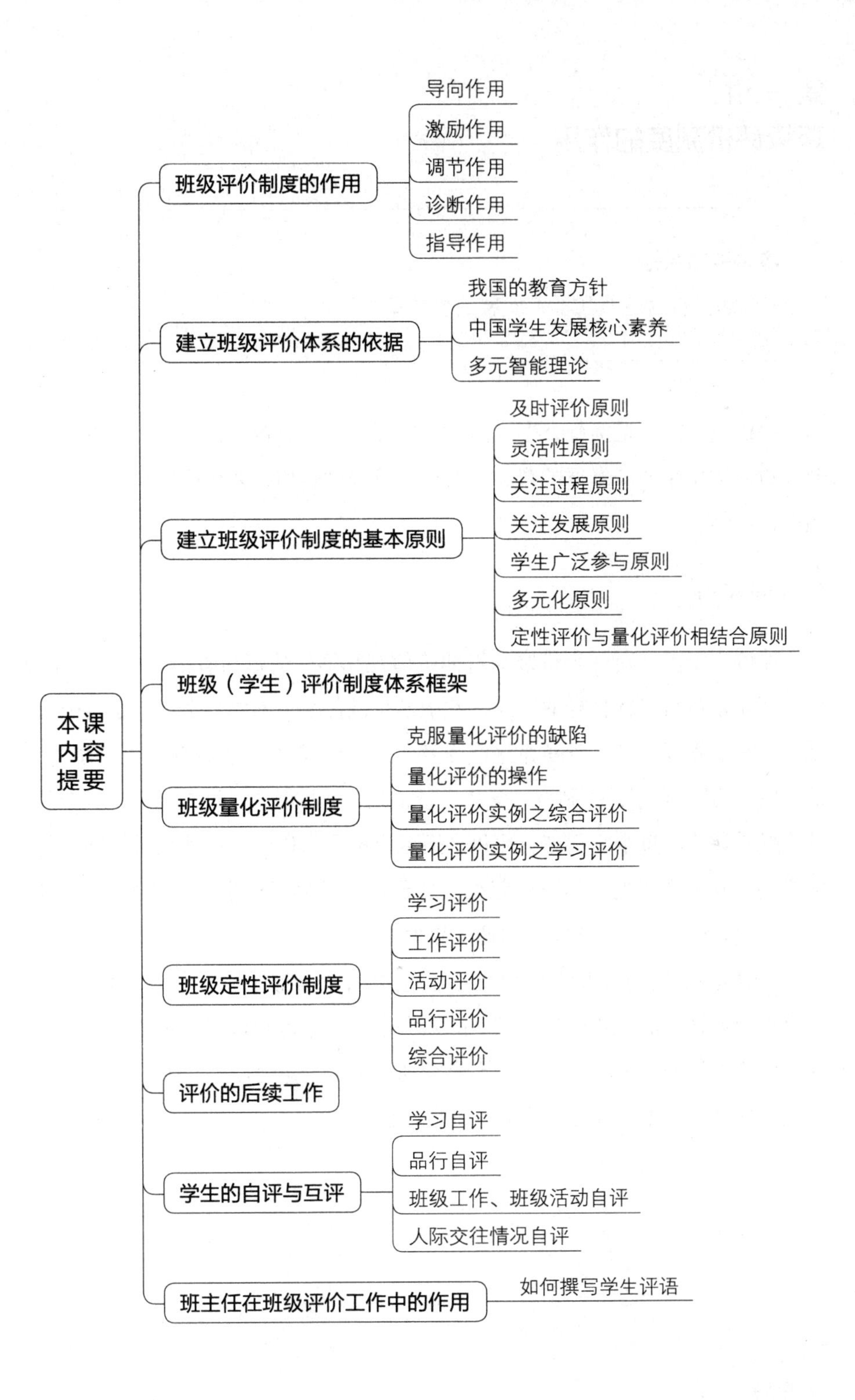
本课内容提要
班级评价制度的作用
导向作用
激励作用
调节作用
诊断作用
指导作用
建立班级评价体系的依据
我国的教育方针
中国学生发展核心素养
多元智能理论
建立班级评价制度的基本原则
及时评价原则
灵活性原则
关注过程原则
关注发展原则
学生广泛参与原则
多元化原则
定性评价与量化评价相结合原则
班级（学生）评价制度体系框架
班级量化评价制度
克服量化评价的缺陷
量化评价的操作
量化评价实例之综合评价
量化评价实例之学习评价
班级定性评价制度
学习评价
工作评价
活动评价
品行评价
综合评价
评价的后续工作
学生的自评与互评
学习自评
品行自评
班级工作、班级活动自评
人际交往情况自评
班主任在班级评价工作中的作用
如何撰写学生评语

第一讲
班级评价制度的作用

本讲能力目标

· 了解评价对班级和学生发展的重要促进作用。

评价学生，不是例行公事，而是班主任重要的教育责任。班主任首先要理解评价对于学生成长发展的意义，对班级管理的作用，才可能主动地去建设班级的评价制度。

1. 导向作用

评价立于前，对一个班级的群体价值观和学生的行为有很好的导向作用。班主任希望班级有什么样的班风，希望学生做什么、不做什么，一是靠个人权威，二是靠管理制度，三是靠评价制度。个人权威“猛”，管理制度“硬”，评价制度“巧”。有了评价制度，学生会很清楚，如果我做了这样的事，就会得到什么样的评价。每个人都在意评价，所以评价是指挥棒，巧妙地引导学生行为的方向，众多学生的行为方向就构成了班风。发生了一个行为却得不到评价，相当于没有得到关注，无法指引他今后怎么做。

评价对学生个体价值观的形成有导向作用，对班级群体价值观影响也很大。如果符合群体价值观的行为、正义的人和事，能够得到认可与好评；不符合群体价值观的行为、歪风邪气，一定会受到评价的否定与谴责，那么评价就能慢慢地引导班级群体价值观向着正确的方向形成。

超链接

第一课第一讲中的“给学生的一封信”中，班主任明确指出学生的哪些行为会得到肯定，哪些行为会遭到批评，就是在用评价引导学生的行为。

2. 激励作用

评价立于后，是一种强化。学生做了一件事（无论是有意还是无意的）之后得到的评价，会对他今后是否重复这样的行为产生影响。如果是积极的评价，就会激励学生多做；如果是负面的评价，就会提醒他以后少做或不做。每个人都希望被肯定，希望体现自己的价值，积极的评价满足了学生的心理需求，会激励他更加努力进取。

超链接

第二课第二讲“感动我的第一人”是典型的利用积极评价强化学生好行为的案例。

3. 调节作用

评价在中，可以及时调节学生的行为。通过在过程中的评价，学生可以知道自己哪里做得好，要保持；哪里做得不好，要改进。目标低了可以提高，目标定高了可以调整。

4. 诊断作用

评价就像照镜子，也像体检。通过评价，学生能更好地发现自己、认识自己。评价能给自己准确定位，知道自己好在哪里，也知道自己的弱点及原因，能够坦然面对自己，或开始行动改变自己，或学会接受自己（那就是我）。

管理故事

一个没有“优点”的学生

在一节班会课上有一个环节，要求学生分别写出自己的三条优点和三条缺点。班主任发现，学生很快写完了三条缺点，但是很多学生在写优点时显得非常困难，迟迟不能完成。特别是有个女生，居然写不出自己一条优点。这个学生成绩平平，也没有才艺，颜值也很一般，性格内向，确实很普通。但一个人怎么可能没有优点呢？班主任问她为什么写不出来。学生说：“我就是没有优点啊！”班主任启发道：“我都能发现你的优点。比如，你很善良……”学生说：“善良也能算优点？”

其实这样的学生并不是个别的。很多学生，特别是班级里的中等生，长期以来处于被忽视、被边缘化的状态，缺乏自信。这种情绪一直困扰着他们，影响着他们的发展。改进班级的评价体系，将有利于他们摆脱自我否定的心态。

类似这样的情况，在班主任评价学生时也会遇到。有班主任在给一些学生写评语时，绞尽脑汁，居然想不出这个学生有什么优点。因为每个班主任心里都有些价值判断框架，当学生不符合班主任默认的标准的时候，自然难以发现学生的优点。这就迫切要求班级改变评价方式，更全面地发现学生，从而发现更好的学生。

5. 指导作用

评价不仅是对过去的总结、现状的诊断，更可以对未来如何发展提供指南。评价的这一功能被很多人忽视了，人们总认为评价仅仅是对已经发生的行为的回顾和总结。其实，了解过去是为了更好地走向未来。评价的重要意义在于能让学生知道自己在哪些方面已经做得很好，哪些方面还可以做得更好、怎么做。由于很多学校和班级没有发挥评价的指引作用，所以我们常常会发现，很多学生不能保持持续的努力和进步，总是起起伏伏。考试成绩一次好一次差的情况很普遍。虽说学生状态波动很正常，但是，如果评价能发挥指导作用，这样的波动会减少很多。

管理案例

“滞后”的期末表彰

每学期的期末，班级要开展各种总结、评价活动，盘点一个学期的工作。学期结束前，班级已经评出了各种奖项，包括学习、表现、活动、班级工作等各个方面，获奖人次超过了班级总人数。但班级并没有举办活动发奖，让学生带着奖状、奖品开开心心回家，只是宣布了获奖的名单。隆重的颁奖典礼被拖到了第二个学期的开学初。班主任这样做的理由是：第一，期末工作太多，来不及对颁奖典礼做充分的准备，匆匆忙忙举办，效果不好；第二，期末考试结束后，学生最关心的是成绩，考得好的不在乎其他方面得奖，考得不好的即使获得成绩以外的奖励，激励效果也不好；第三，最重要的是，颁奖时大家开心，一个假期过来，都忘得差不多了，对新学期的工作开展几乎没有多少帮助。而把颁奖典礼放在新学期开学，可以很好地发挥评价的指导作用，提振士气，帮助学生消除开学综合征，以饱满的热情和干劲开始新学期的学习与工作。

通过以上归纳，我们可以发现，学校现有的评价制度难以发挥这些作用。学校传统的评价制度有几处“硬伤”：关注面窄、项目少、门槛高、周期长、学生参与度差。框架是固定的，标准是单一的（以考试成绩为主）。用固定的框架去套学生，套上了，就是优秀学生；套不上，就是不合格的学生。这种僵化的评价机制只能让一小部分学生如鱼得水，对大部分学生的发展作用有限。

第二讲
建立班级评价制度的依据

本讲能力目标

· 了解建立班级多元评价制度主要的政策和理论支撑。

建立班级评价制度的主导者是班主任。班主任个人的价值观和教育视野决定了他会建立怎样的评价制度。如果班主任一心只想着学生的考试分数，也只看重考试分数，那么他的评价的重点就一定是考试分数，其他不重要。如果班主任认为教育的任务就是要发展学生，而发展是一个很宽泛的概念，要从多视角评价学生，而且要用发展的眼光评价学生，那么他一定会对学生采用多元的评价方式。可以说，有什么样的班主任，班主任有什么样的价值观，就会有什么样的班级评价。学习相关政策和理论，可以帮助班主任建立正确的评价观。

教育部颁布的《基础教育课程改革纲要》中明确提出，要“建立促进学生全面发展的评价体系。评价不仅要关注学生的学业成绩，而且要发现和发展学生多方面的潜能，了解学生发展中的需求，帮助学生认识自我，建立自信。发挥评价的教育功能，促进学生在原有水平上的发展”。这应该成为班主任构架班级评价体系总的指导思想。

建立评价制度的依据主要有三个。

1. 我国的教育方针

我国的教育方针明确指出，教育要“培养德智体美劳全面发展的社会主义建设者和接班人”。“全面发展”的意思不是培养全才，而是指应该对学生进行全面的教育，不能一直抓分数而忽视其他方面的培养。按国家教育方针，班级评价制度要触及“德智体美劳”五个方面，所以班级评价是一个多元化的评价体系。

2. 中国学生发展核心素养

2018 年，北师大发布“中国学生发展核心素养”研究成果，提出三个方面（文化基础、自主发展、社会参与）的六大核心素养：人文底蕴、科学精神、学会学习、健康生活、责任担当、实践创新。六大核心素养又分出十八个基本要点。这一研究成果对素质教育内涵予以了具体阐述。在研究成果发布会上，课题组负责人在回答记者提问时表示：“我国长期存在的以考试成绩为主要评价标准的问题，影响了素质教育的实效。解决这一问题，要从完善评价标准入手。全面系统地凝练和描述学生发展核心素养指标，建立基于核心素养发展情况的评价标准，有助于全面推进素质教育，深化教育领域综合改革。”（引自各大媒体的有关报道）

核心素养的标准颇多，在学校教育中全面贯彻难度很大。“中国学生发展核心素养”的重要意义在于它指出了基础教育改革的方向，即它解决了我们“该做些什么”的问题。对班级教育而言，核心素养的十八个要点完全可以作为制定评价项目的参考。

3. 多元智能理论

多元智能理论是由美国哈佛大学教育研究院的心理发展学家霍华德·加德纳在 1983 年提出的。该理论一经提出，迅速产生了世界范围内的影响，尤其是在教育界。经过几十年的发展，多元智能理论已非常成熟。该理论认为，人与生俱来地具有多种智能（目前认定了八种智能，即语言智能、逻辑数理智能、空间智能、运动智能、音乐智能、人际交往智能、内省智能、自然观察智能），只是每个人的智能结构不一样。传统的教育过于偏重语言智能和逻辑数理智能，教育评价也是如此。如果孩子这两方面的智能较强，会在学校的各种考试中取得优良的成绩，被认为是优秀学生。与此相反，如果这两种智能较弱，即使其他智能再好，也难以被评价认可，由此对很多孩子的成长造成了不利影响。加德纳认为，如果能调整教学和评价的方式，会让更多的孩子发现自己的优势，成为更好的自己。事实上，在多元智能理论看来，任何一个正常的孩子都能被培养成人才。

多元智能理论对建立学生的多元评价体系有很好的指导作用。

无论是国家的教育方针还是学生发展核心素养，还是多元智能理论，对培养学生的理解是相通的。参见表 8–1。

表 8–1 多元智能理论与我国教育方针和学生发展核心素养的融合

学生发展核心素养			教育方针	主要体现的智能
文化基础	人文底蕴	人文积淀	智育	语言智能、内省智能
		人文情怀	德育	人际智能、内省智能
		审美情趣	美育	音乐智能、空间智能、语言智能
	科学精神	理性思维	智育	逻辑数理智能、内省智能
		批判质疑		逻辑数理智能、独立思考智能
		勇于探究		逻辑数理智能、自然观察智能
自主发展	学会学习	乐学善学	德育	内省智能
		勤于反思	德育	内省智能
		信息意识	智育	逻辑数理智能、语言智能
	健康生活	珍爱生命	体育、德育	内省智能、身体动觉智能
		健全人格	德育	内省智能
		自我管理	德育	内省智能
社会参与	责任担当	社会责任	德育	人际智能、内省智能
		国家认同		内省智能
		国际理解		内省智能
	实践创新	劳动意识	德育、劳育	身体动觉智能、内省智能
		问题解决	智育	逻辑数理智能、自然观察智能
		技术运用	智育	逻辑数理智能、身体动觉智能

这些政策和理论让班主任构架“适合学生发展的评价体系”（不是让学生的

发展适合现有的评价体系）有了信心和底气，但实际上班主任不可能完全用这些理论来指导班级的评价体系的具体构架工作。过于全面的评价制度的体量太过庞大，难以操作和实施。理论只是指明了行动的方向和路径而已。

第三讲
建立班级评价制度的基本原则

本讲能力目标

· 掌握制定评价制度的基本原则。

要想建立科学的评价制度，首先要避免有不当的评价思维（参见图 8–1）。不当的评价思维主要来自班主任不正确的教育价值观。用错误的评价思维建立的评价制度，不仅不能激励学生（或许能激励一小部分学生），相反可能会伤害学生，对学生的成长造成不良影响。所以，要坚持正确的评价原则，以此指导评价制度的建立。

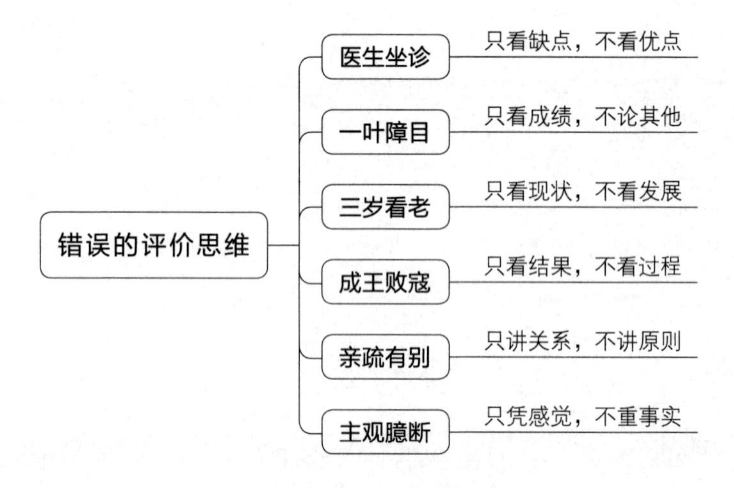

图 8–1　不当的评价思维示例

1. 及时评价原则

根据强化理论，评价的周期不能拉得太长，对学生行为的评价反馈及时，激励和引导的效果越好。这个原理教师在教学上运用得比较好，在评价制度上却容易被忽略。举个例子，某学生做了一件好事，班主任口头表扬了一下，然后，就没有然后了。时间一长，这件好事就被其他的事情“淹没”了。如果一个学期只做一次评价，到时候可能除了那个学生自己，谁也不会记得这件事了。这件事对于全班来说可能不是很重要，但是对于这个学生来说可能很重要。如果能抓住这个机会，说不定能起到很好的激励作用。如果班级一个星期甚至每天都有评价，这件好事很可能就被选中了。本教程在第四课介绍了值日班长制，值日班长的工作之一是早点评，早点评就是及时评价，每天都有。早点评的内容记载于《班级日志》，学生的这件好事就会被“载入史册”。本课介绍的每周评选“班级之星”制度，把班级正式评价周期缩短到一个星期一评的做法也是来自评价的及时性原则。

马上行动

建立班级“好人好事记录本”

班级的好人好事需要及时记录，否则就容易被遗忘。班主任可以找一个同学专门负责记录班级的好人好事——无论是老师表扬的，还是同学提供的线索，只要确有其事，都可以记录在案。好人好事记录本可以为评价学生提供大量的素材。

2. 灵活性原则

班级的评价机制要灵活，能抓住学生（偶尔）的各种闪光点，不能“削足适履”。比如上面的例子，虽然我们知道了学生做的好人好事需要及时地评价，但是，如果没有相应的评价制度匹配，还是不行。而学生的行为是各种各样的，不可能为某一件好事专门制定一个评价制度。什么样的评价制度比较普适呢？按逻辑学，概念的内涵越小，外延就越大。如果评价项目并不特指哪一种好人好事，那么自然所有的好人好事就可以纳入其中。所以，班级既要有针对性很强的评价项目（比如“优秀班干部”），也要有内涵较小的评价项目，比如“班级之星”。班级之星指的是什么“星”？学习、工作、表现等，都可以指，这个评价项目就很宽泛。学生做了一件好事，完全可以被评为这一周的“班级之星”。

3. 关注过程原则

现有的评价制度大多数只看重结果，很少关注过程。这样做至少会产生以下不利影响。

（1）引发学生急功近利的不良心态。

（2）忽视学生努力的价值和意义。

（3）不敢尝试创新。因为任何创新改革都可能带来失败。

（4）诱导学生犯错误。为了所谓的“成功”可以不择手段。

事实上，不是所有的努力都会有期望的结果，但我们不能因此否定过程的意义。无论成功还是失败，对学生来说都是成长，都是收获。所以，学生的积极参与、过程中的努力也要进入评价的考察范围。本课第六讲的“学习评价”中有关注学生学习过程的评价。

4. 关注发展原则

学生还年轻，未来无限可期。评价不仅总结过去，也要起到指引学生发展的作用。评价要给出学生发展的建议，最好是具体的建议，并且要描述这个学生的发展前景。

5. 学生广泛参与原则

评价制度的制定虽然是班主任主导，但需要全班同学的广泛参与。学生要参与评价标准的制定、参与评价过程。除了教师评价学生，班级还应该有自评、互评、组评、班评等多种组织评价的方式。

6. 多元化原则

班级生活是丰富多彩的，评价也应该是丰富多彩的。根据多元智能理论，班级评价制度应该做到全覆盖、多元化——覆盖到所有学生，覆盖到班级生活的各个方面，覆盖到工作全程。

7. 定性评价与量化评价相结合原则

班级评价有定性评价和量化评价两种方式。定性评价是根据学生的表现直接做出定性结论（如“优秀”）的价值判断。量化评价则是把学生的表现转化为可以量化的数值（如把“优秀”设定为 10 分），处理、分析这些数值得出的价值判断。

量化评价标准统一，精确客观，操作简便，没有人为因素的干扰，但评价范围有限，学生的很多素养、表现难以量化，效果也有限；定性评价关注学生的“质”，运用范围更广，给学生传递的信息也更加丰富，但是标准很难统一，操作难度大，且不能完全排除主观人为的因素。两种方式各有利弊，所以，一个班级的评价既要有定性的，也要有量化的。大部分用定性评价，有些工作用量化评价。二者结合起来使用也很好，比如在做定性评价时引入一些量化分值，评价结果会更有说服力。

第四讲
班级（学生）评价制度体系框架

本讲能力目标

· 了解班级评价体系的基本构成。

评价，即使是一个人的评价，也是一个复杂的系统，更不用说一个班级。构建一个班级完备的评价体系是一个工作量巨大的系统工程，涉及多种理论和工具以及海量的信息。举个例子，如果按照学生发展核心素养的 18 个要点建立评价体系，那就至少要有 18 套。以加德纳的多元智能理论为基础设计的评价体系更是庞杂。这项工程仅凭班主任个人之力是无法完成的，而且即使有这样完备的评价体系，现实中也难以操作。因此本教程化繁为简，本课所称的“评价体系”，实际上仅仅对班级中最常用、可操作的一些评价方法的归类整理。

由于学校已经有一套评价学生的制度（每个学校的制度略有不同），班主任即使什么都不多做，也不影响学生正常的学习和毕业。本课介绍的评价制度和方法，只是班主任在自己的班级创立并使用的。建立这个班级内部的评价体系，完全是出于对本班学生个体的发展产生积极影响的初衷。所以，班级评价体系也可以称为学生评价体系。这个体系由定性评价和量化评价两部分构成，涉及班级生活特别是学生发展的各个方面。参见图 8–2。

评价既发生在工作完成之后，也发生在工作的全程之中——评价随时随地都在发生，很多都是教师即兴的行为。而评价制度是正式的、程序化的条例和章程。所以，再一次强调，本课所述的评价体系不包括教师对学生即时的、口头上的评价。

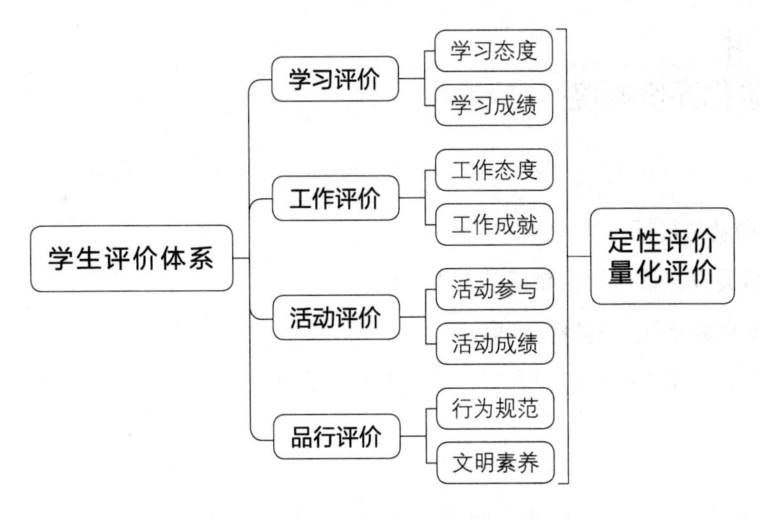

图 8–2　班级（学生）评价制度体系框架

班级评价体系的建立与班级制度体系的建立思路是一样的，也是根据需要逐项建立的。这个需要，不仅是教学、管理的需要，更是发展学生的需要。班级工作可以大致分为教育、教学、管理三大块，评价与之相匹配。也就是说，只要有工作，就一定有评价。

在班级工作中，要掌握好评价的频率。一般来说，规格比较高的评价活动由于准备工作较多，同时为保证强化的效果，间隔时间应该长一点。小型的评价活动或自评可以随时进行。班级评价活动分解在一个学期中，参考表 8–2 中的设置。

表 8–2　班级评价活动的时间分布

时间	综合评价	学习评价	工作评价	活动评价	品行评价
每日	√	——	——	——	——
每周	√	——	——	——	——
每月	√	√	——	——	——
期中	√	√	√	√	——
期末	√	√	√	√	√
不定期	√	√	√	√	√

第五讲
班级量化评价制度

本讲能力目标

- 掌握设计量化评价制度的基本方法。
- 掌握量化评价的操作步骤。
- 掌握对学生的学习、表现、活动参与等方面进行量化评价的方法。

量化评价制度的优点非常明显——客观、公平、精确。量化评价的特点是编制规则和记录数据麻烦，但操作起来简单，快速高效。量化评价的缺点是缺少人文性，运用范围有局限。量化评价不应该成为班级主要的评价方式，但也有定性评价不具备的优势，所以班级可以建立一些量化评价。量化评价能不能取得较好的效果，关键在于规则设计得是否合理、公正。

1. 克服量化评价的缺陷

很多学生对量化评分都持不在乎甚至反感的态度，因为不少学校和班级的量化评分制度都存在设计上的缺陷。其主要问题有以下几个。

（1）以扣分为主要手段，负面评价占很大的比例。

随便摘录几条某学校制定的“常规表现量化评分制度”：

早读时讲话，扣 2 分。

迟到，扣 1 分。

不穿全套校服，一人扣 1 分。

跑操时被批评，扣 3 分。

不参加跑操，一人扣 1 分。

发现有人带手机，一次扣 2 分。

叫外卖，一次扣 2 分。

……

该制度中 14 项规定里有 12 项是扣分，量化评分制度成了扣分制度，扣分带来的是荣誉或权利的被剥夺或者惩罚，如何能让学生接受？

（2）评价项目狭窄，基本局限于常规的表现。在一所考试分数至上的学校，学生对这些鸡毛蒜皮的“小节”根本不在乎。

（3）这种思路设计出来的量化评分制度，最受益的是那些最老实听话、守规矩的学生，对有创新精神、有活力但比较调皮的学生打击最大，因为加分无门，却处处被扣分。

（4）无论加分还是扣分，没有配套的措施，不疼不痒，不可能引起学生的重视。

针对这些问题，班主任在设计班级量化评分制度的时候，可以做如下思考：

①加分项目是不是可以远远超过扣分项目？

②量化评价是否鼓励积极行动？积极行动的加分是否可以抵消甚至大大超过因“不守规矩”产生的扣分？

③量化评价的范围能否扩展到除常规表现以外的领域？如果想扩展，该怎么做？

④能否打破制度的固有框架，自己设计、申报加分项目？

⑤量化积分除了用于评价，还有没有其他用途，比如可以换取一定的奖励或权利？

要把这些思考带入量化评分制度的设计中，努力克服弊端，发挥量化评价制度的优势。

2. 量化评价的操作

（1）对需要评价的内容赋予一定的分值。

这是量化评价的关键。项目的设置和赋分均考验班主任的教育价值观和管理经验。按评价多元化的原则，评价项目的设置宜多不宜少，范围宜宽不宜窄。应涵盖班级生活的大部分内容，如学习、工作、表现、活动等方面。每个项目的分值应考虑到该项目的重要程度。

（2）收集材料，统计分值。

每一个项目都要有专人负责认定。记录事实、统计数据的工作量较大，班主任一人难以完成，应把工作分解给相应的班干部，一个班干部负责一大项，如课堂纪律由纪律委员负责、出勤情况由副班长负责。这些分工在班干部职责中写清楚。班级要建立若干电子档案，分门别类地记录储存。学生可以很方便地查询，班级也应定期公示。

学生各种考试的成绩也是量化评价的数据来源，用于学习评价的一些项目。班级应该有统一的考试成绩记录。

（3）按一定的规则处理、分析数值，得出评价结论。

有些评价可以直接使用数据，比如学校规定期末考试总分年级前十名将获得“学习标兵”称号。有些评价则需要对数据进行折算，分析后得出结论。

量化分值除了直接用于量化评价外，还可以作为定性评价的参考。参见图8–3。

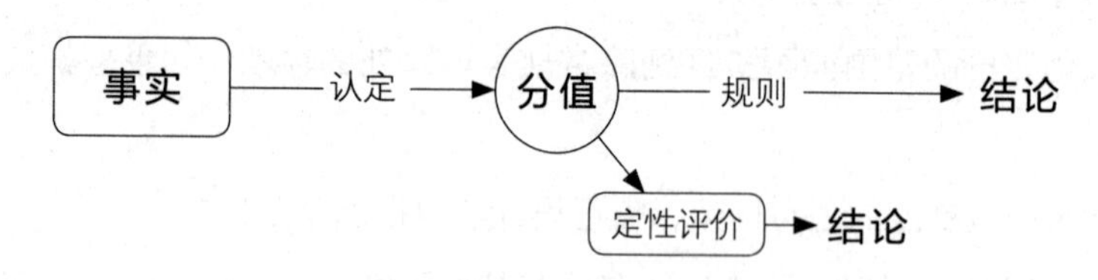

图 8–3　量化分值在评价中的运用

量化评价可以用于对学生行为表现、活动参与、学习状况的评价。

3. 量化评价实例之综合评价

以下通过一个实例来解读班级量化评价的过程。这个量化积分制度涉及学生的学习、常规和活动三方面，是在某一个班级使用的，它只是反映了该班主任的治班思路，不可能适用于所有班级。因此仅供参考。

（1）积分政策的项目及赋分。

◎个人素养（常规表现）。

表 8–3　学生常规表现量化评分政策

序号	内容	分值	认定人	记录人
1	独立完成作业	30	学风监督员、教师	学习委员
2	保持课堂纪律	20	纪律委员、教师	班长
3	语言举止文明	10	班主任	团支部书记
4	按时做好值日生	10	值日班长、劳动委员	值日班长
5	早晨准时到校	20	副班长、教师	副班长
6	上课不迟到	10	纪律委员、教师	纪律委员
7	交齐各科作业	20	作业统计员	作业统计员
8	不在教学时间段玩手机	30	班主任	纪律委员
9	做好课前准备	10	值日班长、纪律委员、教师	值日班长
10	认真参加晨会及跑操	20	体育委员、班主任	体育委员
11	自习时保持安静	10	值日班长、纪律委员、班主任	纪律委员
12	放学后做好整理	10	值日班长、劳动委员	值日班长
13	被老师特别表扬	20	班主任	团支部书记
14	一周内无任何违规	50	组长、班主任	组长

说明：

※ 每一项内容都有相应的认定人和记录人（参见表 8–3），记录人是指每天填写《常规记录公示表》的人，不同的记录人在同一张表上记录（参见表 8–4）。表格张贴在教室公示栏。

※ 记录以周为单位，一周结束后由各组组长统计本组成员的分值（电子稿）并保存。表格原件由班长保管。

※ 每个同学在起始时都有 1000 分的基础分。表 8–3 中前 12 项，违反时扣去对应的分值，做到了不加分；13—14 项做到时加上对应的分值。

表 8–4　学生常规量化评分公示表

__月__日——__月__日第__周

学号	姓名	作业					出勤					卫生					纪律					其他				
		1	2	3	4	5	1	2	3	4	5	1	2	3	4	5	1	2	3	4	5	1	2	3	4	5

◎学习成绩。

※ 每个学生的学习基础积分根据上一个学年期末考试成绩年级排名计算（第一学期以入校成绩计）。如本年级有 500 人，年级第一名为 500 分，第二名为 499 分，以此类推。

※ 计分包括进步加分、名次积分、退步减分和单科成绩积分四项，参见表 8–5。

※ 每学期期中、期末各计算一次积分。计分起点分别是前一次考试时的总分排名。推进幅度的计算公式为：

①进步幅度：（前一次排名 – 本次排名）/ 前一次排名 ×100%。如上学期期末排名 50，期中考试排名 80。进步幅度为：（80 – 50）/80×100%=37.5%。

②退步幅度：（本次排名 – 前一次排名）/ 前一次排名 ×100%。如上学期期末排名 80，期中考试排名 50。退步幅度为：（80–50）/50×100%=60%。

表 8–5　学生学习成绩积分政策

序号	项目	分值
进步加分	期中考试排名进步 1% ~ 10%	10
	期中考试排名进步 11% ~ 30%	30
	期中考试排名进步 31% ~ 50%	50

续表

序号	项目	分值
进步加分	期中考试排名进步 51% ~ 70%	70
	期中考试排名进步 71% ~ 90%	90
	期中考试排名进步 90% 以上	100
	期末考试排名进步 1% ~ 10%	20
	期末考试排名进步 11% ~ 30%	40
	期末考试排名进步 31% ~ 50%	60
	期末考试排名进步 51% ~ 70%	80
	期末考试排名进步 71% ~ 90%	100
	期末考试排名进步 90% 以上	120
名次积分	总分进入年级前 10 名	200
	总分进入年级 11 ~ 50 名	100
	总分进入年级 51 ~ 100 名	50
	总分进入年级 101 ~ 200 名	30
	总分进入年级 201 ~ 250 名	10
退步减分	期中考试排名退步 1% ~ 10%	0
	期中考试排名退步 11% ~ 30%	30
	期中考试排名退步 31% ~ 50%	50
	期中考试排名退步 51% ~ 70%	70
	期中考试排名退步 71% ~ 90%	90
	期中考试排名退步 90% 以上	100
	期末考试总分排名退步 10%	0
	期末考试排名退步 30%	30
	期末考试排名退步 50%	50
	期末考试排名退步 70%	70
	期末考试排名退步 90%	90
	期末考试排名退步 90% 以上	100

续表

序号	项目	分值
附加分	语数外单科年级第 1 名	80
	语数外单科年级第 2 ~ 5 名	50
	语数外单科年级第 6 ~ 10 名	20
	其他学科年级名次附加分减半计算	

注：

※ 期末考试计分以期中考试名次为起点。

※ 同时获得多项附加分分别计分。

说明：学习积分由学习委员统计。分值不需要公示，但学生可以随时查询。班级可以根据积分情况表彰学习成绩优秀或进步大的学生，学习积分纳入学生综合评价体系中。

◎个人能力、集体事务参与度（见表 8–6）。

表 8–6　学生个人能力与参与集体事务加分表

序号	加分项目	分值	单位	认定人
1	参与集体活动	10	次	团支部书记
2	参加公益劳动	20	次	劳动委员
3.1	受到表彰（班级）	10	次	班主任
3.2	受到表彰（年级）	20	次	获奖证明
3.3	受到表彰（校级）	40	次	获奖证明
3.4	受到表彰（校级以上）	60	次	获奖证明
4.1	比赛获奖（班级）	10	次	获奖证明
4.2	集体组织的比赛获奖（年级）	20	次	获奖证明
4.3	集体组织的比赛获奖（校级）	40	次	获奖证明
4.4	集体组织的比赛获奖（校级以上）	60	次	获奖证明
5.1	个人参加比赛获奖（区级）	10	次	获奖证明
5.2	个人参加比赛获奖（市级）	20	次	获奖证明
5.3	个人参加比赛获奖（市级以上）	30	次	获奖证明
6	为班级组织活动	40	次	班主任

续表

序号	加分项目	分值	单位	认定人
7	为班级捐赠物品	10 ~ 30	次	班主任
8	长期承包班级工作（值日生除外）	40	项	班主任
9	为班级或同学做好事	10	次	班主任
10	个人发起某一项班级活动并实施	50	次	班主任
11	学习上师徒结对（一人限带两人）	30	对	学习委员
12	担任班级职务（组长、科代表、班干部）	30	个	班主任
13	其他理由（可自我申报）	不定	次	班主任

说明：第 6 条，为班级组织活动，如果是两人以上合作的，减半计分。
活动加分统计工作由班级团支部书记承担，用电子稿，半学期公示一次，平时可随时查询。

（2）对积分政策的解读。

①常规表现量化评分基于班级常规要求而设计。一个比较严谨的常规管理量化体系应该包括三部分：常规要求、各项常规要求的分值、违规的处置方法。违规的处理办法在本教程第十课介绍。评价方案要注意可操作性，不能过于复杂，应抓住本班常规管理中最主要的问题（一开始可能只有几项）。每一项检查要能保证落实到位，否则就失去了权威性。可以本着边设计边执行、在执行中调整、在巩固后继续补充等原则，逐步将班级常规管理评价体系构建起来。

②学习评价采用年级排名为计分依据而不是用分数，这样更合理，因为考试分数因试卷难易会变动，排名则不受影响。积分不仅看排名，也看推进情况；既看总分，也考虑单科的情况。因为学习成绩积分是由三项构成的：当次考试排名积分、进步加分（或退步减分）、单科成绩附加分。加分项目和幅度大于减分项目。只要成绩不大幅度滑坡，学生的学习积分会逐步增加。比如一名原来排名在年级 50 名的学生，期中考试排名退步到 80 名，按规则要减去一定的积分，但因为他的绝对成绩依然在年级前列，故会有排名积分，另外还可能有单科的附加分，几项合并，积分未必会下降。

③学生对集体事务的参与度是衡量一个学生责任心、公益心和领袖意识的

重要内容，在活动中锻炼学生能力和发展班级始终是班级教育的主题，故也纳入量化评分体系。主要内容包括：集体活动组织、参与情况，校内外获奖情况，公益活动参与情况以及为同学为班级服务情况。

④积分的使用很重要。如果仅仅是个数值，那么意义不大，学生也不太会在意。所以，量化积分制度不仅要设计如何计分，更重要的是设计配套的积分使用方法。只有分值“有用”，才能发挥导向、激励的作用。积分的用途可以这样考虑：

Ⅰ每一大项均设置单独的班级表彰，积分作为表彰的依据；

Ⅱ在综合评价（如评选三好学生）中，各项设一定的权重，每项分值用一定的公式进行折算，最后得到一个综合评分，以此作为评选的依据；

Ⅲ用积分兑换一定的奖励、权益，甚至可以转让、借贷，像货币一样地流通，也是提升积分吸引力的做法。当然，这种流通不得用于前两项。

所以，这个量化积分制度就附加了一个“积分使用政策”。

附件：学生积分使用政策

◎各种评选依据。

（1）三好学生评定。

三好学生根据个人积分产生，无须评选。方案为：学习分40%，常规分30%，活动分30%，按一定方法折算成各人的综合分，分数高者当选。

（2）各种单项奖励的评定。

班级将设学习、表现、活动三方面的单项评选，表彰优秀。积分为评比的重要依据。

（3）操行等第评定。

学生操行等第的确定参考常规分和活动分两项分值。

（4）其他评选活动。

学校组织的各种其他项目的评选参考各人积分情况。

◎通报嘉奖。

每次赢得加分，都会向家长发出嘉奖信息。

◎第三项“班级事务参与”的积分可以兑换一定的奖品，方案另附。

◎第三项“班级事务参与”的积分可以转让，但转让的积分仅限于兑换奖品，不能用于评选。

（3）量化积分在综合优秀评选中的运用实例。

管理案例

自动生成的“优秀”

学生的综合评价中有一项，以前叫“三好学生”，现在这个名称可能不大用了，各个学校可能有各种不同的说法，但大体意思一样，就是指在各个方面表现都比较好的学生。这种评价不是很科学，因为人无完人。由于评先进没有什么标准，所以在很多班级最后都是以学习成绩为主，其他方面大差不差就行，而且班干部被评上的概率比较大。所以，我的班级一直没有设立这样的评价。这种评选来自“官方”。

为了在最大程度上避免主观随意，我班的三好学生既不是“评”出来的，也不是“选”出来的，而是根据学生的量化评分排序自动生成的。这可以看作是班级量化积分制在学校规定的评选活动中的一次运用。

首先设定学习、常规表现、班级工作和活动参与三项分值的权重分别为40%、30%、30%。再将量化分值分别折算成标准分，比如，全班50人，成绩积分第一名就是50分，以此类推。这50分在综合评价中的权重为40%，即20个综合分。常规表现分值第一名也是50分，权重30%，即15个综合分。这样每个人就有了一个总分，将总分按降序排序就得到综合排名。最后，考虑到综合评比的初衷是“全面发展”，再设置一条这样的规则：任何一项的分值低于总分的一半，就取消当选资格。这样其实就是限制了成绩很差或表现很差或根本不热心集体事务的学生当选综合先进，符合常理。

有了这个规则就可以应对学校的评选规定了。比如学校给每个班级“三好学生”的比例是 15%，全班 50 人的 15% 是 7.5 人，四舍五入就是 8 人。直接取综合排名前 8 名即可，瞬间生成，完全不用学生投票或班主任自定。

这样排序出来的名单大部分和平时大家印象中的差不多，也可能会有些学生出乎意料地脱颖而出。但由于是用一定的标准计算出来的（标准尽量合情合理而且事先公布），大家是能信服的。

仔细分析一下这种方法，你会发现有几个细节。

（1）任何单方面很强的学生都不一定当选，而这些学生可能是班级里的明星。比如“学霸”，学霸就算是成绩第一名，也只占 40% 的权重，如果学霸不积极参加活动，综合分肯定不高。

（2）班干部在评选中也不一定占优势。因为班干部只有在上述积分制的第三类第 12 项中有 30 个积分，作为对班干部为班级工作的肯定和回报，这 30 个积分在单项评比中可能作用大一些，但折算到综合分里权重很小。

（3）综合以上两点，这套规则更有利于各方面发展均衡的学生，哪怕是普通同学。这既是这套规则的特色，也存在一个问题，类似于田径比赛的“十项全能”项目的选手，每一项可能都不是顶尖的，但因为“平均”而总分突出。不过，由于政策就是希望选出这样的学生，所以这样做也未尝不可。如果想肯定学生的特长发展，可以另外设置单项奖励。因为这套规则不仅可以用于综合评选，也能用于单项评比。

这套规则在实施中的情况也确实如此。《你能做最好的班主任》（陈宇，教育科学出版社，2011）一书中记载了某次按这种方法评选三好学生的结果：

“谁也没有想到，前三名中有两个不是班干部，也都不是班上的活跃分子，只是普通同学，但是仔细看他们的得分合成，无话可说，他们的学习成绩优秀，其余方面，无论是运动会还是其他各项活动都是积极参加而且成绩显著，在遵守纪律等方面，也是堪称楷模，是标准的‘平民英雄’，他们的确是班级正气的代表，也是优秀高中生的代表。像这样的普通同学，在 11 名三好学生中占了 6 人，超过了 50%。而有些活跃分子，虽然在活动方面得分较高，但在综合分值上就吃亏了，一些考试成绩很好但活动参与不积极的同学被淘汰也在情理之中。生成过程完全公开，不搞一言堂，也不用多解释，这个结果让全班所有人都心服口服。”（p81）

该书还举出了一位同学当选的具体例子：

“她是班上一名普通同学，学习成绩并不是很突出，期中考试年级名次只有122名，但是在期末考试中发奋图强，进步巨大，排名年级第17，两项合成，位居全班第19。如果按照学习成绩，她绝无可能当选。但是她的体育成绩突出，学校和班级的各项活动都积极参加。她担任校合唱团钢琴伴奏，而校合唱团获得了市级比赛特等奖，军训优秀学员，积极策划班级元旦文艺演出，做好人好事，全是加分……最后她以总分第五名当选。她综合素质良好，为人热情活泼，乐于助人，在同学中的威信很高，虽然没有‘一官半职’，但丝毫不影响她的优秀。像这样的同学，我个人非常倾向于让她当选。但如果我指定，我担心同学们多少会有一些想法，特别是她的学习成绩不是很突出，在传统的评选中会很吃亏。现在用这套评价体系，她名正言顺地当选了。”（p81–p82，略有删节）

4. 量化评价实例之学习评价

本讲介绍量化积分制专用于学习评价的一个很有意思的案例——学习积分榜。案例摘编自《班主任工作十讲》第五讲。

管理案例

学习积分排行榜

学习积分制主要是参照了一些体育赛事（如网球）的积分计算方法。“积分”，有积累成功的意思，任何大的业绩都是由多次小成功构建的。学生的一次考试，可能超水平发挥，也可能失手。所以，单以一次考试作为评价依据是不合理的。

另外，学生的学习有强项弱项之分，单以总分作为评价依据也不够合理。积分制由局部拼合构成整体，由数次积累得出最后结论。学生平时完成作业、参加学习竞赛等情况也需要考虑进去。

◎基本原则。

学生完成作业、参加考试，都可以获得相应的积分，学习任务完成得越出色，积分越高。学习积分反映了学生综合学习水平并兼顾特长。不管考试成绩如何，都有积分，所以积分不会出现负分。

◎积分构成。

学习积分由以下三个方面构成。

（1）作业积分。

在开学初每个学生都有一个基本作业积分。完成一个学期各门学科的作业，将拿到这些积分。如果不能完成，则每少交或迟交一门次的作业都将被扣去一定的积分，因病假或事假未交作业的不扣分。作业积分由科代表统计，学习委员汇总，录入电子表格。扣除积分只是一种客观的记录，不是惩罚手段，不能替代对不交作业同学的处理方法。

（2）考试积分。

每参加一次考试都可以获得相应的积分。

①考试积分的计算公式为：

【年级（或班级）名次】× 考试系数。

年级名次构成考试基本积分。如全年级有300名学生，取得年级第一名将获得300个积分，第二名299分，以此类推（即“301—年级名次”）。

“考试系数”即考试的规格，重大考试的系数高，一般性考试系数低。

②每参加一门考试，就会得到一个积分，有多少门考试，就有多少次积分。积分的统计时间单位是一个学期，一个学期里学生参加的所有考试成绩汇总成学期最终的考试积分。每个学生的积分从开始有积分制的那一天起一直到离开这个班级，积分计算是累加的，只会越来越多（这点和网球比赛积分制是不同的）。

③兼顾学生的基础（已有成绩）和发展。学期的考试积分作为这个学期评定学习方面奖励的依据。第二个学期，开始新一轮积分计算时，上个学期的积

分减半带入下个学期。这样，学生早期的成绩对后来的成绩有影响，但是影响会越来越小，主要还是看发展。

（3）奖励积分。

有的学生学习基础较差，考试成绩无法和高分生比，但是，只要他在进步，积分制就要有所考虑。学生进步了，不仅考试积分会提高，还要额外给他奖励积分。名次进步越大，获得的奖励积分越多。提升的名次越多，奖励分就越高。

奖励积分的另一个来源是参加各类学科性的竞赛（包括征文比赛）。只要参加竞赛，即可获得基本积分。如果获奖，按照竞赛级别给予积分。这样，对于单科成绩较好或者有特长的学生是一种鼓励和认可。

用 excel 表格统计积分很方便。统计工作由学习委员负责。

◎积分的作用。

（1）学习积分为班主任评价学生的学习能力和水平提供依据。总分反映一个学生学习总的状况，单项积分反映学生的学习态度、学科特长以及学习进步状况，评价时可分可合。用数据说话，相对比较客观，避免了评价学生学习情况的主观和随意。积分还可以为奖励学生提供参考数据，是班级整个激励体系中的一个子系统。

（2）学习积分具有稳定性、连续性，便于观察学生在校期间学习全程的状况。

（3）“只加不减”的计算原则让积分始终处于增加状态，发挥了制度的激励作用，让学生能在不同程度上体验成功。积分计算的依据多元化，为每一个孩子都提供了拿到积分的机会。即使学生在考试总分上并不占优，但依然可以从奖励积分中得到加分；即使某一次或某一门考试成绩不理想，但对他的总积分影响有限，有利于稳定学生的心态。

学生可以很方便地查询自己的积分。班级每个月或半学期可以公布一次积分排行榜，通常是公布排行榜前十（TOP10），学生对此也颇有兴趣，感觉自己像职业运动员一样。

附：《学习积分方案》

学习积分由“作业积分”“考试积分”和“奖励积分”三部分构成。

◎作业积分。

（1）每个学生在开学初有200个作业积分，完成本学期各门学科的作业，将拿到这些积分。

（2）每少交一门次的作业将被扣去1分，扣完为止。

◎考试积分。

（1）学期初始每人学习积分为0分，每次考试成绩都可以拿到相应的积分。

（2）考试积分计算方法为：

（301—年级名次）× 考试系数。

注：本年级300人。考试系数情况见表8–7。

表8–7　考试系数对照表

考试性质	考试系数
月考（或校内考试）	1.0
期中考试（或区统考）	1.5
期末考试（或市统考）	2.0

注：如果某同学缺席某次考试，该同学本次考试的基本积分计算方法为：上一次同科目考试基本积分 ×0.75。

◎奖励积分。

（1）学科竞赛获奖（含征文），奖励积分按表8–8计算。

表8–8　学科竞赛奖励积分

级别	参与	一等奖	二等奖	三等奖
国家级	30	400	300	200
省市级	30	200	120	90
区级	30	120	90	60
校级	30	90	60	30

（2）期末考试总分年级名次进步，奖励积分按表 8-9 计算。

表 8–9 名次进步奖励积分

	本学期期末名次				
上学期期末名次	149 ~ 100	99 ~ 51	50 ~ 31	30 ~ 11	前 10
149 名以后	30	60	100	180	300
149 ~ 100	——	30	60	100	180
99 ~ 51	——	——	30	60	100
50 ~ 31	——	——	——	30	80
30 ~ 11	——	——	——	——	30

◎其他规定。

（1）如果出现任何一次考试作弊情况，所有积分清零。

（2）进入下一个学期后，上学期的积分减半带入下个学期积分计算。

第六讲
班级定性评价制度

本讲能力目标

· 掌握对学生学习、工作、活动参与、品行等方面定性评价的方法。

· 理解设计班级综合评价项目的思路。

定性评价在操作上要复杂得多，但是运用广泛，是班级的主要评价手段。

定性评价的依据主要是班级各方面事务的记录（如《班级日志》《课堂日志》）、好人好事记录、工作检查记录、评议情况记录、班级活动记录（含文字、照片、视频等）、选票统计、获奖证书等。这些资料，班级有专人负责记录、保存。本教程第一课介绍的“学生档案袋”也是一种存储资料的方式。学生自己也要有一个资料袋，保存校内校外的各种资料。定性评价虽然没有数据，但也要基于一定的事实，不能凭感觉。

班级评价项目的设计与班级工作目标匹配，与班级文化建设目标匹配，与学生个人发展目标匹配。按需要，逐项设计。一开始不要太多，设计一项，落实一项，逐渐增加。正式的评价活动有时间和精力的成本，所以要少而精，多发展简便易行的评价。

班级评价活动的组织包括确定评价的项目和时间、制定评价规则和程序、得出评价结果、评价的后续工作。简单地说，就是：评什么、什么时候评、谁来评、怎么评、评出来后怎么做。按评价的制度化原则，这些工作都不能随意，评价的规则和程序要正规，评价的结果才有信度。

1. 学习评价

对学生学习情况的评价与表彰，最好有一定的稳定性和连续性，形成一个相对完整的小体系，这个体系能涵盖到全班各层次的学生，不仅成绩优秀的学生会获得表彰，只要不放弃努力，在自己原有的基础上有所进步的同学，都将有机会得到评价的认可。所以学习评价不仅涉及学生的考试成绩，也关注学习态度和学习过程，这往往是量化评价难以做到的。学习评价一般每学期期中、期末各组织一次。项目设置可参考表 8–10。

表 8–10　班级学习评价项目

	评价内容	评价项目名称举例	评价依据	评价方式
1	考试总分	学习标兵、学习之星等	考试成绩	量化评价
2	单科成绩	（学科名）学习能手	考试成绩	量化评价
3	进步幅度	最佳表现奖、学习进步之星	考试成绩	量化评价
4	进步保持	保持进步奖（或另取名称）	考试成绩	量化评价
5	学习态度	努力奖（或另取名称）	观察了解	定性评价
6	学习目标	推进奖（或另取名称）	自定目标	班级认可
7	学科竞赛	按竞赛名称	获奖证明	直接认定

（1）学习评价项目大部分通过量化评价完成。因为每次考试都有数据，量化的方法很适合学习评价。

（2）有一些内容难以通过量化评价体现，比如学习态度。对班级中成绩不一定很突出，但态度认真，不放弃努力的学生要予以鼓励。所以表 8–10 第 5 条“学习态度”的评价，不一定完全根据成绩，可以由班主任和班委会通过评议做出。

（3）班级会帮助每个学生设置自己的学习奋斗目标，这些目标是各人根据自身情况制定的，但为公平起见，班级会有些标准。目标既可以是全科总分的，也可以是单科的。学生可以自愿加入这项评价（不强求），签订契约，给自己一些压力。达到了目标就认可，超出目标可另外奖励。加入目标推进计划的同学，班级将予以一定的帮扶，比如配备“导师”。前 10 名的同学一般不加入这个评价计划。如果成绩取得进步后能保持，评价也应该予以认可。参见表 8–11。

表 8–11　成绩推进参考标准（总分或单科）

学期年级名次推进	−10% ~ 10%	10%	11% ~ 20%	> 20%
评价	保持	达标	优秀	惊艳

2. 工作评价

学生在班级的日常管理中分担了很多工作，定期进行工作评价，对他们的付出表示认可，鼓励学生积极工作。让工作出色的学生获得表彰。有些学生在学习成绩上难以取得进步，工作上的优秀也能为他们带来一些成就感。

工作评价与工作内容匹配，或者说评价本身就是整个管理中的一个环节。参见表 8–12。

表 8–12　班级工作评价参考项目

	评价对象	评价项目名称举例	评价依据	评价方式	评价时间
1	班干部	优秀班干部	岗位职责、工作实绩	全班评议	期末
2	科代表	优秀科代表	岗位职责、工作表现	全班评议	期末
3	组长	优秀组长	岗位职责、工作表现	全班评议	期末
4	值日班长	优秀值日班长	工作流程、工作表现	班干部评议	期中、期末
5	岗位承包人	优秀班级建设者	岗位职责、工作表现	小组评议	期中、期末
6	保洁值日生	卫生示范岗、劳动明星	岗位职责、检查记录	劳动委员＋班主任	期中、期末
7	各项目组	优秀团队	工作目标、工作实绩	根据成绩认定	期末

（1）工作评价的依据。

①岗位责任人的履职情况。因为每项工作都有岗位职责，可以参照。履职情况主要是工作态度。

②工作的效果。比如，黑板报在学校板报评比中的获奖情况，获得卫生流动红旗的次数，文艺演出获奖情况等。

（2）工作评价强调学生的参与性。

主要组织方式是班级大会、小组会、班干部会议等。评价程序包括述职汇报、材料展示、评议推荐、投票、公示等。

要发挥学生在评价工作中的主体作用，学生不是等着被评价的对象，学生自己就是评价活动的参与者。学生参与评价工作对其能力是一种很好的锻炼和提高。

超链接

第九课第二讲“班干部的管理”详细介绍了班干部评议的程序。

方法指南

班级保洁工作评价程序

（1）以保洁小组为单位集中围坐（所有单独承包的岗位责任人合并为一组）。

（2）组长主持评议会。

（3）每个组员轮流发言，汇报交流工作情况，组长记录。

（4）小组评议推荐优秀，比例20%（四舍五入取整数）。必要时可以投票，小组人数为偶数时，劳动委员参与投票。

（5）全班集中，劳动委员主持，组长向全班汇报推荐情况，名单全班汇总。

（6）班主任组织班干部会议，审核通过小组推荐的优秀名单。

（7）公示优秀者名单，择机颁奖。

3. 活动评价

学生参与班级活动的情况体现了“学生发展核心素养”中健全人格、社会责任等指标的发展状况，也要纳入班级多元评价的体系。本课第四讲介绍的班级量化评分制度中单列了“活动参与”情况，参与活动的积分可作为定性评价的参考。活动评价的目的是鼓励学生多参与班级活动，特别是一些性格内向、没有什么才艺的学生。内向、不爱抛头露面的学生从封闭的自我世界走出来的一个跳板是“小组”，比如让学生当着全班同学的面表演节目或发表演讲，有人就会手足无措，但在小组的环境中他可能会感觉到比较安全，胆子也会大一些。所以，要多利用小组鼓励学生参与活动。小组评议也是活动评价的主要组织方式之一。

无论是班级还是学校组织的活动，都要有评价。每次活动可以单独评价，评价结果再纳入班级综合评价的参考资料。

活动评价要关注参加活动的团队和三类人：

（1）活动的组织者；

（2）活动中表现突出者；

（3）活动的参与者。

比如学校组织话剧比赛，班级组建了一个小团队参加比赛，结果获得了一等奖。班级内部可以对这个团队再进行表彰，团队每个人都获奖，进而还可以评出组织奖、最佳表现奖、最佳贡献奖，等等。这些获奖者在班级综合评价中有加分。

活动评价的程序可参考工作评价程序设计。

4. 品行评价

品行是指品德、行为。品行评价是指对学生在班级生活中的各种表现，如行为规范、遵守纪律、文明礼仪、社会公德等方面做出的评价。常规表现量化评分可作为评价的参考。

学生品行评价的项目设置可以参考学校和班级的纪律制度。如：遵守作息时间、遵守课堂规范、认真参加跑操晨会等活动、言行举止文明、尊重教师等。评价结果可以直接用于学校组织的相关评价。

很多学校会提供一份学生品行评价的细目让学生填写，但一般都是走个过场，谈不上有什么效果。如果想让评价真正对学生有所触动，必须让学生自己思考、总结，充分展示、交流。品行评价常常采用自评、小组评议、班级大会评议等方式。评价活动与交流活动同时进行。

5. 综合评价

所谓综合评价，是相对于单项评价而言的，不特指哪个方面。综合评价也有主题，但较为笼统。但正因为主题比较笼统，评选规则才可以设计得更加灵活，运用范围也更广。

综合评价是为了引导班级正确的群体价值观和激励学生，所以都是正面的。

学校会组织一些综合评价（如前面列举的“三好学生”评选，其实“三好”的意思已经不是三个方面好了，而是“综合”的意思），但门槛较高，获得奖励的比例落到每个班级很少，与大部分学生无缘。班级组织的综合评价恰好可以弥补这个不足，因此班级综合评价的特点应该是面向全体学生，评选规则更加“亲民”，评价频率可以高一些，让更多的学生有机会获得认可。

设计综合评价以及工作评价项目的思路一般有两条：

（1）以“人”为主体，通过评选“人物”直接激励学生，如“优秀值日班长”“班级月度人物”等；

（2）以“事”为主体，通过评选事件（岗位）间接激励人，如“卫生示范岗”“感动班级事件”等。

这些候选“人物”或“事件”产生的方式有：自我申报、他人推荐、小组推荐、班委会推荐、班主任推荐。在申报或推荐时，一定要有理由和支撑材料。

评选活动组织方式有：小组会、座谈会、班干部会议、班级大会（投票）等。

综合评价按周期，最短可以一周，然后是一个月、半学期、一学期一评，也有个别评价一年一评（如“班级年度人物”）。表 8–13 是一个参考示例。

综合评价的规格较高，所以要制定规范的评选规则和程序，保证公平公正，并且要求全体学生参与。考虑到班主任都很忙，综合评价的准备和后续工作比较多，可以适当减少评价项目或简化评价流程。比如，每周和每月的评价可以选一个做。坚持每周或每月做一次综合评价的优点是：

（1）频率高，更多的学生有被表彰的机会；

（2）紧跟班级发展步伐，及时捕捉班级中的好人好事予以正强化；

（3）题材和范围宽泛，选择面大，获奖难度相对较小。

图 8–13　班级综合评价项目示例

频率	综合评价名称示例	对象	获奖人数（团队）	评选方式
每周	每周班级之星	全班学生	1	小组推荐，班委会认可
每月	班级月度人物	全班学生	1+ 入围奖	班委会评议（可投票）
半学期	关心集体奉献奖	全班学生	全班人数的 10%	班委会推荐，班级大会投票
一学期	感动班级十大事件	学生 + 教师 + 家长	10	班级大会评议投票
一学年	班级年度人物	月度人物	1+ 入围奖	初选、班级大会评议投票

资料库

班级综合评选方案示例

1. 每周班级之星

为表彰班级工作的优秀学生，本班将开展“×× 班级之星”评选表彰活动。具体方案如下。

（1）成立活动评审小组。

组长：××（学生干部）。

评审小组成员（7人）：……（含班干部、学生代表、班主任）。

（2）候选人产生。

全班所有同学都有被提名推荐的资格。每期“班级之星”候选人可以由以下方式产生。

①个人提名。

全班每个人都可以提名同学或自己成为候选人，提名者要将推荐理由报宋颖处备案。

②小组讨论提名。

评审小组可根据实际需要，组织全班同学以小组为单位进行提名。

③评审小组提名。

评审小组成员有单独的提名权。

注：

符合以下特点的同学均可被提名成为“班级之星”候选人：有较突出的事迹（如好人好事）、为班级赢得荣誉、个人获得表彰、表现优秀、进步较大，等等。

候选人可以是个人或组合。

（3）“班级之星”产生办法。

①评审小组对提名进行评审，确定当选者。

②如果有必要，可组织小组投票，每组一票，根据得票情况和评审小组意见确定当选者。

③每周产生“班级之星”1名（或组合）。

2. 班级月度人物评选方案

（1）每个月的第一个星期为上一个月“月度风云人物”申报时间，任何个人或组合、团队均可自行申报，也可以为别人申报。申报采用书面方式：在班长那领取申报表，按申报表要求如实填写并在申报截止时间（每个月第一个星期的星期五下午放学前）之前递交班长或班主任。逾期申报无效。如果在规定时间内无人申报，班委会或班主任均可提名推荐。

（2）每个月班干部例会审核申报情况并确认入围名单，必要时可以投票。

（3）入围候选人名单全班公示。

（4）召开班级大会，向全体同学通报推荐理由和他们的主要事迹。

（5）以小组为单位讨论名单，每小组确定一个当选人（或团队）。投票。一个小组一票。小组数量为偶数时，班主任参加投票。

（6）统计票数，从高到低排序，第一名获得“班级月度人物”称号，其余候选人获“班级月度人物提名奖”。

案例故事

“感动班级年度人物”评选的前前后后

从进入高二年级，我班着手改革传统的评优方式，建立多元评价机制，对班级里各方面表现出色或者有进步的同学予以肯定和表彰。随着班级的成长和悉心规划、运作，一些本来零散的奖励措施已经逐渐整合成一个比较完整的激励体系，这个体系能捕捉到各类学生微小的闪光点予以认可，帮助学生建立自信，提升学生的幸福感，也让班级的发展生机勃勃。其中，最具有代表性的是以“人物”为主题的系列评选，包括“月度风云人物”和“感动班级年度人物”。

“月度风云人物”评选每个月都能产生数个阶段性表现突出的学生，这个活动为评选“感动班级年度人物”打下了坚实的基础。年度人物的评选与表彰是班级的重要事件，因为是好中选优，所以大家都很重视。为此，我们也制订了详细的评选方案。

××班“感动班级年度人物”评选方案

◎候选人产生方法。

（1）班级“月度风云人物”当选者及提名奖获得者直接进入“感动班级年度人物”候选人大名单。

（2）班主任和全体班委会成员组成初评小组。初评小组可补充提名候选人。

（3）由初评小组根据上述第1、2条的方法产生“感动班级年度人物”候选人，公示3天。

◎感动班级年度人物产生方法。

公示期间，如果对候选人有异议，可向班主任提出。公示期满，组织全班同学和科任教师投票。

（1）全班同学每人一张选票，可以选5位同学。在最希望当选的同学名字后面标出“★”，其余4个名字后标出“√”。每一个★计3分，一个√计1分，按总得分排序，前5名获得提名。

（2）科任教师对5个提名投票，限投1人，每票计10分。

（3）上述两项分值相加，得分最高者当选年度人物，其余4个提名将获提名奖。如果分值相同，获得★数多者排名靠前。

这个评选方案借鉴了足球界“金球奖”的评选规则，尊重了民意和教师的意见，考虑到了各种选票的权重。比较合理、公正，同学们也认可。走完上述流程，有5名同学获得提名。评选中有一个重要元素，而这个元素在传统官方的评选中往往是被忽视的，那就是“人气”。人气代表了大家对一个“优秀”同学的认可度，是来自大众的声音。以往的评价，是自上而下的，有一套既定的标准，用这个标准去套学生，符合条件了，上面认可了就行，并不考虑当选人的群众基础，所以往往会造成一种怪现象：被评为先进的学生并不被同学待见。但是，如果完全由学生海选，教师不能发挥引导作用，同样也可能会让这样的评选变成一出闹剧。我们制定评选规则，就是综合考虑了这些因素，既要选出优秀的、能代表班级形象的同学，这样的同学也必须是得到大家广泛支持的。比如，获得提名的张同学，虽然学习成绩不算顶尖，但是她一直很热心地帮助同学，探讨交流学习上的问题，并愿意花时间去耐心解答同学们的疑问，这样的同学就比那些自己学习好，却很少帮助别人的同学人气要高得多。入选的5名同学，无论学习成绩怎样，他们都有一个共同特点，就是积极参与班级事务，热情帮助同学。所以，大家把选票就投给了他们。没有第一轮的学生投票，就不可能被提名，即使老师再欣赏，成绩再优秀，也不可能有机会当选。

根据规则，每位候选人都有两项指标，一个是分数，另一个是支持率，后者就是获得星和钩的总数占投票人数的比例，得票前5名的同学均获得了半数以上的支持。有了同学的支持，再加上老师重要的一票（10分），年度人物才有足够的认可度。

被提名的5名同学都很优秀，虽然最终只有一名能当选，但获得提名奖已经很了不起，他们也有奖励的。对班级年度人物和感动班级年度人物提名奖的同学，我们制订了以下表彰方案：

（1）奖励证书一份；

（2）颁奖词一份；

（3）纪念品一份；

（4）给家长报喜信一封；

（5）特别制作的海报一张；

（6）记入毕业鉴定；

（7）优先获得“三好学生”的评选资格；

（8）专门为此召开主题班会一次。

因为感动班级年度人物的分量很重，一年只有一位，所以奖励也要比较隆重。我特意订制了一面精美的奖牌，上面有班徽和“20×× 感动班级年度人物”等字样。给年度人物准备的奖品别出心裁，我把自己得到的一份校庆110周年的青花瓷纪念品贡献出来作为奖品。

获得提名奖的同学也将获得荣誉证书和一份纪念品。

经过两轮的角逐，徐同学最终获得感动班级年度人物，她的当选可谓是众望所归——个性阳光，开朗幽默，多才多艺，是班级多项活动的组织者和积极参与者；平时特别爱帮助同学，深得大家的喜爱。因为她做的好事多，所以在一个学年中曾四度入选“班级月度风云人物”（含提名奖），可见她在班级事务中举足轻重的地位。本学期又因为成绩进步巨大获得了学习最佳表现奖。当然，另外4位同学的表现也都很好，只是没有徐同学那么“星光耀眼”而已。

班主任要像一个“星探”一样，用一双发现的眼睛不间断地扫描全班同学，发现他们微小的闪光点和进步的潜能，提取、放大、强化、巩固，班级也因此而增光添彩、星光璀璨。当我们把一个普通同学打造为“明星”之后，不仅对他自己而言有着重要意义，对周围同学的影响也是巨大的。当徐傲同学站在讲台前发表“获奖感言”时，她的眼中闪耀着喜悦和自信，她谈到了刚入校时的陌生的感觉，以及后来班级和自己的变化，感慨万千，满满的幸福感溢于言表，下面的同学也都把热烈的掌声送给她，一个平民英雄就此载入了班级发展史……

（案例选自《班主任》2013 年第四期，作者陈宇）

第七讲
评价的后续工作

本讲能力目标

· 了解评价结果的多种呈现方式。

· 理解评价在后续工作中的指导作用。

在班级管理工作的循环中，评价既是对一项工作结果的评定，也为新的工作指明了方向。所以评价不是工作的终点，而是连续的工作进程中的衔接。评价的后续工作也非常重要。

（1）评价有了结果，正面的内容可以公开，但要征求学生意见；负面评价尽量私下进行，特殊情况除外。

（2）评价结果有多种呈现方式。如：评价等第、评语、鉴定、证书等。如果在评价中获奖，奖励方式也是多种多样的，包括以下几种。

实物的：奖状、徽章、奖品、海报、（给家长的）报喜信；

非实物的：颁奖词、表彰会、（给家长的）报喜信息、权利、机会等。

其中颁发奖状（荣誉证书）是最常见、最普通、最简单的奖励方式，奖状上一定要盖有学校有关部门的章，显得正式。奖状的优点是成本低、便于保存，缺点是激励效果一般。

为获奖者制作海报是一种成本低、激励效果好的方法，特别是制作精美的海报。海报可以公开展示，也可以珍藏。班级活动经常需要制作海报，班级可以专门成立海报制作小组。

在常用的奖品中，有几种效果很好。一类是定制的奖牌、奖杯、徽章，显得很有仪式感，可以永久珍藏；一类是班主任亲自为获奖者准备的奖品，而且是比较独特的，比如班主任利用外出机会在外地甚至是国外带回来的小纪念品；还有一类是有故事的物品，能说出来历，就有了意义；再有一类就是获奖者喜爱的物品。总之，精心准备、别致的、个性化的奖品效果就好，批发市场买来的笔记本、签字笔什么的，没有多大意义。

（3）利用评价结果指导班级和学生调整目标或设定新的工作目标。评价是对一段工作效果的评定，特别是前期制定的目标的达成情况。所以，不能评价结束了就算了，要认真分析评价结果，思考造成这些结果的原因以及如何改进今后的工作。

第八讲
学生的自评与互评

本讲能力目标

· 掌握组织学生自评、互评的方法。

学生的自评与互评是从两个不同的角度看同一个人、同一件事，可以让被评价者获得更多更全面的信息。自评尽管带有主观色彩，但毕竟是自我剖析，是很可贵的，而且互评可以很好地弥补自评的不足之处。

评价应该成为学生学习的重要内容，评价应该成为学生自觉的行动。

自评、互评、组评、班评、师评，构成了多元化的评价方式，与评价项目的多元化，共同构成了班级多元化评价体系，这个体系沿时间轴展开，就是个立体的班级评价系统。

学生自评非常重要，但在很多班级被忽视了。班级应该把学生自评作为一项正式的工作来抓。前几节介绍的学习评价、品行评价、工作评价其实都有自我评价这个环节。本节将其单列出来做一些介绍。

学生自评的方式主要有：填写格式化的自评表，撰写个人总结或自我评价报告等。个人总结包括学习、工作、活动、班级生活、个性发展等多方面，其中有些可以单列，比如，班干部撰写的工作述职报告，就属于工作评价中的自评。学生要对照自己的工作职责和自己设定的目标进行自评。

学生自评的结果可以直接交给班主任，由班主任审阅并作为帮教行动的依据，也可以在小组会、小型座谈会、班级大会上交流，听取大家的反馈意见。一次小组座谈会可以进行若干内容的自评交流并互相听取别人的意见和建议。

1. 学习自评

（1）建立个人成绩档案。

班级不仅应该有统一的考试成绩记录，学生个人也需要有记录，以便于自我评价。这份记录叫“学生个人成绩档案”。随着时间的推移，这份成绩档案的数据和分析会越来越多，记录了学生在校学习完整的轨迹，有利于学生对自己的学习状况做出理性分析。

马上行动

要求学生建立个人成绩档案

要求学生用电子表格建立个人成绩档案，详细记录测试的成绩和班级、年级平均成绩以及排名，还要求他们做自我分析。班级向学生提供数据，学生自己录入和分析。整理好后，除了自己保留，还要发送给班主任。这样，每个学生都有自己的档案，班主任有全班学生的成绩档案。

学生自己制作成绩档案是很有意义的。

（1）可以培养学生对学业负责的态度。每次考试仅仅是教师分析成绩是不够的，学习是自己的事，学生必须自己去分析，做学习的主人。

（2）可以通过这项工作，让学生学会分析成绩的方法和养成反思习惯。在大数据时代，这种意识和能力很重要。

（3）可以保护学生的隐私。因为成绩和排名都属于隐私，不宜全班张榜公布。

（4）方便学生和家长随时查询。从档案中可以看到自己完整的成绩变化轨迹，所以这也是他们学习的成长记录。

资料库

表 8-14　学生个人成绩档案模板

学号______　　姓名______

考试时间	考试类型	语文	均分	排名	数学	均分	排名	英语	均分	排名	总分	排名	自评

注：
（1）“考试类型”填：期末考试、期中考试、月考、单元测验等；
（2）“排名”栏填年级名次，如果没有，则填班级名次并注明；
（3）“自评”栏填写对本次测试的简要自我分析。

（2）填写学习状态自评表。

学习状况自评表是学生对各门学科学习兴趣、学习意愿、学习状态的定性自我分析，有利于找出导致学习成绩现状背后的原因（参见表 8-15、表 8-16）。学生可以在大型考试后进行自我分析时填写。

表 8-15　学习态度自评

科目	学习基础			学习兴趣			学习潜力			投入精力			学习意愿		
语文	高	中	低	高	中	低	高	中	低	高	中	低	高	中	低
数学	高	中	低	高	中	低	高	中	低	高	中	低	高	中	低
英语	高	中	低	高	中	低	高	中	低	高	中	低	高	中	低
……	高	中	低	高	中	低	高	中	低	高	中	低	高	中	低

表 8–16　学习状态自评

科目	课程难度			师生关系			听课状态			知识点掌握			复习备考		
语文	高	中	低	好	中	差	好	中	差	好	中	差	好	中	差
数学	高	中	低	好	中	差	好	中	差	好	中	差	好	中	差
英语	高	中	低	好	中	差	好	中	差	好	中	差	好	中	差
……	高	中	低	好	中	差	好	中	差	好	中	差	好	中	差

（3）撰写自我分析报告。

学生在个人成绩档案和学习状态表中的自评，限于表格的格式，只能做简要的分析。对自己学习问题较为深入的自评方式是撰写自我分析报告。

资料库

学生学习自评报告提纲

姓名______　科目______　时间______

（1）我理解学习这门课的意义是什么？

（2）学习这门课最大的收获是什么？

（3）自我感觉有学习这门课的天分吗？

（4）我有信心学好这门课吗？如果没有，困难在哪里？

（5）希望得到什么帮助？谁能帮助我？

（6）学习这门课的目标是什么？

（7）改善这门课的学习的其他想法。

2. 品行自评

（1）本学期在遵守学校纪律方面做得怎么样？

（2）本学期对自己表现最满意的是什么？（举例）

（3）本学期对自己的表现最不满意的是什么？（举例）

（4）本学期养成过什么好习惯？

（5）下学期有没有想改掉的坏习惯？准备怎么改？

（6）自我感觉有哪些美德？用具体的词和例子表述。

（7）在行为和品德方面，我还想如何提升？

3. 班级工作、班级活动自评

（1）我在班级里的工作是什么？做得怎么样？

（2）我参与了哪些班级活动？表现如何？

（3）我帮助过哪些同学？怎么帮的？

（4）我对班级做过什么贡献？

（5）班级工作和活动对我而言有什么意义？

（6）参加班级活动对我的学习有什么影响？

（7）怎样才能让我对班级工作或活动更加投入？

4. 人际交往情况自评

（1）与同学相处愉快吗？为什么？

（2）在班上有好朋友吗？与朋友相处的收获是什么？

（3）你觉得班级生活愉快吗？如果不愉快，原因是什么？

（4）在与同学相处过程中自己的主要问题是什么？我想如何调整？

（5）在与人相处方面我的优点是什么？缺点是什么？

方法指南

班级工作、活动情况自评交流主题班会

班会主题：

班级工作、活动参与情况自评、互评。

班会时间：45 ~ 60 分钟。

评价准备：

（1）每人撰写个人小结。

（2）每人准备一张卡纸，写上自评的关键词、要点，可以做一些美化。

（3）组长组织小组成员围坐，准备纸笔。

班会过程：

（1）每个同学发言 3 分钟。其他组员评议发言 4 分钟。（时间由组长控制）。

（2）撰写、整理评议表（3 ~ 18 分钟）。

注：班主任参与各组评议并引导学生（在每组停留约 5 分钟）。

附互评内容参考：

这个学期，我给自己的总体表现打分：

我最满意的是……

我的遗憾有……

我最开心的是……

最让我难过的是……

我的收获有……

我下学期（或假期）的目标是……

我希望大家从……帮助我

我想得到大家对我的建议……

（3）互评。

其他组员认真听取，提出意见或建议，自评者和组长做记录。

（4）全班集中，班主任总结。

第九讲
班主任在班级评价工作中的作用

本讲能力目标

· 了解班主任应如何介入班级的评价工作。

· 熟悉给学生写评语的要领。

班主任在班级评价工作中起主导作用，其主要工作是：

（1）构架班级评价体系，设计评价项目和评价细则；

（2）组织班级的各种评价活动；

（3）通过教育和实操让学生理解评价的重要意义。

班主任的具体工作还包括：

（1）及时对班级整体情况做出评价（口头）；

（2）及时对学生个人情况做出评价（口头或书面）；

（3）及时对班级出现的案例做出评价（口头）；

（4）对班级组织的评价活动予以指导；

（5）认真撰写学生评语（书面）。

拓展学习

班主任如何写学生评语

每学期给学生写评语是班主任的基本工作之一。所有学生自评、互评、组评、任课教师寄语，均不具有权威性，只能作为正式评语的参考。班主任是写学生评语的第一责任人，其他任何人无法替代。所以，写评语责任重大，不可草率。班主任要端正态度、提升写评语的水平，对学生做出客观公正的评价，同时尽量让评语发挥它的教育激励功能。

班主任评语是学生正式的鉴定文件之一，除非低年级段针对小学生，一般不主张用文艺的语言把评语写得很煽情、华丽。那样的语言用于平时与学生的周记、信件沟通是可以的。要注意寄语和评语的区别。作为评语，必须用比较冷静、客观的语言，在平实中体现对学生的激励和指导。当然，每个班主任的写作风格不同，不必强求一致，但评语的主要内容是差不多的。

写评语要真诚、真实、具体，尽量不说套话、空话。评语不必面面俱到，要有所突出：学生的优点、潜力、主要问题。

对班主任写评语的一些建议如下。

（1）把工作分解一些放在平时分散着去做，这样负担就不会太重。

建立一个写评语的文档，录入全班同学的姓名，每条后面留下空白，平时观察到哪个同学有什么表现或者对他有了什么想法，就打开文档写一点，一个学期下来基本上就水到渠成了。这样可以避免班主任临时抱佛脚。如果到了学期结束前一个月左右，还有一些同学的评价是完全空白的，说明你对这个同学平时是忽视的，就要提醒自己多关注这些同学。这样不仅帮助你写出漂亮的评语，对工作本身也是一种促进。

（2）在每一句定性描述之后，跟进一点具体内容。要让评语有血有肉，类似“刻苦学习”“热爱劳动”之类的套话如果没有具体描写，就是敷衍。比如写出学生在某一次活动中的出色表现，比一句“积极参加集体活动”要强得多。

（3）在正式写评语前的一段时间进行“自由写作”。眼前浮现出学生的画面，想到什么就写什么，不要受格式或体裁的约束，为正式写评语积累文字。可以利用写评语的机会锻炼自己的写作能力。也许，一个班的评语写就，还能催生出几篇教育叙事。这样的文字，即使没有完全用在学生评语上，但在其他场合也许还能派上用场。

（4）让学生写一篇自评，再让学生组对互评，综合参考这些信息，加上你的评价，构成评语。这样可以更加全面、客观。可以在评语中转述你赞同的别人对这位同学的评论，比如：“你的好朋友都说你是……老师非常赞同。”“在同学眼中，你是……”这样可以很好地发挥心理学上讲的“第三人效应”。

（5）给评语设计较为固定的程序，文字和内容可以不同，但是，大致套路一致，可以提高写评语的速度。比如，前一两句讲表现，三四句讲学习，五六句讲活动，七八句讲个性、特长、获得荣誉，最后一句给结论，等等。

（6）在一个学生最具代表性的地方多用笔墨，不要面面俱到。第5条提出的写作程序不是呆板的，可以做适当的调整或增减。

（7）跳着写，先从最容易写的同学入手，把难以下手的放到最后。利用这段时间：

①多观察这些学生；

②问问同事对学生的看法；

③找学生谈一谈。

（8）参考学生的电子档案写评语。

（9）在评语中给学生提出一个具体目标而不是空洞的“争取更大的进步”之类的套话。比如，“希望你在下个学期获得‘学习进步之星’，对于你这样聪明的孩子来说，只要用心，不难做到”等。

（10）用正面的语言写评估。比如用“学习上有很大的提升空间”代替“学习成绩不理想”。要从即使不好的情况中也能看到孩子的希望。评语以鼓励为主，但要给出建议。

（11）把每学期的评语都保存下来，单独建一个文件夹，还可以建一个自己的“评语用语库”，里面都是你曾经用过的好的句子，供下一次写评语参考。

资料库

班主任评语示例

你性格外向，活泼开朗。待人友善，热情助人。集体荣誉感特别强。带头报名参加校运会 800 米长跑比赛，敢于拼搏，获得了大家的一致赞扬。你创作的黑板报，美观大气，深受同学们的喜爱。负责班级财务管理，工作认真，一丝不苟。主动为班级带来报纸和同学分享。非常感谢这个学期你为班级做出的很多贡献！你很聪明，但是学习动力有所不足，成绩还没有明显进步。课堂上提高注意力，要多动笔多做题，坚持任务型学习，下个学期要争取进入班级中上等成绩行列。只要你加大投入，这个不难做到，老师愿意随时帮助你。

本课小结

1. 评价对班级和学生的发展起着至关重要的作用。
2. 班级要建立多元化的评价制度体系，让评价涉及班级生活的各个方面，影响班级中的每一个人。
3. 班主任在班级评价中起主导作用。班级评价项目和评价内容的设置反映了班主任的教育价值观。
4. 学生在班级评价中应该发挥主体作用。学生是评价的主人。
5. 评价不仅是总结过去，更是面向未来。

本课思考与实践

1. 对学生的正面评价是不是一定要公开？如果要公开，要注意些什么呢？
2. 如何在繁忙的教育教学工作中合理安排班级的评价工作？
3. 参考有关资料，设计一份学生思想品德量化评分表。

第九课 班干部的选拔与培养

教育是培养人、发展人的工程。人的因素是班级教育管理中最重要的因素。本教程前几课讨论的组织架构、制度建设、评价体系三大管理的支柱，离开了人的工作，一切都毫无意义。虽然一个班级里所有的学生都有岗位，都要完成一定的工作任务，但他们在班级管理中发挥的作用是不同的。“每个人都很重要”，是教育的理念，但是在管理中，你必须承认每个人的重要性是不同的。在班级管理中，最重要的一批人就是班干部。班干部也是管理者，他们的工作质量直接决定了班级管理的质量。抓住班干部队伍，就是抓住了班级管理的关键。

在本课，你能学到：

1 选拔任用学生干部的方法；

2 班干部队伍的管理方法；

3 班干部培训的方式与主要内容；

4 改选班干部的方法。

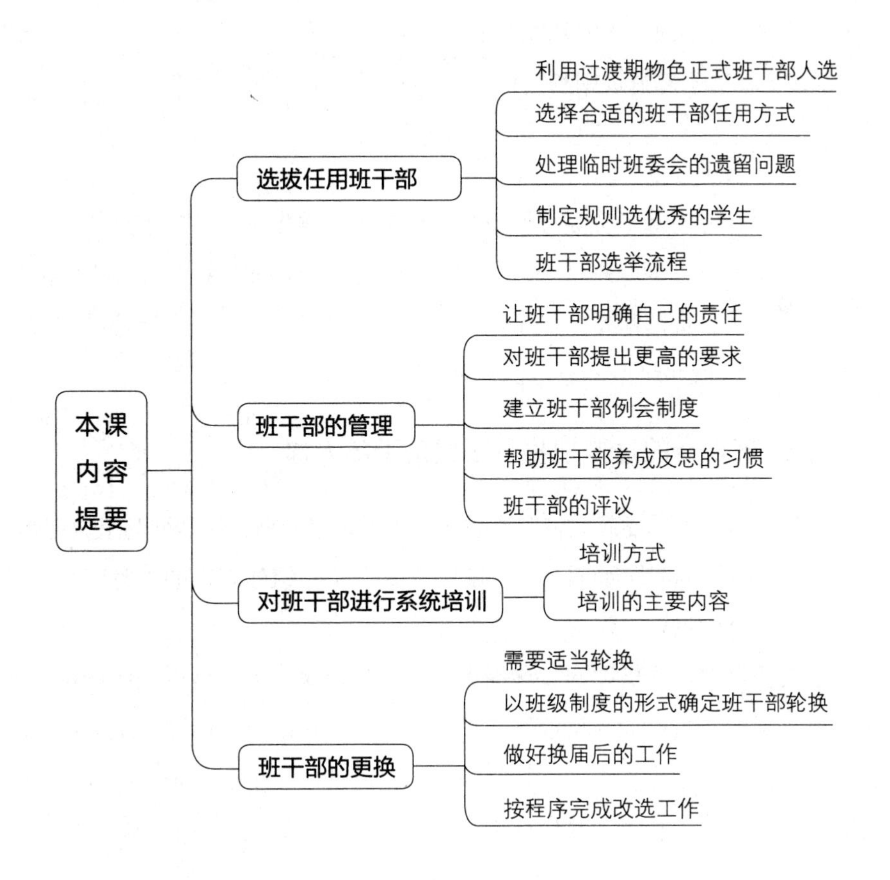
本课内容提要
选拔任用班干部
利用过渡期物色正式班干部人选
选择合适的班干部任用方式
处理临时班委会的遗留问题
制定规则选优秀的学生
班干部选举流程
班干部的管理
让班干部明确自己的责任
对班干部提出更高的要求
建立班干部例会制度
帮助班干部养成反思的习惯
班干部的评议
对班干部进行系统培训
培训方式
培训的主要内容
班干部的更换
需要适当轮换
以班级制度的形式确定班干部轮换
做好换届后的工作
按程序完成改选工作

第一讲
选拔任用班干部

本讲能力目标

- 了解物色班干部人员的基本方法。
- 掌握选举班干部的规则和流程。

班干部的表现决定了班级管理质量。如果一个学生仅仅是某个具体岗位的承包人，他干不好最多就是这个岗位的工作不好。但是按照科学管理班级的架构，每个班干部负责的都是一块工作。所以，只要有一个班干部选得不对或用得不好，就会给班级工作造成很大的麻烦。

1. 利用临时班委会的过渡期物色正式班干部人选

新建班级第一周就要成立临时班委会，因为班级各项工作需要马上做起来。（第三课对成立临时班委会有详细介绍）。但匆匆忙忙组建起来的临时班委会很难说每个人都很称职。

临时班委会到正式班委会过渡期大约一个月。这一个月是班主任考察、物色正式班干部的宝贵时间。班级管理不仅是班干部在做事，通过组织架构，所有人都有了岗位，学生一人一天轮流担任值日班长，一个月下来，也有一半左右的人担任过值日班长了。他们在工作中的表现，给班主任和全班同学提供了观察的机会。

班级里每个学生的个性、能力和工作主动性是不同的。你不可能要求所有人都很热情主动，也不可能要求所有人都很能干。事实上，一个班级只要有一小部分人很积极，大部分班级管理事务就能解决了。这一小部分人，就是班干部的人选。

班主任要利用这段时间对班级里哪些同学适合做班干部做出基本的判断。

有些班主任喜欢根据学生的特长选择班干部，比如成绩最好的学生担任学习委员，会唱歌跳舞的做文娱委员，能写会画的做宣传委员，身体壮实喜爱运动的做体育委员，等等。那么，最老实最能吃苦的就是劳动委员了。其实不然。班干部首先要有责任心，要有服务意识和奉献精神，还要善于处理人际关系。所以，判断一个学生适不适合做班干部的第一依据不是能力、特长，而是个人价值观。

心理学家斯普朗格把人的价值观分成六种类型：理论型、经济型、审美型、社会型、政治型、宗教型。当然，绝大多数人几种价值观兼而有之，其中某一种的表现更明显一些。在任何一个班级里都可以找到这些价值观类型不同的孩子。参见表 9–1。

表 9–1　班级里不同价值观类型的学生

价值观类型	班级里对应的学生
理论型	喜欢钻研难题，以优异的成绩体现自己的价值。
经济型	凡事喜欢和别人谈条件，看看是不是对自己有好处。
审美型	对集体和他人不太关心，只注意自己的形象是不是很美。
社会型	凡事抢着做，班级里的“热心肠”，喜欢为班级和同学服务。
政治型	喜欢“当官”，喜欢拥有权力，热衷于班干部、学生会干部竞选。
宗教型	学生中比较少见，流行词“佛系”有一点点接近。

个人价值观不同，与人打交道和为班级做事的意愿就不同。有人虽然成绩很好，但“两耳不闻窗外事，一心只读圣贤书”（理论型或“佛系学生”），他并不适合做学习委员；有人虽然有才艺，但以自我为中心，不喜欢为大家服务（审美型），也不适合做班干部。担任班干部的学生至少要有点社会型价值观，乐于奉献，至于能力，是可以后期培养的。

除了个人价值观，还有些资料用“九型人格”理论对应班干部，相对比较复杂一点，本教程暂不做介绍。不过班主任要清楚，凡事都不是绝对的。以上理论仅仅是个参考，总体来说，班主任需要认真观察，仔细研究，至少要选自己满意的学生担任班干部。班干部是与班主任联系较多的一个群体，班主任很多的工作需要通过班干部落实，能够贯彻班主任的意图才是最重要的。

经过一段时间的考察加上思考，班主任对哪些同学可能会成为一名好班干部，临时班干部中哪些不合格要换掉，心中已经大致有数。建立正式的班委会是个机会。一旦正式的班委会成立了，要稳定存在一段时间（至少一个学期），除非特殊情况，班干部在任期内不会再调整。所以，这次机会要抓住。要尽量保证让班级素质最高、能力最强、责任心最好的学生成为正式的班干部。

2. 选择合适的班干部任用方式

任用班干部一般有两种方式，各有利弊。

（1）班主任直接任命。

班主任有权直接任命班干部。这种方式的优点是简单方便，效率高，省去了很多麻烦，而且班干部都是班主任最满意的。另外，有经验的班主任对班干部人选判断往往比较准。所以，本教程并不排斥这种“简单粗暴”的方式。

不过这种方式的缺点也比较明显，就是班干部不是大家选出来的，没有走民主程序，公信力差一些。喜欢民主管理的班主任会对此有疑虑。

案例故事

大材小用的劳动委员

一些班主任在用人方面存在认识误区，安排什么样的学生做什么事，全凭经验和感觉。有些看似合理的工作安排，其实并不合理。比如“劳动委员”一职，我观察了相当多的劳动委员，发现这些同学从外表上看就像是个劳动委员——黑黑壮壮、一脸憨厚、不善言辞。说明班主任在安排工作时会以貌取人。这种安排就是把劳动委员和干活的人等同起来了。

其实，劳动委员的重要性并不在于自己要干多少活，而是要有能力组织同学们把班级卫生工作干好。以这种理念为指导，选择劳动委员的思路就完全不同了。我曾经用过一位漂亮的女生做劳动委员。她不仅勤快，而且责任心强，能说会道，人际关系又好，一些调皮的男同学都听她的，所以，她的工作总是能很顺当地落实下去。这样的劳动委员就是一支奇兵，效果很好。当我在另一届学生中选择了学习成绩最好的李同学为劳动委员时，所有人都很吃惊。当时他以最高分考进我校，正好在我班上。一般人都会认为李同学做学习委员或班长最合适，但我却看中了李同学较强的综合素质。一席谈话后，果断任命他为劳动委员并向他解释了其中的道理，他欣然接受。我认为劳动委员最重要的是他的管理能力，因为全班同学都有保洁任务，这项工作的重要性丝毫不亚于班长。一个班级用最优秀的人才担任劳动委员，创设了一种积极的氛围，引导了学生的价值观。果然，他以自己的悟性，很快熟悉了班级各个劳动岗位的工作要领，主动地分批培训值日生并加强检查督促。同学们见到这样一位优秀的同学担任劳动委员，都很服气，班级的卫生工作取得了很大的进展。

事实证明，“是金子在哪里都能发光”，“大材小用”选劳动委员，是神来之笔，班级卫生工作，从此无虞。

（2）通过班级议事民主选举。

这种方式比较民主，而且更加公平，但操作比较麻烦。最大的问题是班主任的权力一旦下放，选出来的班干部可能不是班主任心中的理想人选，而班主任想选的人不一定当选。

考虑到班级管理不是“效率至上”，民主选举班干部虽然麻烦，但对学生是很好的锻炼机会，选举过程中也有很多教育元素，本教程还是倾向于这种方式。既然班级已经有或者准备建立班级议事的机制，正好可以在选举班干部时运用。

所有的方法没有绝对的好坏，关键是适合。适合班情、适合班级发展的方法就是好方法。

3. 处理临时班委会的遗留问题

正式班干部选出来之前，班级有临时班委会。临时班委会给正式班委会打下了基础，但也带来了一些问题。比如，此前担任临时班干部的那些学生因为有“首因效应”（先入为主），在正式选举时，除非工作太差，大概率可以当选。如果其中有工作令班主任不满意的学生，一旦当选了就可能给班级工作造成误导。但既然是民主选举，又不能不让他们参选。而经过前期考察，有些班主任满意的学生却不在临时班委会里，他们有可能在竞选时处于不利的位置。

另外，虽然此前的班干部是临时的，但他们已经工作了一段时间，心里都已默认自己是班干部了。如果不能当选，心理会有落差，在相当长一段时间里情绪会受影响。尽管可能是少数人，但班主任不能不考虑这个问题。

所以，在正式选举班干部之前，班主任要做两件事。

（1）解散临时班委会，所有临时班干部恢复普通同学的身份，可以参加正式选举，也可以不参加。如果临时班干部中有不称职的，可以找他们谈谈，暗示一下。他们主动退出是最体面的做法。

（2）如果班主任比较满意的学生不是临时班干部，可以找他们谈谈，鼓励他们参加正式选举。

4. 制定合理的规则，选出优秀的学生

班主任不必担心民主选举出来的班干部不理想。你不一定直接把自己的想法告诉学生，但可以用一定的选举规则引导学生的行为，达到班干部既是大家选出来的，班主任也满意，而且当选的也是最优秀的学生的效果。这项工作也可以体现班主任的专业性。

（1）规定班干部要有任期。

班干部不能搞“终身制”。即使是正式班干部，也要设置任期，比如一学期或一学年。这样做至少有三个好处：

①如果正式选举产生的班干部中还有不令人满意的，任期结束可以考虑换掉，不至于一直做下去，影响工作质量；

②在班级工作中可能会涌现出更优秀的学生，他们有机会入选下一届班委会，更好地发挥作用；

③班干部工作对人的锻炼很大，这样可以给更多的学生提供锻炼的机会，

让更多的学生在升入高一级学校时有做班干部的经历。

（2）规则严谨才能防止选举出现意外情况。

因为要采用班级议事的方法选举班干部，选举的规则就显得格外重要。合理的规则可以很好地引导学生的行为，取得双赢的结果。反之，如果没有规则地搞“海选”或者规则不严谨，选举可能就会出现意外。参看以下案例。

管理案例

“大哥”当上了副班长

开学第六周，按计划进行班委选举会。

先是班长的竞选，我最看好的学生丽婷不出意外地以高票当选。但接下来的副班长的竞选却让我和许多同学大吃一惊——晓明得到了很高的票数。

新生报到之前就有人向我提及，晓明在小学里学习成绩一般却调皮捣蛋，常以“老大”自居。这样的结果让我非常担心。

选举开始前，我告诉大家如果自己心中有更合适的人选，可以在各组推荐的名单之外自主添加。这样做为的是让更多优秀的同学进入班委，可我没想到晓明会入选。

同学们都等着我拍板。我有些不知所措，但最后还是微笑着向他祝贺并鼓掌。

第二天新班委就要进行就职演说和签订岗位责任书了。我想了解晓明为何能高票当选。我找了几名“亲信”询问，学生反映：“晓明上小学时就挑战校规校纪，学习不认真，不交作业是常事；他家里有钱，有些人总喜欢跟在他后边占点小便宜；班委选举前，他曾经和同学们讲：好班委就应该和大家一条心，而不应监督管理大家……”还有人说选举前晓明向他拉过票。

我好像明白了：对于老师的严格要求和班规的制约，不少孩子心存反感但不敢显露。那些敢于挑战老师、挑战班规的人因此成了这些孩子心中的“偶像”。晓明的言论就有了市场，再加上他的拉拢，获得高票就很自然了。我该怎么办呢？

（案例选自陈宇：《学生可以这样教育》，中国人民大学出版社，2016。原案例提供者：山东省临沂市沂水县下古村中学，于松峰。选用时略有删改。）

这个案例的本质原因是班风和师生关系出现了问题，导致学生和班主任不是一条心，但没有一份严谨的选举规则是出现这种状况的直接原因。一旦选举结果出来想更改就很被动，但班主任又心有不甘。当然，很多事有两面性，从积极的角度看，晓明当上副班长也不一定就是坏事。他能获得高票，说明在班里还是有一定人气的。现在他是班干部了，班主任正好可以对他严格要求，约法三章，督促他起模范带头作用，团结同学一起为班级做贡献，说不定还能把他转变好。但这毕竟不是班主任一开始就希望看到的结果，要想避免这种尴尬，事先设计好规则是至关重要的。

班干部的选举可采用班级大会的形式，而选举的规则应该由班主任亲自制定，这样有利于得到双赢的结果。

方法指南

设计选举规则时，班主任需要考虑的问题

候选人如何产生

（1）如果是学生自己申报，某职位无人申报怎么办？

（2）是不是只要申报了就能成为候选人？候选人是否需要设置一定的门槛，如学习成绩、常规表现、综合素质等？

如何从候选人中确定班干部

（1）如果某职位只有一个人申请，他是不是可以直接当选？

（2）如果一个职位有多个同学竞争，采用什么方法确定最后的胜出者?

（3）是不是只以学生投票产生结果？班主任是否无权干预?

（4）如果有学生对选举结果表示质疑怎么办?

◎班干部如果犯了严重错误或者不能胜任怎么办

本教程第三课第一讲介绍的临时班委竞聘规则就是根据以上思考制定的。

（3）设置班干部任职资格，保证优秀学生当选。

设置班干部的任职资格就是要建立班干部的准入制。虽然理论上每个人都可以当班干部，但是，让表现欠佳但会拉票的学生当选，对班级的发展有害无益。要保证班干部候选人首先是有正气、表现良好的学生，选举班干部是好中选优，而不是简单地海选。

班干部的任职资格要以制度文件的方式明确。

资料库

班干部任职资格文件（示例）

××班班干部任职资格和任期规定

（1）本班所有同学都有担任或选举班干部的权利。

（2）班干部承担着一定的班级管理和为同学服务的责任，应该由责任心强、工作热情主动的同学担任。

（3）班干部代表着班级形象，对同学有榜样示范的作用。班干部的日常表现必须良好并得到老师和同学的认可，其中对学习委员的要求是学习成绩优秀。

（4）本班班干部正常任期为一学期，任期满后可以竞选连任，但连任不得超过两届。每学期初举行班委换届选举。换届选举会要求全体同学和班主任都要参加。

（5）班干部候选人由班主任审核。

（6）如果班干部在任职期间严重违纪造成恶劣影响，班主任可以直接罢免其职务并指定临时负责人直至下一届选举之前。

任职资格制度至少可以保障班干部是从优秀学生中选拔的，而且班主任对候选人有最终审核权。

5. 班干部选举的流程

班干部选举首先是要解决候选人的问题。为防止出现无人申报或申报人不符合任职资格的情况，增加了同学推荐和教师（包括班主任）推荐两种方式，同时引入了班主任审核的程序。选举的流程并不复杂（参见图 9–1），但选举的规则很重要。

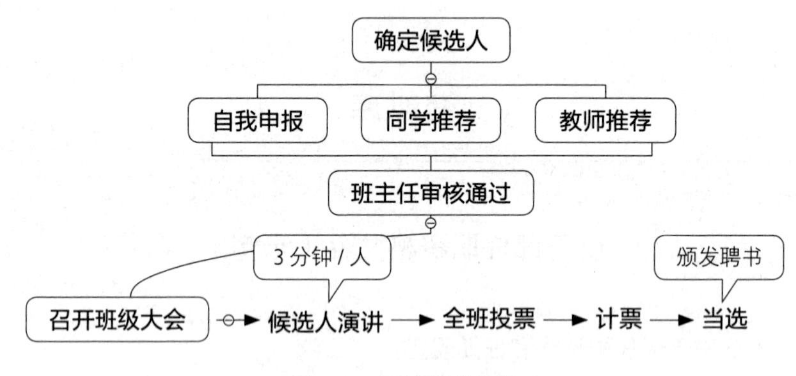

图 9–1　班干部选举流程

选举规则也是班级制度之一。规范、严谨的选举规则本身就是班级民主的体现，也是对所有参与选举的同学的尊重。规则要公平公正，尽量保证不出现意想不到的结果，还要尽可能简化选举流程。

超链接

班干部选举规则参考第三课第一讲中的“如何组织班干部竞聘”。

6. 班干部选举之后的工作

（1）公示班委会名单。

（2）向当选的班干部颁发聘书。聘书可以很方便地买到，也可以自己制作。聘书要正式，上面有姓名、职务、任期等，最好有班级的图章和班主任的私章（参见图 9–2）。

（3）和落选的竞聘者做一次谈话，肯定他们的参选行动，分析落选的原因，鼓励他们继续努力并在以后的工作中给予他们机会。要保护他们积极参与班级事务的积极性。

（4）修改班干部职责。此前有临时班干部的职责，经过一段时间的实际操作，可能要做一些微调。

聘书

兹聘请 ××× 同学担任 ×× 班委员

任期自 ×××× 年 × 月至 ×××× 年 × 月

×× 班班委会（章）

班主任（签章）

图 9–2　班干部聘书模板

（5）召开第一次班干部会议。会议具体内容可参看本课第二讲。

第二讲
班干部的管理

本讲能力目标

· 掌握管理班干部的基本思路。

· 理解班干部例会的重要性并掌握开会的方法。

· 掌握评议班干部的方法。

班级要想实现高效管理，一支能力强、负责任的班干部队伍不可少。班干部队伍是班级管理的中坚力量，对班级管理绩效的取得起到了至关重要的作用。尽管他们是从全班学生中选拔出来的，素质和能力相对较强，但要成为一名称职甚至优秀的班干部，还需要严格要求，悉心培养。所以，班主任不能指望这些学生天生就是好干部，选出来马上就能用得很好。与选举班干部相比，班干部队伍的管理和培养更重要。

本教程介绍的是班干部管理的系统方法，尽量做到全覆盖。在实际工作中，班主任可以根据自己的精力、能力和班级的情况选择、调整，未必要全部做。

狭义的班干部是指班委会和团支部成员，广义的班干部是指所有在班级里承担一定管理工作的学生，除了上述两类学生，还包括科代表、自然组组长、保洁组长等。广义的班干部覆盖班级三分之一以上的学生。以下管理方法主要针对狭义的班干部，其他班干部的管理可以参考一部分。具体参见图 9–3。

几点说明：

（1）班干部换届的周期班主任自己掌握，也可以不大动，微调；

（2）有较严重问题的班干部，已经不符合任职资格了，要撤换，这是一开始就制定的规则，不需要再选举，班主任直接任命新的班干部即可；

（3）班干部培训和班干部改选本课后面会单列，本讲介绍其他几项工作。

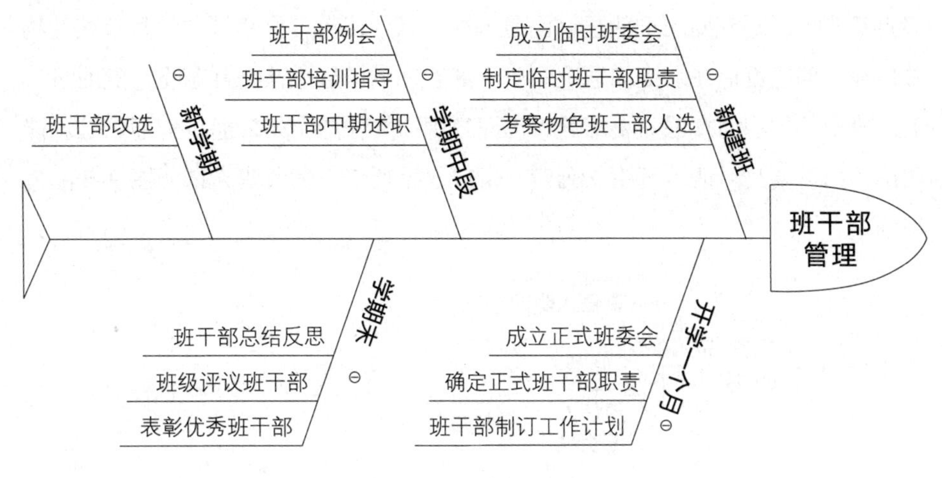

图 9–3　班干部管理体系

1. 让班干部明确自己的责任

（1）编制班干部的职务说明书。

班级管理是需要班干部做实事的。班主任不能仅仅是泛泛地要求班干部以身作则、起模范带头作用，而是要对班级工作进行梳理、分类，对班干部进行明确的分工。比较简单的办法是给每一个班干部一份岗位职责书（也叫“职务说明书”），列出他们分管的具体工作。

超链接

第三课第二讲中有班干部岗位职责的参考示例。

班干部的任务开始可以简单一点，随着班级的发展，学生自主管理的事务增多，再慢慢补充。给每一个班干部的任务要适当、均衡，要在学生的精力和能力范围内。

（2）确定每项工作的责任人。

职务说明书虽然很具体，但毕竟不能界定所有的问题。如果某项任务无法确定负责人，则需要班干部通过沟通解决。第六课第五讲案例“教师节买礼物的风波”问题就出在缺少沟通上。班干部之间的沟通应该是常态化、随时进行的。班干部的沟通意识需要培养，沟通氛围需要营造。如果通过沟通依然不能明确，则需要及时请示班主任确定。所以，某项工作的负责人依照图 9–4 的流程确定。

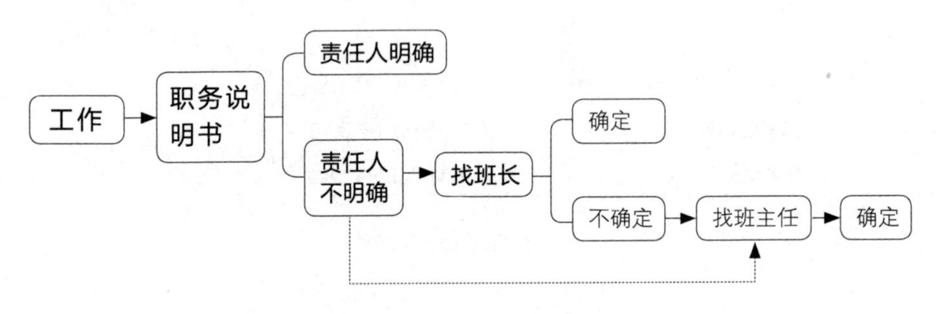

图 9–4　工作责任人的确定程序

一旦确定负责人，完成任务的原则就应该是“一人负责，众人协助，听从指挥”。这样就不会出现互相推诿或者一件工作抢着干的状况，也不会出现一个人干活，其他人袖手旁观的局面。

（3）处理好分内的事与分外的事的关系。

班级工作要分工，但也不能事不关己高高挂起。尤其对班干部，应该有这样的意识：分内的或者已经安排的工作要勇于担当，独当一面，做一个能解决问题的班干部而不是只会记录汇报的班干部；“分外的事”如果已经有人负责则首先要尊重同学，可以关心进展，表达可以帮助的意愿，需要协助的地方要大力协助；如果还没有落实负责人，则需要主动关心，必要时提醒班长或班主任。

2. 对班干部提出更高的要求

对班干部的高要求主要是指行为表现方面的。班主任通过班干部会议、班干部培训和个别交流等方式反复传递这些要求。可参考本课第三讲“班干部培训”的内容。

3. 建立班干部例会制度

班干部会议分例会和临时会议两种。临时会议是因工作的需要而组织，时间不固定。班干部例会是班级唯一需要定期召开的会议，但大多数班级都没有这个制度。有些班主任认为没有必要开例会，有事情临时布置一下就行。其实，班级规模不大，现在网络又很发达，如果只是发布通知、布置任务，确实不需要定期召开班干部例会。但班干部例会的意义不在于会议上说了些什么、解决了多少问题，它是班干部管理的重要形式。

班干部例会是对每个班干部做定期的提醒，提醒自己的身份和职责。班干部例会制传递的一个信息就是班级很重视班干部，希望班干部能更加尽职。另外，班干部例会可以让班主任和班干部有机会经常聚在一起，交流思想，交换信息和意见，对班级工作提提建议，也借此增进感情。这种定期的聚会对提升班干部的责任心和团队意识，加强班主任和班干部的合作都很有好处。所以，班干部例会很重要，建议形成制度。

（1）班干部例会的作用。

班干部会议有以下几项功能。

①传达通知，布置工作。

常规工作、重要活动的安排、分工都是通过会议部署下去的。可参考第六课中的运动会工作安排案例。

②展开头脑风暴，共议问题解决方案。

班干部是班级精英，除了平时承担部分班级管理工作外，还是班主任的智囊团，他们对班级活动提出各种意见和建议，制订活动方案，是班主任的得力助手。班干部会议的一项重要的作用就是群策群力，通过头脑风暴，寻求解决难题的好办法。

③交流信息，探讨班级存在的问题。

班干部会议还是交流信息、发现和分析班级问题的平台。班干部最了解班级情况，在会上可以提供并交流各种信息，回答班主任的询问，班主任可以及时发现班级存在的问题或隐患并且和大家商量对策。

④就班级重要的问题达成共识。

班干部是班级的领头羊，他们的态度和行动对班级发展方向有较大的影响。班级出现的问题，首先要在班干部中达成共识，再将这些共识通过各种方式传播出去，形成正确的舆论导向。

⑤提高班干部的团队意识。

班主任要对班干部加强团队意识的培养，要让他们明确自己是在一个团队中，不是各自为战。要产生这种意识，就必须让班干部有组织纪律性和团队归属感，而经常在一起开会则可以提升这种意识，提醒学生“我们是一个团队的，有共同的责任，只是分工不同，我们要加强合作”。

⑥教育培训班干部。

培训班干部是班主任的重要工作之一。对班干部的培训可以采取“系统培训”与“即时指导”相结合的方法，班干部会议就是系统培训的专用时空。所以，每次开会，班主任除了了解情况、布置任务，还要加入培训班干部的内容。

（2）组织班干部例会的要点。

①提高会议效率。

开会的首要目的是解决问题，所以会议要有效率。主题明确、内容充实、流程清晰的会议才是高效的。班主任必须事先备课，确定会议主题和内容并提前告知会议的主要内容，要求班干部在开会之前做好发言和交流的准备。如果是班干部主持，则需对班干部进行指导和帮助，使主持人在实践中不断提升能力。会议中班主任的主要作用是引导学生发言。除了对干部的培训讲话，班主任的发言时间不要超过三分之一的时间，主要听班干部讲。每次会议时长根据内容而定，但不要太长，以免影响学生其他事务的安排。例会时长一小时左右为宜，临时会议主要是布置工作，时间要短一些。会议应该有正式的会议记录，由某一位班干部专门负责。

②选择适当的开会时机。

例会定期召开，一般一个月至少一次。要保证会议质量，首先要确保学生能定下心来开会，不能心不在焉，草草了事。班主任要慎重选择时机，避开重大考试前夕或者任何其他不适合开会的时间点。建议班主任参考一下校历，考虑到学校的重大活动或考试等情况，把一个学期的班干部例会先做一个预安排，列一张表，如果遇到重要的事情，可以临时调整，增加或取消会议。开会前一天还要正式通知一次，让班干部有时间安排好自己手头的事。准时参会是对班干部工作素质的基本要求。

③选择合适的开会地点。

除非是临时召开的会议，正常开会最好选择固定地点，环境要安静整洁，所有与会人员都能坐下。如果是在本班教室，应该是在卫生打扫结束，全体学生离开后再开会。良好的会议环境可以让学生注意力集中，而且提高重视程度。各个学校的条件不一样，这可能需要班主任花一点功夫去寻找或借用。

④安排好参会人员座位。

不要按照职务高低安排座位，根据会场的条件，学生和班主任怎么坐都可以，但要避免面授上课的坐法，要保证班主任可以看到每一个学生，学生之间最好也能互相看见，但最好不要紧紧挨着，有半米左右的距离最好，方便交流和掌控会场秩序。

⑤强调会议的纪律和秩序。

强调纪律不是要大家绷着脸开会，而是要求参会人员认真对待。开会要正式、正规，气氛热烈一点是可以的，但是不能嘻嘻哈哈，不拿开会当回事。班干部会议要体现学生领袖团队的良好素质，会议必要的纪律和秩序必须保证。良好的会议氛围是在班主任的调控下形成的。

总之，要加强班干部对开会的重视程度。要让班干部明确，开会是班级管理的重要内容。会议不仅是议事，更是尊重学生权益的活动；参会不仅是责任，也是一种荣誉。要珍惜这种荣誉和权利，把会开好。思想上的重视，会议内容的充实，是开好会的最大保障。

马上行动

召开一次班干部会议，以此建立班干部例会制

新班开学一个月内要正式选出班干部，随即要召开第一次班干部会议。第一次会议为以后的例会怎么开提供了模板，所以要做好充分的准备。特别是要把开会的规则说清楚。制定正式的会议规则，体现了对这件事的重视，也有利于提高开会的效率。

第一次班干部会议的主要内容有：

（1）解读班干部职责（班干部职责请参看第三课第二讲）；

（2）制定班干部例会规则；

（3）进行第一次班干部培训。

资料库

班干部例会要求（示例）

（1）原则上每个月第四周的星期五下午放学后召开班干部例会，每次开会前三天由班长再通知一次。如果时间有变化，随时通知。请提前留出时间。

（2）所有班干部准时参会，因特殊情况不能参加的提前向班主任请假。

（3）班干部参加例会要带好笔记本。

（4）开会前请按照会议通知的主题做好发言、交流的准备。如果需要书面材料，要提前准备好。

（5）认真参会，积极发言，做好笔记，不做与会议无关的事。

（6）会议记录由副班长负责。

（7）例会由班长主持，班主任全程参加。

4. 帮助班干部养成反思的习惯

人是在反思中成长的，而绝大多数学生还没有养成反躬自省的习惯，工作能力很难得到实质性的提升。对班干部反思习惯的培养机制包括以下几个方面。

（1）期初制订工作计划、方案。

在任职期初，每个班干部都要结合自己分管的工作制订学期工作计划。内容包括：准备做哪些工作、开展哪些活动、准备如何开展、有什么设想，等等。这是培养班干部动脑筋的开始。比如，学习委员的计划中有组织一次班级百科知识竞赛和一次汉字听写大赛；体育委员的计划中有组织一次班级趣味运动会；文娱委员计划组织一系列班级跨年庆祝活动；等等。要让班干部自己开动脑筋去思考、设计，充分发挥他们的自主性，不再只是听从班主任的安排。同时，有了计划，做事就有了方向，就能产生看得见的绩效。

期初的计划虽然不是反思，却是期末总结反思的依据。

（2）及时记录工作情况和心得体会。

班干部应该有自己的工作记录本，开例会要求做笔记。也要养成平时做记录的习惯，总结自己工作中的心得体会和经验教训。班主任可以提出具体的要求，比如某次活动结束后相关负责的班干部需要整理一份书面材料小结。平时工作中的一些问题可以在周记中及时和班主任交流。

（3）中期述职。

期中考试以后，学期过半，班干部已经工作了两个月（新任班干部至少工作了一个月）。班级在期中会有一次全面的阶段性小结，包括班干部的工作。所以，可以利用班干部例会时间安排一次班干部的中期述职，对照自己的职务说明书，向班委会汇报履职情况。班干部互相点评，班主任总结并提出要求。中期述职要有文字稿。

（4）期末工作总结。

期末，班干部需要撰写一份学期工作总结，对比期初的工作计划进行总结：

①本学期做了哪些工作、开展了哪些活动；

②对哪些工作比较满意；

③有哪些不足之处；

④对班级工作有什么建议或意见；

⑤希望班主任或同学给予怎样的指导和帮助。

班主任要对每一份述职报告进行点评，解答班干部的困惑并予以必要的扶持帮助。

以上关于培养班干部反思习惯的工作可以用图 9–5 总结。

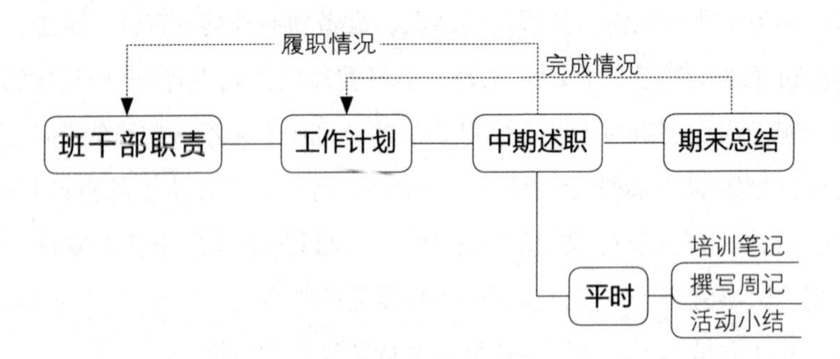

图 9–5　培养班干部总结反思习惯的工作

5. 班干部的评议

每学期开展一次班干部评议工作。时间在期末，全班同学参与，采用班级大会的组织形式。评议流程参见图 9–6。

（1）评议会上，每个班干部发表 3 分钟演讲（宣读总结报告），总结工作。可以制作 PPT 或使用道具，尽情展示自己。

（2）全班同学填写《班干部评议表》（参见表 9–2）。

（3）统计评议结果，班主任根据结果结合教师的意见和班干部逐一做一次反馈交流。

（4）择机在全班宣布评议结果。要注意以表扬鼓励为主（负面的评价在个别反馈的时候谈），保护班干部的积极性。

（5）表彰优秀班干部。表彰可以放在第二个学期开学后，以激励来迎接新学期。

这样的机制对于班干部来说，有助于提高他们的责任意识，同时也让班干部有了展示和倾诉的平台；对于学生而言，尊重了每个人的民主权利，也让同学们了解了班委工作的酸甜苦辣，有利于大家更好地理解、配合班干部的工作。以肯定、激励为主的评价机制，调动保护了班干部工作的积极性。

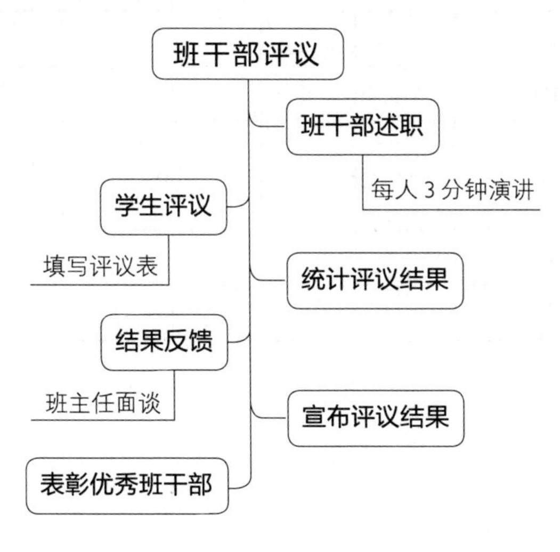

图 9–6　班干部评议流程

资料库

班干部民主测评表（示例）

表 9–2　班干部民主测评

序号	职务	姓名	优秀	称职	不称职	最想对你说的一句话
1	班长					
2	团支部书记					

续表

序号	职务	姓名	优秀	称职	不称职	最想对你说的一句话
3	团支部组织委员					
4	副班长					
5	纪律委员					
6	学习委员					
7	体育委员					
8	劳动委员					
9	宣传委员					
10	文娱委员					
11	生活委员					

第三讲
对班干部进行系统培训

本讲能力目标

- 掌握培训班干部的基本方式。
- 掌握班干部培训的主要项目和内容。

班干部要有系统的培训。培训对象是所有的班干部（广义的班干部）。

所谓的“系统培训”不一定在于形式，而在于意识，就是说班主任要把培训班干部放在心上，不能只想着用人而不去培养人。班干部的能力通过培训可以显著提升，对其自身的发展和班级的发展都是很有意义的。不过鉴于学生的主要任务还是学习，花很多时间专门做培训，既无必要，操作上也不大可能。更多的培训是分解在平时、与工作相结合。班干部的工作本身就在锻炼、积累经验，只要班主任有意识地点拨、指导，就是在培训。

通过培训，班干部的整体工作水平一定会得到提升，班级还可能会出现个别能力超强、威信很高的学生干部，他们原来的素质就很好，有领袖型的人格，再加上有意识地培养、激励，进步会很快，他们是班干部中的精英，在未来的高一级学校或从事的工作中很可能也会成为领军人物，他们是班主任职业生涯中的骄傲。

1. 培训方式

（1）微讲座培训。

微讲座每次一个小专题，可以在班干部例会中专门安排。微讲座带一点理论，用班级中的实际案例做例子，也举一些管理学中的经典案例，帮助大家提高认识。微讲座比较正式，要备课，做 PPT。班主任可以自己开讲座，为此，班主任也需要读一些书，见多识广，加上有心整理，才能言之有物。所以，这种培训对班主任也是一种提升。当然，还可以利用家长或其他社会资源来做培训。

（2）案例式培训。

在培训时，不能只说大道理、提空洞的要求。道理大家都懂，学生最需要的是具体指导。要结合具体的案例分析来谈方法，学生才能真正理解。这是比较有效的培训方法，叫“案例式培训”。要做好案例式培训，班主任就要在平时的工作中注意搜集相关的案例，做案例点评。

案例式培训通常的做法是，先说出案例的前半部分，即事情发生时的状况。让学生思考：遇到这种情况，如果是你，会怎样处理？请大家列出自己的处理方式，然后讨论，比较优缺点。然后说出案例后半部分，即当事人在当时是如何处理的，结果是什么。接下来分析，这样处理，好的地方在哪里，有哪些地方可以改进，还可以怎样处理等。

管理案例

一次案例式培训

有一次英语科代表布置作业，话总是说不清楚，底下的学生没法记录，一片抱怨声。这时班长忍不住了，直接就上来批评科代表，态度很不客气，然后说：“你看看我是怎么布置的！”他就代替科代表布置作业，说得很清楚，学生一下就明白了。

这个案例其实有很多值得讨论的地方，比如班长这样做，可取之处在哪里；他为什么会这么做；有什么不合适的地方；他这样说话，科代表会有什么感受；给全班同学造成的影响是什么；以后遇到类似的情况，如何处理比较妥当；等等。

班主任在班干部例会上用这个例子进行了案例式培训。

分析这个案例时，那位科代表也在场，大家还原当时的场景，分别都说了自己的感受，通过沟通还顺便化解了同学们之间的不和谐，一举两得。

这样的培训就是有实效的。

（3）现场点拨式培训。

现场点拨随时可以进行。班干部在工作时，班主任要注意观察。如果发现有不妥当的地方，不要立即干预，要树立班干部的威信。但是，事后要尽快找时间和这位班干部交流。点评班干部的工作，要先肯定，指出他的处理优点在哪里，再指出问题，最后还要鼓励班干部，告诉他以后一定会做得更好。

（4）角色扮演、情境模拟培训。

让班干部通过角色扮演再现案例过程，演示处理方法，大家观看、分析、点评。

（5）实操式培训。

能力是在实践中提高的。要创造条件，提供班干部实际操作的机会，做完后再交流探讨，以利改进。在做中学，事情也做了，培训也做了。

（6）学习、阅读有关书籍资料。

推荐一些有关的书籍资料，让班干部自学，做笔记。在适当的时候交流学习心得。资料要符合学生的认知发展水平，尽量选择通俗易懂的，毕竟学生不是学管理专业的，比如《所谓情商高，就是会说话》《照着做，你就能带好团队》等。

2. 班干部培训的主要内容

班干部培训按能力要求可以分为初级、中级、高级三个层次。

（1）班干部初级培训。

初级培训是班干部的基础培训，主要是基本工作方法和工作态度的培训。通过培训，让班干部知道应该以什么态度对待工作，怎么把工作干起来，常见问题如何处理，等等。参见表9–3。

表 9–3　班干部初级培训主要内容

培训主题	培训方式
岗位职责解读	班干部例会解读、答疑、交流
基本管理素养	微讲座、案例式培训
基本工作方法	微讲座、案例式培训、现场指导

资料库

角色意识——班干部基本管理素养

班干部的“角色意识”是班干部个人和在班级中的定位的认知。角色意识是班干部最重要的素质，但并不是每一个班干部都天生具备，所以不论是开会还是在平时与班干部的交流中，班主任都要加强这方面的教育引导。

先进意识：班干部是班级的精英和领军人物，要对自己高标准、严要求，努力保持先进，特别是在自己分管的工作上更要如此。

自律意识：班干部要保持自律，爱护自己的形象，不沾染坏习气。

原则意识：工作中坚持原则，不因私人关系破坏规则。

责任意识：要意识到班干部不是荣誉称号，要做具体工作，为班级承担一定责任。

服务意识：班干部不是高高在上的“官”，他的工作更多的是要为班级为同学提供帮助和服务，当然，这种帮助也是相互的。

团队意识：每个人的能力和作用都是有限的，班干部不是一个人在战斗，整个班委会就是一个团队，需要团结合作，才可能有强大的力量。

担当意识：工作不仅要恪尽职守，也要敢于担当。在班级需要有人提供帮助时要主动站出来，不可事不关己高高挂起。

班主任可结合班级的具体案例对班干部进行素养教育。

管理案例

班主任在某次班干部培训会上的讲话要点

（1）提高自我要求，力争成为班级精英。

班干部不可能是全才，样样出色，但是必须对自己提高要求，不断进步。态度是最关键的，态度决定精神面貌，只有积极要求上进，才有可能带领同学们进步，也才符合班级发展的要求。

（2）注重自我形象，以身作则。

自己做得正，才能服众，才有执行力。比如孙同学、许同学，虽然工作很积极很有热情，但为什么在管理中常常遭遇阻力？我注意到你们经常上课迟到，中午午休时也曾溜出教室去打乒乓球，这些“不拘小节”影响了你们的形象，也有损你们的威信。

（3）有责任心，有主动工作的意识。

不要只等着老师提要求才去做，只要是班级的事务，首先要关心，在自己分工范围内的事，更应该经常思考，有预见性，要主动去做。

（4）要有奉献精神。

在一个班级里大家都是平等的，班干部不是什么“官”，更不能只会指手画脚，自己却不干活。人人都应该有一颗奉献的心，班干部更要有服务意识。但是，班级不会让奉献的人吃亏，事实上，主动奉献的人也不会吃亏，他得到的往往要比付出的多得多——收获了幸福感、老师的认可、同学的友谊，获得了集体的表彰和荣誉，体现了自己的价值，活得有尊严，并且在自己有困难的时候也会得到大家的帮助，等等。

（5）要善于总结方法，提升工作能力。

在工作中开动脑筋，多琢磨，找到工作的窍门，对自己分管的工作要熟悉、精通，力争把事情做到完美。语言表达能力、组织协调能力、文案写作能力、人际交往能力等，都是对班干部做好工作非常重要的能力，在学生时代锻炼这些能力，对今后的个人发展也大有益处。班级工作就是给大家提供各种平台，让班干部们能有更多的机会锻炼、展示。

（6）要善于协调关系，与全班同学搞好关系，不要结成小团体。在工作中既要讲原则，也要讲求工作艺术。最好的工作艺术就是既完成了任务，又在完成任务中加深了同学的友谊，这方面需要班干部认真思考。

（2）班干部中级培训的主要内容。

中级培训可进一步提高班干部的工作能力和水平。要求班干部不仅能把工作做起来，还要提高工作的质量和效率，管理好自己的情绪，正确处理干群关系，形成良好的工作作风，协调个人学习与班级工作的关系。要求班干部在监督、检查、汇报等比较敏感的工作中要有一定的工作艺术，做好沟通，尊重学生，公平公正，不要让学生认为班干部就是向班主任“打小报告”的。以身作则，以工作能力树立自己的威信。班级要经常提供班干部面向全班同学发言、演讲的机会，提高班干部的“曝光率”。可以组织演讲比赛，锻炼学生的表达能力。可以将一些文案撰写的任务，如申报材料、发言稿交给相关的班干部完成，班主任做好修改、点评工作。本课第二讲提及的班干部撰写工作计划、述职报告，进行述职演讲等，既是班干部的管理方法，也是对班干部的培养和锻炼。

班干部中级培训的主要内容参见表9–4。

表9–4　班干部中级培训参考主题

培训主题	培训方式
班干部的情绪管理	微讲座、个别交流
如何沟通	微讲座、案例式培训、情境模拟
如何建立良好的人际关系	微讲座、案例式培训
班干部如何树立威信	微讲座、案例式培训

续表

培训主题	培训方式
演讲能力	实操练习与点评指导
文案写作能力	布置写作任务、点评、交流
协调班级工作和个人学习的关系	微讲座、经验交流

管理案例

班主任在某次班干部例会上的讲话片段

班干部一定要处理好同学关系，得到大家的支持。一个人即使再能干，没有同学的支持，也是玩不转的。工作时要注意方法，不能急躁，不能发火，不能粗暴。要明确自己的工作性质，班干部的工作方式和班主任不是完全相同的。因为你和大家是同学关系，是平级的，而班主任和大家是师生，有上下级关系。所以，你不能居高临下地发号施令，自己却不干，这样会引起同学的不满。班干部绝不能站到同学的对立面上。班干部没有任何特权，管理是为大家服务的，这点务必保持清醒头脑。要养成凡事和大家商量的习惯，班干部与同学合作愉快，再与班主任合作愉快，就很好了。

（3）班干部高级培训。

随着班干部能力的提高，班主任可以安排难度更大、更有挑战性的培训活动。高级培训，旨在提升班干部独当一面主持工作的能力，策划、组织活动的能力，管理团队的能力和创新能力。这些能力不仅对当下的班级工作很重要，更为这些学生今后的发展打下了很好的基础。少数能力强的班干部通过系统的培训和锻炼，甚至可以替代班主任做很多工作，对班级走向自主管理意义重大。

班干部高级培训的内容有以下几个方面。

①独立或合作组织班级活动，制订活动方案，设计活动流程并实施。班主任全程指导，活动后总结得失，交流心得体会。

本教程之前介绍的如何设计流程、制定规则等内容均可下放到班干部培训中，班主任要像培训班主任一样做班干部培训。

②以班级事务为案例开展头脑风暴，寻求解决方案。

③实习班主任工作，以“代理班主任”身份进行班级管理实操练习，班主任做指导老师。

④阅读自学相关的书籍、资料。

管理案例

班干部组织班级大型活动

某年学校组织迎新年爱心义卖活动。这是一次全校性的大型活动。按以往的工作惯例，班主任要先设计活动方案和任务单，再召开工作协调会布置各项任务。但班主任换了一个思路，把这次活动作为一次培训班干部的机会，决定对团支部书记授予全权，负责组织和指挥，班主任只做指导，不参与具体决策。团支部书记学习了班主任设计任务单的方法，对活动做了精细的安排，结果取得了很好的效果。事实证明，学生的能力常常超乎老师的想象。一旦学生被激发起来，能发挥巨大的作用。以下这份活动任务清单（见表 9–5）就是团支部书记设计的，与班主任的水平不相上下。

表 9–5 “迎新年献爱心义卖活动”任务清单

序号	任务	负责人	完成时间	备注
1	整理捐赠物品并统计	××	12 月 31 日中午	总负责人检查
2	购买义卖物品	××	12 月 31 日前	购物清单另列

续表

序号	任务	负责人	完成时间	备注
3	搬运义卖物品	××	12月31日下午1:00前	总负责人指挥
4	布置义卖展台	××	12月31日下午1:00前	从教室里搬桌椅
5	制作宣传海报	××	12月31日中午	材料费用报生活委员
6	固定摊位销售员	××	12月31日下午3:00	
7	固定摊位促销员	××	12月31日下午3:00	
8	流动推销员	××	12月31日下午3:00	
9	货物保管	××	12月31日下午3:00	结束后协助收拾
10	销售统计	××	12月31日下午3:00	
11	摄影拍照	××	活动全程	后期制作电子相册
12	收拾展台物品	××	12月31日下午3:15	结束后打扫卫生
13	机动服务	××	12月31日下午3:15	听从总负责人安排
14	总负责人	××	活动全程	有问题联系班主任

（说明：表9-5引自陈宇:《班主任工作十讲》，教育科学出版社，2014。）

需要说明的是，本讲虽然按层次划分了班干部培训的内容，但在实际操作时，这些内容可以交叉、混合或者对不同的班干部进行不同的培训（因为班干部的个人能力也不一致，有的学生会特别强一些）。

第四讲
班干部的更换

本讲能力目标

- 理解轮换班干部的必要性。
- 掌握班干部改选的方法。

班级对学生的教育，不仅有知识的传授，还有能力的提升和综合素质的培养。设置班干部的目的不仅是协助班主任完成一定的班级工作，更重要的是让学生有机会在实际工作中得到锻炼，提升自己的综合实力。因此，班主任要尽可能让更多的学生走上管理岗位，有担任班干部的经历。

1. 班干部需要适当轮换

在不少班级，因为少数班干部能力较强，班主任用起来顺手，长期不换班干部，有些班干部一做就是三年，学生也习惯了这些班干部的管理。从管理的角度讲，这样的安排也不是没有道理，因为这些班干部的能力越锻炼越强，威信高。但换一个角度，其他同学失去了锻炼的机会。所以，从学生发展的角度讲，有必要适当更换班干部。本课第三讲详细介绍了班干部培训的各种方法，班主任要相信大多数人才是可以培养出来的。当然，不能一概而论。有些学生确实不适合做班干部，所以也不必强求每个人都要做班干部。

2. 以班级制度的形式确定班干部轮换

班主任可以根据班级的情况和自己的想法决定换不换班干部、换多少，但更换班干部的行为最好以制度的方式明确，不要随意撤换（除非犯了严重的错误）。本课第二讲引用某班“班干部任职资格”：（1）班干部一届任期为一学期；（2）班干部最多可以连任两届。这样做既保证了班干部的轮换，也是对撤换下来的班干部的一种保护（可以体面地卸任）。如果班主任想保持班委会的稳定性，可以将任期提高到一年，并且不限制连任的次数。不管怎样，班主任把这些写进班级制度最好。

如果以制度的形式规定了班干部必须轮换，那么哪怕每次只是更换少数人（实际情况也确实如此），也要在班干部任期结束后完全解散，推倒重来。也就是所有的班干部都恢复普通学生的身份参加或不参加新班委会的竞选。

3. 做好原班干部的思想工作和情绪安抚，以及换届后的工作

改选班干部，不管原班干部能否连任当选，都会有一定的思想波动。所以要做好原班干部的思想工作和情绪安抚，争取平稳过渡。

（1）告知全班同学，按班干部的任职资格制度，班委会即将改选。通知具体时间，宣布改选程序和规则。

（2）召开最后一次班干部例会，向全体班干部表示感谢，通知所有班干部做好改选准备。也请班干部谈谈任职期间的感想。

（3）尽量和班干部做一次个别谈话，听听他们的想法，顺势做一些引导。

（4）在改选大会上增加原班干部述职演讲环节，如果班级已经组织了班干部评议，可不必再述职，只发表简单的讲话即可（无论是否参加新的选举）。班主任要对每一位原班干部做点评，肯定他们的工作并表示感谢。

（5）新班委会成立时举行两届班委会交接仪式，原班委会代表发表卸任演讲，新班干部发表就职演讲，班级对卸任或落选的原班委会成员颁发荣誉证书和小纪念品表达谢意。

（6）可以让卸任班干部对接任班干部做一定的指导，传授经验。

（7）将学生担任班干部的经历写入评语或毕业鉴定中。

4. 制定班干部改选规则，按程序完成改选工作

不过有了第一次选举班干部的经验，改选工作会相对简单。改选规则是在原来的选举规则基础上制定的，有些地方稍做调整。为防止出现某职务没有候选人的情况，班主任可事先做一些动员工作。尊重原班干部是否继续参加新一

轮竞选的意愿。如果不明确表示退出，则应默认参加竞选。任期已满的班干部不再参加竞选。

资料库

班干部改选规则（示例）

1. 新一届班干部候选人的产生

（1）班干部改选是班级的一项重要工作，鼓励符合条件的同学们踊跃参选。

（2）参选者本人向班主任申报。

（3）班主任召开班委会推荐。

（4）原班干部在换届选举中默认竞选连任。除非已连任过一次，主动提出放弃，不参加竞选。

（5）候选人的名单需经过班主任审核批准方可进入选举程序。

2. 新一届班委会选举流程

（1）全班每人一张选票，在选举大会开始前下发。

（2）所有参与竞选的候选人发表竞选演讲，每人不超过 3 分钟。

（3）全部参选者演讲完毕，全班投票，计票。

（4）宣布投票结果。当选规则如下。

①某职位只有 1 人参选，全班同学可以自由选择是否投赞成票。获 2/3 及以上选票，直接当选。不足 2/3 不能当选，由班主任直接任命。

②某职位竞争者为两人，必须对其中一人投赞成票，票数高者当选。

③某职位有两个以上竞争者，全班同学进行两轮投票。第一轮票数最高的两人入围。入围者发表 1 分钟演讲。再次投票，票数高者当选。

（5）当选名单公示一周。公示期间，班级工作仍然由原班委会完成。公示期满，举办班干部交接仪式，新一届班委会成立。

（6）公示期，对选举结果有异议的同学，需以书面或口头的方式向班主任提出，班主任做调查了解。是否重新组织选举，由班主任确定。

案例故事

某班主任对班干部改选过程的全记录

做班主任的都有这样一个体会：换掉一些班干部是很艰难的，生怕影响了这些孩子的积极性。但有时换掉一些不称职或有问题的班干部又是必要的。

我不否认，第一次选出来的班干部的表现有的并不尽如人意。原班委会共9人，其中有很称职的，也有不太胜任的；有工作积极的，也有比较被动的。经过一个学期的变化，在不是班干部的30多名同学中，有一批能力强、有责任心的同学，完全可以胜任班干部。本来我有权力自作主张撤换一批班干部，但是如果是那样，就变成了一言堂，失去了民主教育的意义；如果完全由学生投票选出，我也不能保证能海选出真正代表全班先进力量的干部。经过反复考量，询问同事，集思广益，我最终制定了一套班委改选办法及程序。

首先，要让班委会实现平稳过渡。要顾及到前任班干部的尊严，即使落选，也要体面地“下台”。所以，我给了每一位班干部选择的机会，他们可以选择放弃连任。

其次，我必须考虑两种情况：有竞争者和没有竞争者。没有竞争对手不一定能当选，因为存在三分之二赞成票的门槛。有竞争对手的情况，为了进一步简化投票程序，避免在不必要的环节上浪费太多的时间，采用了“最多投票两轮”的方法。

《班干部改选方案》把所有可能出现的问题都考虑到了，而且提出了相应的应对策略。尽管据我估计，一些情况是不太可能遇到的，但是作为一项班级制度，必须严谨。这个程序，我在全班予以了详细的解读，公示在公告栏里，给了学生一个星期的时间讨论、考虑，征集候选人。

把小事当作大事来做，小中见大是学校教育的特点。班干部改选，对于整个社会的教育工程来说，是一件小得不能再小的事。但是对于一个班级来说，就是大事。对于学生的成长来说，无论参与还是不参与，都是一件意义深远的事件。很多学生都说，从小到大，未曾经历过这样正式的班委改选活动，这次活动带给了他们前所未有的体验。

高中生自尊心很强，都很讲面子，一旦成为班干部，即使不够称职，但要是真从现任的岗位上被选下来，心里想必也会不好受。我充分考虑到了前任班干部可能会出现的各种情绪和思想波动，为他们留下了足够的回旋余地。我给前任干部留了出路，如果觉得自己不够称职，很可能会落选，那么不如急流勇退，选择自动放弃，这样至少可以避免选票上的尴尬，有尊严地离开。其实放弃的理由还有多种，主动让贤就是其中之一。我曾公开表示，要让更多的同学在 3 年之内有担任班干部的经历，曾经担任过班干部的在履历上会有所反映，希望有更多的人参与到班干部竞选中来。

结果，9 名班干部中有两人选择了放弃，两人参与竞选其他职务，5 人表示要竞选连任。首先对前两种情况的 4 位同学分别谈心，问明原因。宣布放弃的人中有一个是出于“让贤”的想法，我对此予以了肯定，另外一人是出于自己的原因，我对他进行了鼓励。

这次改选出现的另一个情况是非原班干部报名参加竞选的不多，只有 4 人。11 人竞选 9 个职务，其中 8 个职务只有一个候选人。竞争不激烈，对此我也有思想准备。不报名不代表不想参加竞选，而确实是各有各的原因。我分析了一下，可能大致有这样几种情况：

（1）前任班委能力较强，大部分比较称职，在同学中威信较高；

（2）高中生仍然缺乏在公众面前展示自己思想和能力的勇气与自信；

（3）很多学生在过去从未经历过这种民主选举，没有相关的体验，所以选择了观望。

因为这次是第一次改选，出现任何状况都是可以理解的，而且，人数少一点并不影响选举。

周五选举正式开始。为保证活动能顺利开展，我事先制作了 PPT，并且给每一位述职的班委留了一点惊喜。

第一项是原班干部演讲。我事先并没有做任何限定，随便他们说点什么。结果出乎我的预料，除了一位班委，其他 9 个班委的演讲都非常认真，有一位班委甚至说他光是演讲稿就写了 3 遍，可见重视程度。那一位不认真的述职的班委一定有他自身的原因，这个我将在后续工作中解决。同学们听得也非常认真，每一位同学述职后都给予了热烈的掌声。

班干部的演讲非常有必要，因为班委虽然每天都有工作，但如果不说出来，还真容易被大家忽视。比如，宣传委员，很多人都不是很在意她平时到底做了些什么，通过她的演讲，同学们恍然大悟——原来，班干部确实为这个班级的发展一直在做奉献。还有，这些班委有什么想法、在工作中遇到什么烦恼、希望同学们做些什么，通过述职，也表述得很清楚。每一位班干部在演讲后都要表达自己的意向，是竞选连任还是放弃。这种述职对全班同学来说都是一次教育。

第一位班委述职结束后，我即刻送上了给他的惊喜——对他一个学期工作的点评，每个人都是 4 字一句，共 4 句，16 个字，不偏不倚。评语用 PPT 打出并高声念出来。我想这些干部工作了一个学期，无论连任与否，都希望听到老班对他们的评价。当然，在这种场合下，评价一定是正面的。因为观察得比较仔细，所以，这些评价也相当恰如其分，再次赢得了热烈的掌声，为这次改选活动增色不少。

第二项是本次参加竞选的同学演讲，每人不超过 3 分钟。

第三项，投票。投票共两轮，第一轮 8 人，他们没有竞争者，根据规则，获得超过三分之二的赞成票就可以当选。第二轮是对竞选同一个职位的 3 名同学按规则进行投票。我们准备了统一的选票，不记名。我严令他们写选票时必须背靠背，不得窥探他人选票。所有选票收上来，由 3 位同学组成的小组统计选票。

计票小组很快把票数统计好了，第一轮除了一位未超过三分之二，其余都以高票当选。按规则，这位候选人虽然没有竞争对手，但也不能当选，我要重新任命新的班干部。落选的这位班干部，其实也有一些客观原因，但思想工作是肯定要跟上的，而且要做细了、做通了。第二轮选举失败的那两位同学也要做好相应的安抚工作，不管怎么说，能站出来大胆参与选举，就是成功!

接下来，公示，举办两届班委会交接仪式，给不再继续担任班干部的三位同学（两名放弃、一名落选）分别颁发荣誉证书、赠送小纪念品，以感谢他们一个学期以来的辛勤工作。所有这些做完，班干部换届选举才算圆满结束。

本课小结

1. 班干部是班级管理的中坚力量，选拔优秀的同学担任班干部对班级的发展意义重大。
2. 班干部不是天生的能力强，好的班干部是班级悉心培养出来的，对班干部要有系统的培训。
3. 对班干部要高标准严要求，班干部队伍要有一整套系统的管理方法。
4. 班级要让更多的学生有担任班干部的经历，在班干部岗位上得到锻炼，提升他们的综合能力。

本课思考与实践

1. 某班干部工作能力出色，在班级中发挥着重要的作用。但是，家长怕孩子当班干部分散精力，影响学习，向你提出不要让孩子继续担任班干部。你如何应对这位家长的诉求?
2. 某班干部虽然能力强，但是个性太强，总是得罪人。你很信任他，但是他在班级却经常被同学抵制。你该如何解决这个矛盾?
3. 如何与能力很强但又不太“听话”的班干部相处?

第 十 课
全面提升班级管理质量

本教程用了三课（第六、七、八课）篇幅分别介绍了班级管理的三大支柱——组织机构、管理制度、评价体系。所有的制度、流程都需要人——教师或学生来执行，班主任不可能一个人完成所有的管理工作，班级管理需要全员参与，特别是班干部。班干部是班级管理的中坚力量。第九课专门介绍了班干部队伍的建设。至此，架构班级管理体系的要素已经齐备。但要素齐备不代表工作质量高。要想切实提升班级管理的质量，需要把这些要素形成关联，构成一个系统，协同运作，并且需要保证这个系统内所有的人都付出努力。

通过本课，你能学到：

1 如何建立班级的管理体系；

2 如何确立正确的管理观；

3 影响班级管理质量提升的原因；

4 提升班级管理质量的创新方法。

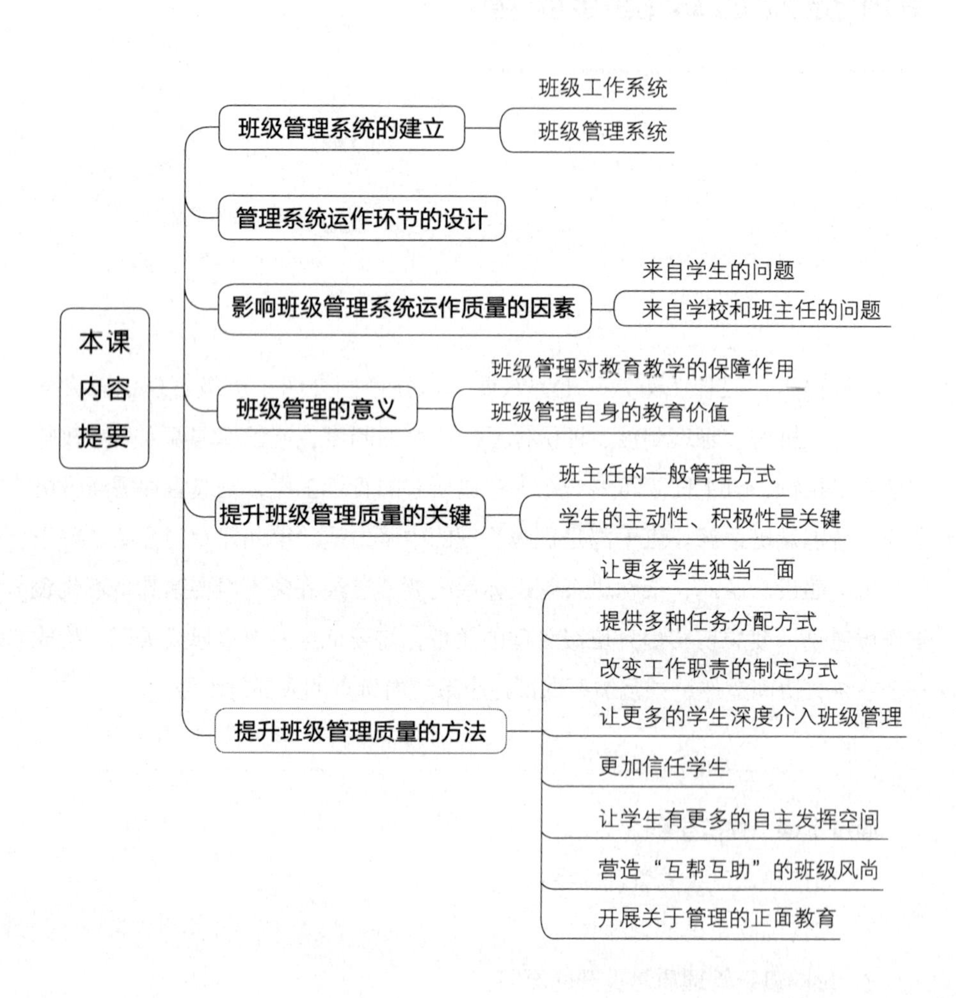
本课内容提要
班级管理系统的建立
班级工作系统
班级管理系统
管理系统运作环节的设计
影响班级管理系统运作质量的因素
来自学生的问题
来自学校和班主任的问题
班级管理的意义
班级管理对教育教学的保障作用
班级管理自身的教育价值
提升班级管理质量的关键
班主任的一般管理方式
学生的主动性、积极性是关键
提升班级管理质量的方法
让更多学生独当一面
提供多种任务分配方式
改变工作职责的制定方式
让更多的学生深度介入班级管理
更加信任学生
让学生有更多的自主发挥空间
营造“互帮互助”的班级风尚
开展关于管理的正面教育

第一讲
班级管理系统的建立

本讲能力目标

- 理解班级工作系统的概念。
- 理解班级管理系统的组成结构和一般运作方式。

系统是指一组相互连接的事物，在一定时间内，以特定的行为模式相互影响。我们的世界就是由各种各样或简单或复杂的系统组成。班级工作就是一个系统。

1. 班级工作系统

构成一个系统要有三个要件：要素、连接、功能或目标。系统最大的特点是要素之间有连接，相互作用。一盘散沙不能称为系统（尽管有很多沙子）。用一定的方法把沙子连接起来，才能聚沙成塔。没有连接，沙子永远是沙子，不可能成为“塔”。这说明：要素只有连接起来成为系统，才具有一定的功能和更强大的力量。比如离开了人体这个系统，任何器官都不能独立存活，也都不能发挥作用。

班级工作就是一个系统，它包含教学系统、教育系统和管理系统等子系统，参见图 10–1。系统是动态的，在不断地发展变化。班级系统的功能和目标就是发展学生。

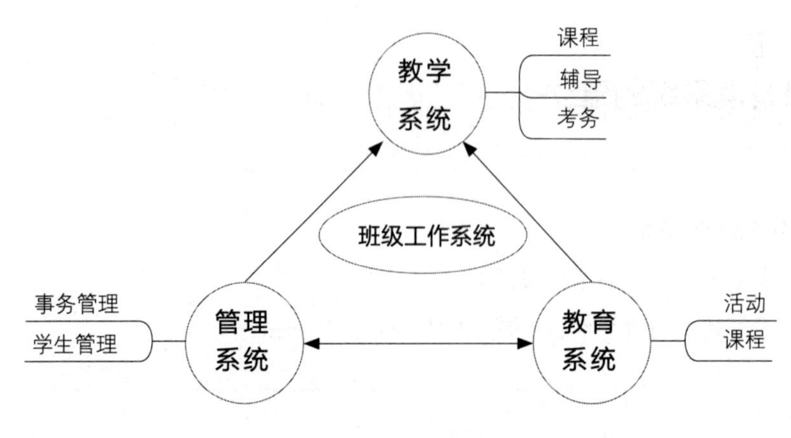

图 10–1　班级工作系统

这几个子系统是互相影响的（注意看上图中的箭头指向，本课第四讲将解读这些关系）。

2. 班级管理系统

班级管理系统是班级发展系统的子系统。这个系统是由互为关联的组织机构、管理制度、评价体系三大要素构架的。支撑这三大要素，使其发挥作用的，是人——教师和学生。参见图 10–2。

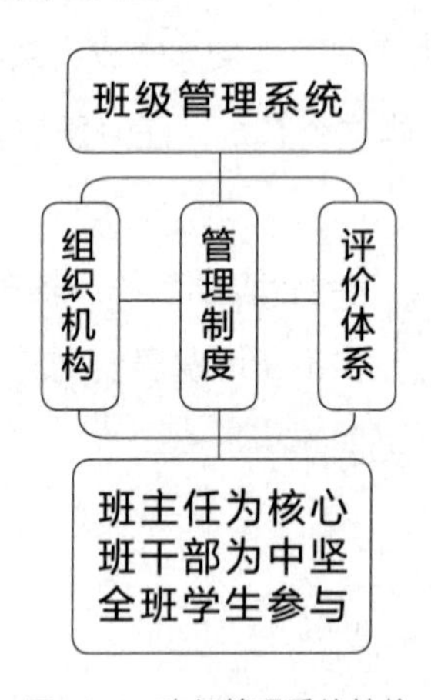

图 10–2　班级管理系统结构

班级管理可以分为对事务的管理和对学生的管理两大块，把其中任意一项工作放入这个系统，看看系统是怎么处理的。

（1）对班级事务的管理。

一项工作或任务，首先要确定谁来做，这是靠组织机构解决的。其次，怎么做，这是靠管理制度来解决的。最后，做得怎么样，这是靠评价系统解决的。评价给出一个结论，对做得好的予以激励，对做得不好的，予以指正，帮助做事的人改进。每一件工作都有对应的机构和责任人，责任人不能随意处理事情（因为他是有“责任”的人），他做事必须遵守一定的制度，做事的效果有相应的评价方法评判。班级就是这样完成一件件工作的。这是班级事务处理的专业方法。参见图 10–3。

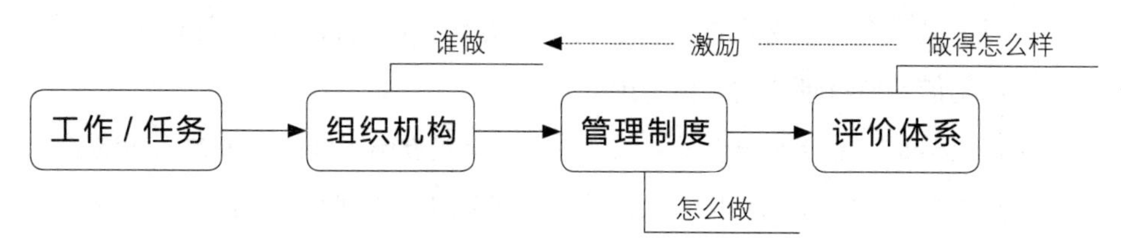

图 10–3　班级工作的处理过程

（2）对学生行为的管理。

学生无论是在课堂还是在课外，行为必须受到一定规则的制约，没有绝对的自由。有哪些行为规范，出现了违纪行为如何处理，这都需要有管理制度；谁来提醒、监督、记录，谁来处理违纪行为，是组织结构决定的。评价，既有针对发生行为的学生的，起到鼓励或矫正的作用，也有针对管理者的，肯定或指出问题。参见图 10–4。

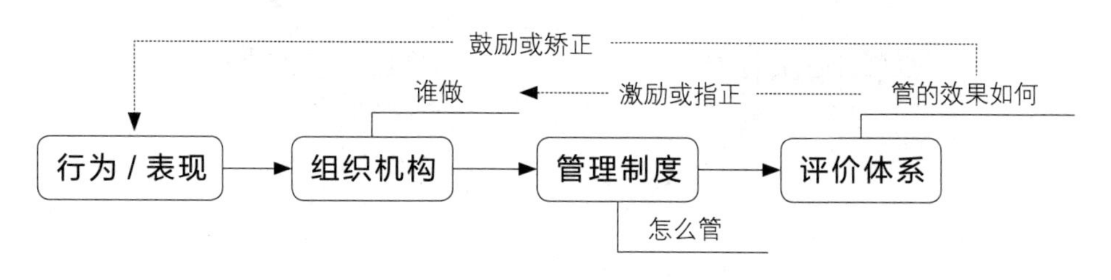

图 10–4　学生行为管理过程

由此可见，每一项工作的妥善处理，都是这些要素共同发挥作用的结果。班级管理系统的建立，可以把各个要素连接起来，像流水线一样处理各种事务。要想让这个系统运作良好，就要精心设计管理的每一个环节。

第二讲
班级管理系统运作环节的设计

本讲能力目标

· 掌握班级管理工作的环节。

班级本身没有一套原创的、独立的管理方法，所有关于科学管理班级的思路和方法均借鉴自近现代的企业管理。

在管理学诞生至今的一个多世纪的时间里，发展出了许许多多的体系化了的管理工具和方法，典型的代表如“全面质量管理 PDCA 循环”（参见图 10–5）。

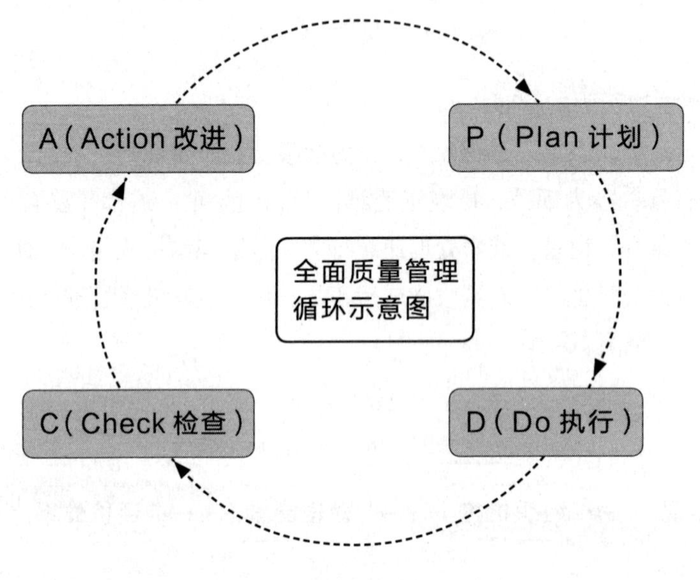

图 10–5　全面质量管理循环示意图

班级事务管理流程设计思路来自 PDCA 循环，它包括如图 10–6 所示的一些环节，是班级管理系统内部的运行方式。

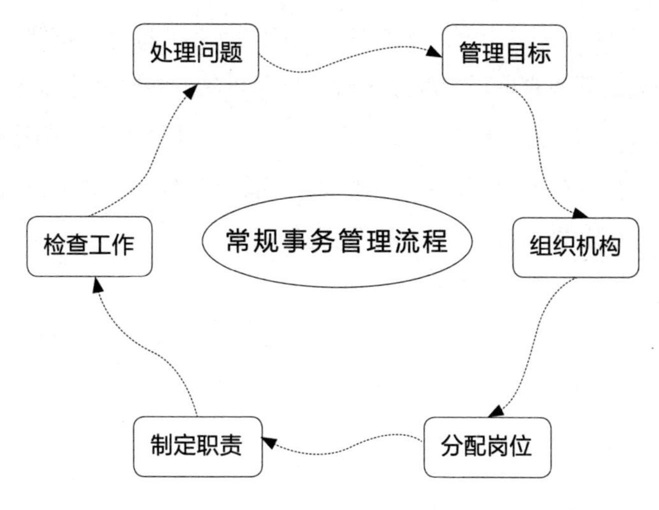

图 10–6　班级常规事务管理流程设计

根据班级的特点设计这个流程的细节，在实践中不断调整，最终形成了本教程所推荐的工作程序，具体如下。

（1）建立班级管理的目标。

（2）建立管理事务的组织机构。

（3）将需要管理的事务设计成岗位。

（4）把每个岗位分包给学生并且明确上下级关系。让学生知道自己的岗位在班级里是什么位置、出了问题可以去找谁。

（5）制定详细的岗位职责和事务处理流程。

（6）责任人做事或处理问题。负责人指挥、指导、提醒、督促。

（7）解决在工作中遇到的各种问题。

（8）完善检查制度，凡工作必有检查。

（9）建立评价制度，对每项工作进行考核评价。

走完以上步骤，一轮管理工作就完成了。最后一步评价之后，会再开始一轮新的工作循环。班级管理的质量应该在一次次循环中逐步提升，因为在此过程中，班主任会带领学生不断解决问题，克服困难，用评价激励学生的行动和建立新的目标。

本教程前几章对这些环节均已做过详细介绍。本教程推荐的管理方法已经经过了多次优化和实践的检验，被证明是有效的。尽管如此，依然有提升空间，因为没有完美的管理方法。管理方法的提升空间在于寻找更适合自己班级情况的方法。本课介绍的是找到这些方法的方法，即你可以从哪几方面入手分析自己班级管理质量不高的原因，可以在哪些方面做改进。本课提供的参考案例是为说明这些思路用的，不是直接拿去照搬的。

第三讲
影响班级管理系统运作质量的因素

本讲能力目标

- 理解造成班级管理质量不高的主要原因，为思考改进措施打下基础。
- 掌握处理学生在工作中出现的问题的常用方法。

尽管对班级管理的环节做了精细的设计，但在实际运作中总是会出现各种问题，影响管理的质量。只有找到造成这些问题的原因，才能采取有效的措施解决问题，提升管理的水平和质量。

班级管理工作流程的设计是基于人的一种理想的状况，做了很多假设和简化处理的。比如假设学生是愿意服从班级安排的、师生关系是良好的、班干部也是尽心尽力的，等等。建立理想的模型在研究问题时非常有用，但是在现实中，理想化的设计却会遭遇各种问题，不一定取得预期的效果。因为负责这些要素运转的是人，连接这些要素的是人与人之间的关系和信息。工作是人做的，制度是人执行的。如果人出问题了，比如他不想做，设计再精妙都没用。事实上，管理中最大的问题就是人的问题。

1. 来自学生的问题

任务布置了，学生却没做或做不好，原因有四种：不会做、不能做、忘了做、不想做。

（1）“不会做”是能力问题，这种情况并不多见，只要好好培训就能解决。

超链接

本教程中关于培训学生的内容参见：第三课第一讲中的“确定科代表并做简单的培训”，第九课第三讲“对班干部进行系统培训”。

（2）“不能做”往往是因为承包人生病或有事。班级可以制订预案，一旦出现这种情况要有人替代他完成工作。

（3）“忘了做”，这样的学生并不是抵触为班级工作，而是责任心不强，心不在焉。班级需要有提醒机制，也要加强教育，必要时还要有点小小的惩罚，让学生加深印象。

（4）“不想做”的情况又分两种。

第一种：只是不想做“这项工作”，并非抵触所有的工作。如果是这种情况，可以试着调换一下他的工作就可以了。

第二种：什么工作都不想做。对于这种情况一般的措施是“激励”。如果激励还是没用，那就要直接告知学生，管理工作有个底线，就是每个人必须为班级承担一定的工作、尽一定的义务，如果不做，要接受相应的处罚。参见图 10–7。

班级里有多少同学有这种情况呢？并不在少数。而且即使不多，也要引起足够的重视。因为根据木桶原理，只要有这样的情况存在，整个班级的管理质量都会受到影响。惩罚是无奈之举，效果不见得好，而且治标不治本。要从根本上解决这个问题，就要分析他们“不想做”的原因。

学生对班级工作兴趣不大甚至反感，这种情况在高中班级更为突出。因为学生有自己的想法，而他们的想法和班主任的想法往往不一致。比如学生认为我来学校是学习的，是为了考大学的，不是来给班级工作的，班级管理和我没关系。有了这样的想法，行动上就会消极，对工作敷衍了事。当然，班级里也有一些好逸恶劳的学生，从小娇生惯养，在家里就什么事都不做，来到班级，也没有为班级做事的想法。

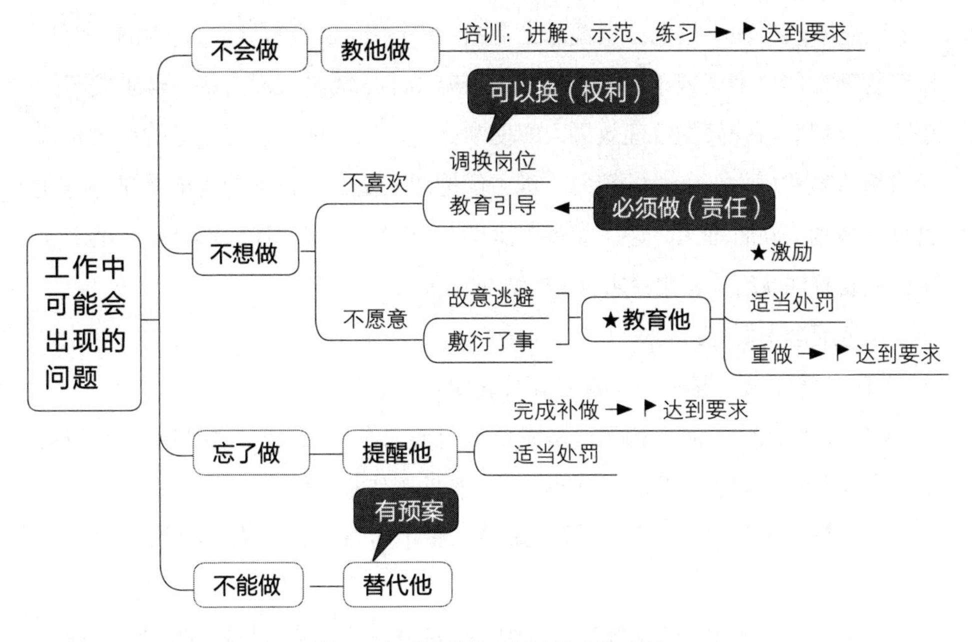

图 10–7　分类解决管理工作中的问题

总体来说，学生不喜欢参加班级工作的原因有以下三方面：

（1）责任心不强；

（2）没有劳动意识；

（3）看不起劳动。

不仅是学生，大量的家长因为担心班级工作影响孩子的学习，也不愿意孩子在班级里多做事。

2. 来自学校和班主任的问题

学校方面，“重教学，轻管理”的现象非常普遍。很多学校领导对班主任工作的要求是只要学生不出事，班级稳定即可，考试成绩才最重要。如果成绩上不去，管理做得越好，领导的评价反而差（他们会认为班主任在管理上花费了精力，影响了抓成绩）。反之，如果一个班级的考试成绩很好，那么其他方面即使做得不好也无伤大雅。这种管理理念和文化氛围，影响了班主任管理班级的积极性。

问题不仅出在学校的办学观念上，相当多的班主任也是这么认为的。而且班级管理工作也确实繁杂，不掌握方法很容易事倍功半。面对着一群未成年的孩子，要想取得较好的管理效果，即使掌握了方法也还是需要大量的投入。管理班级将耗费班主任大量的精力。班主任的想法是，反正学校也不重视，与其花那么多功夫在管理上，还不如多上上课。成绩上去了，什么都有了。至于学生，只要看住就行，不用讲求什么管理的专业性。

这些观念主要有：

（1）仅仅把管理看作是为教学工作提供保障；

（2）认为教学、教育和管理是完全不同的工作，在学校分别归不同部门负责，存在着竞争关系，抓好一项势必影响其他工作；

（3）管理的地位远低于教学，如果二者不可兼得，那么被牺牲的肯定是管理。

综上，一所学校无论是领导、班主任，还是学生，都比较轻视管理的价值。问题在于，如果既不愿意在管理上下功夫，又要用管理保教学，那么只能采用简单又见效快的方法——高压控制。所以，长期以来，大量的学校的管理水平都不高，班主任的管理方式方法谈不上专业，也没有在班级管理方面做一些研究和提升的想法。

第四讲
班级管理的意义

本讲能力目标

- 理解班级管理对学生发展的重要价值。

本教程把班级管理能力列为班主任首要的专业能力，是因为管理是班主任开展所有工作的基础，同时，班级管理有着其他工作无可替代的教育价值。

1. 班级管理对教育教学的保障作用

首先必须承认，班级管理确实对教学工作有保障作用（虽然这不是管理唯一的作用）。但这不意味着管理的地位不如教学，或者说它只能是教学的附庸。

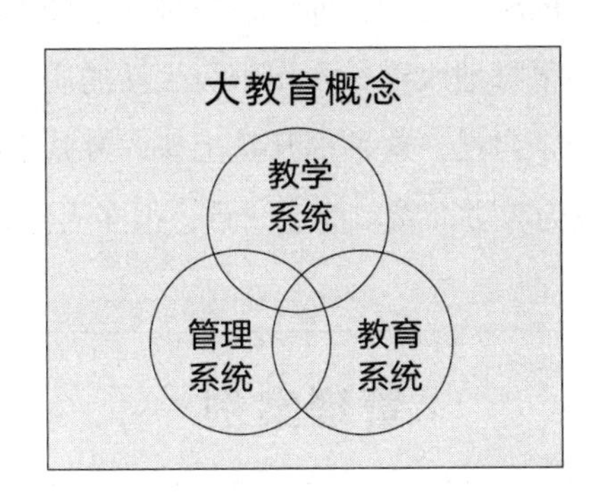

图 10–8　班级工作子系统的融合

如图 10–8 所示，所有的班级工作都属于大教育概念，教学、教育、管理三个子系统是融合的。教育子系统是狭义的教育，特指对学生思想品德方面的教育。

（1）教学离不开管理。教学管理本身就是管理的一部分。管理工作为教学活动提供保障。提高班级管理质量，有利于提高教学质量。

（2）教育也离不开管理。教育管理也是管理的一部分。教育工作没有管理将无法组织。

（3）管理中有教育，教育可以提高管理质量（下一讲将介绍）。

在班级这个大的工作系统当中，没有哪个子系统可以脱离班级整体单独运作或发展。任何一个子系统如果畸形发展，对其他子系统和整个系统都是伤害。但是在大多数学校，都是教学优先。因为教学有考试成绩的显性输出，效果看得见，也是评价学校办学质量的主要依据。但过度发展教学，首先是挤占了管理的时空，打乱了班级管理应有的节奏，使管理中的各个环节不能完全展开，只能采取最快速见效的手段——高压控制。简单粗暴和使用高压控制的方式是学生反感管理的重要原因之一。其次，管理只服从于教学，完全忽视了管理的育人功能。管理失去了它本来应该有的位置，变成了看管学生的工具。

2. 班级管理自身的教育价值

班级管理系统不仅为教育教学提供了保障，它本身也有重要的教育价值。班级管理中包含了大量的教育元素，通过参与班级管理工作，学生可以提升自己的能力和素养，也能很好地改善关系和班级生活的质量。学生在为班级的工作中接受了教育、发展了自己，这种提升是上课、考试不能做到的。管理从来就不是为管而管，或只为教学而管。而这一点，很多人没有认识到。

管理案例

班级5S管理

5S代表“整理、整顿、清扫、清洁、素养”五个词，意思是生产现场的工具、材料要常整理，环境要保持清洁，员工要养成良好的习惯，有较好的素养。5S管理起源于日本企业。当年日本企业用5S管理理念和标准把它的产品质量做到了世界一流。后来5S管理被广泛地引入到世界各国的企业、单位中。

5S管理本来是标准的企业管理方法，但却可以在班级和学校的管理中发挥重要的作用。长期坚持按照 5S 的要求去做班级管理，一定能在创设良好的环境的同时培养出高素质的学生，这种高素质将给学生的发展带来全面的影响。甚至可以说，只要坚持使用 5S 标准，就不会有差班，也不会有差学校。每个班的考试成绩可能有差别，但在学生的基本素养培养上可以做到无差别。差班一样会变得可爱。

班级实施 5S 管理，按以下要求坚持去做。

(1) 整理。

对教室内部的活动区域或自己的物品常整理，及时清理无用的东西，既可以轻装上阵，使自己专注于学习，也可以减轻不必要的负担。这个习惯可以延伸到自己的生活中。教室常整理，公共区域和通道保持畅通，不乱堆放物品，学生活动不会磕碰绊倒，消灭了安全隐患。一间整齐的教室使人神清气爽。

超链接

第一课第一讲“给学生的一封信”中明确提出学生放学后必须做好整理工作的要求。

---

(2) 整顿。

整顿和整理的区别在于，整理只是为了整齐，整顿的目的是便于找东西，拿东西顺手，提高工作效率。比如，教室的工具备品要分类摆放整齐；卫生工具专门放置于教室一角，且有一定的顺序；班级图书分类编号，贴上标签，整齐码放；教师在教学活动中需要经常使用的物品，如红黑签字笔、胶带、胶水、订书机、剪刀、裁纸刀、翻页笔、即时贴、草稿纸，等等，专门收纳在一个小整理箱里，平时放在讲台一角，有专人承包打理。上课时要求学生桌面上只保留本节课需要的学习用品，但是要齐全，可以很方便地找到。整顿的意义在于不要把时间浪费在找东西上。

超链接

第三课第三讲“交作业的管理”中要求学生给作业本贴标签的做法属于典型的“整顿”。

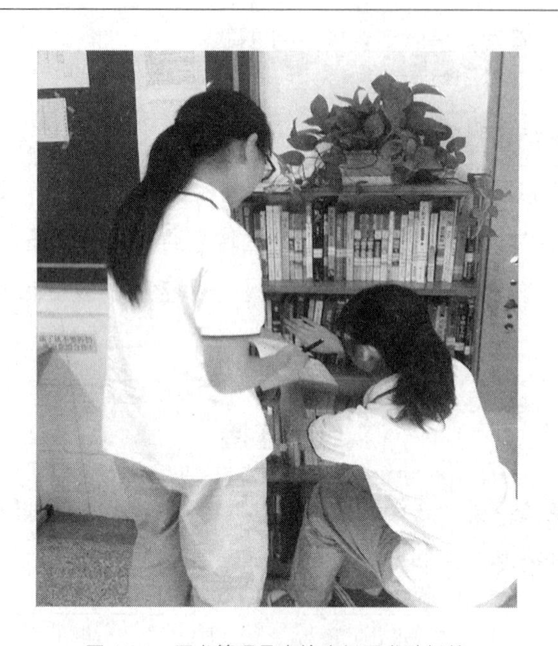

图 10–9　图书管理员在给班级图书贴标签

（3）清扫。

“及时清扫，随时保洁”的要求可以使大家始终生活在干净、整洁的环境中。卫生重在平时保洁，而不是等到放学后再集中打扫。清扫的要求和每个人都有关系，不只是哪几个值日生或班干部的事。要求学生，自己的东西和区域，如座位周边，保洁工作一律由自己负责，值日生只负责公共区域。讲台、黑板、教室的前后排区域都设专人保洁，不分清扫时间，要求随时保持干净。

（4）清洁。

清洁包括室内外环境清洁、室内空气清洁和个人卫生清洁。课间经常开窗透气，不得在教室里吃气味很重的食品，保持室内空气清洁；各人的仪容仪表，着装发型、指甲、身上的气息等，均要保持清洁，树立良好的个人形象。班主任还要帮助那些习惯不好或生活有困难的学生逐一解决他们的问题。

（5）素养。

为什么要求学生养成整理、整顿、清扫、清洁的习惯呢？因为可以通过这些看似琐碎的小事培养学生良好的习惯，成为有教养的人。一个高素质的人做什么事都能做得好。

此处放这个管理案例是为了说明管理中蕴含的教育意义。5S管理中相当多的内容在本教程前几章都有详细介绍，很多班级事务管理的内容和标准就是按照5S做的。那么，5S到底是管理还是教育？既是管理，更是教育。因为班级工作总的目标只有一个——发展学生，提升学生素质。教学工作输出的是学生的成绩，是显性的。班级管理输出的是学生的综合素质和能力，是隐性的，但是有决定性意义。

综合大量的案例和实证，学生在参与班级工作中能够得到多方面的提升。参见图10–10。

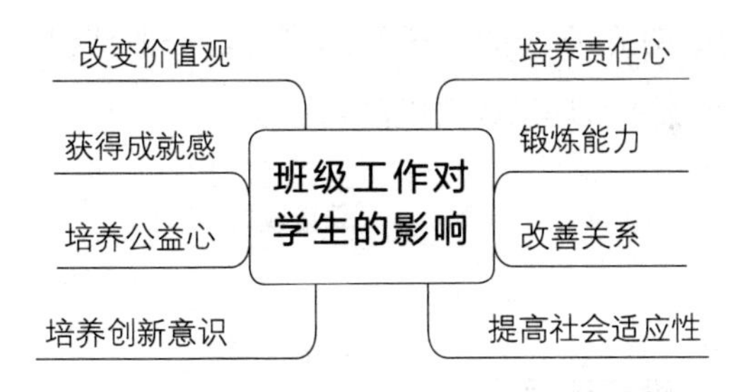

图10–10　参与班级工作给学生带来的影响

第五讲
提升班级管理质量的关键在于调动学生的积极性

本讲能力目标

· 了解班主任一般的管理方式。

· 理解提升管理质量的关键因素。

管理对学生的影响主要是综合素质，并不直接指向学习成绩。但是，学生的素养好了，对做任何事都有益处，包括学习。一个有责任心、有担当的人正是现代社会需要的人。好的管理带来的收益是多方面的，包括给班主任减负，所以，值得班主任多花一些心思研究。

1. 班主任的一般管理方式

不同的班主任，在用不同的方式管理班级。一般情况下，班主任通过图10–11所示的方式让班级管理工作得以落实完成。

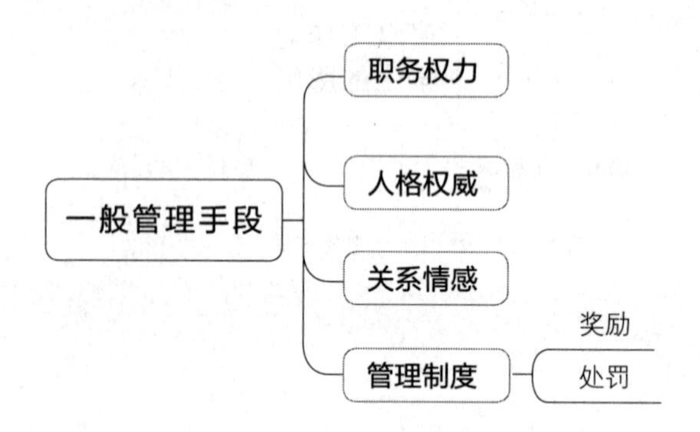

图10–11 班主任的基本管理手段

（1）职务权力。班主任可以采用直接命令的方法安排学生完成工作，学生一般情况下都会服从。这是班主任最常使用的方法，但不是专业方法。

（2）人格权威。有些教师的气场特别强大，不需要动用权力，也无须声色俱厉，只要他做班主任，学生就会乖乖地听话。你甚至看不到他有“管”的痕迹，但班级井然有序。有些班主任被认为很有“个人魅力”，“魅力”也属于人格权威。人格权威不属于专业技能，因为这是班主任个人独特的魅力。有很多名班主任人格权威很强大，带班业绩很好，但不可复制，因为根本学不会。

（3）关系情感。有些班主任和学生关系很好，学生出于对班主任的感情，愿意听班主任的话，也会努力工作，因为他们不想让班主任失望。“关系”在管理中的确非常重要，某些情况下，甚至超过规章制度。依靠关系和感情做管理，说白了就是“人治”。班级管理不可能完全排除“人治”的因素，因为所有的工作都是人做的，而人是有情感的，人与人之间是有关系的。但班级管理不应该完全靠关系和情感。不仅是班级，在任何单位如果仅凭着感情做事，不仅管理者会非常累，而且会出现很多问题。关系有亲有疏，感情有个人主观色彩，有倾向性，这些都会影响管理的公平公正。

（4）管理制度。用制度做管理是主流的专业管理方法，但因为班级是一种特殊的非营利性组织（所谓“特殊”，指的是班级是由未成年人组成的，学生在班级里的主要任务是学习文化知识而不是工作，这是班级与其他组织的不同之处），所以能够在企业管理中发挥作用的制度，在班级里不一定那么有用。班级制度中的奖励处罚力度明显不能很大（学生表现好，班主任不能给他发奖金；学生不听话，班主任不能开除他），学生完全可以不在乎。所以，班级的管理制度需要特别设计，要符合学生的特点，还要融入教育元素。班级的管理制度绝不是为“管住学生”而设计，而是为了在管理中发展学生而设计。

班级这种非营利性组织管理的一大挑战是不能用强制性的手段。但是依然有很多班主任在班级里采取高压控制的强硬手段，而且还取得了不错的“效果”。其实，这只不过是学生和班主任相比处于相对弱势的地位，班主任利用自己的权力性影响力“统治”着班级。这种做法从本质上说是有问题的，特别是在当下，更容易引发师生冲突、家校冲突。这不是好的管理方式，甚至根本不是管理。

班主任必须慎重对待这些挑战，抛弃高压控制的工作方式，思考如何用更加智慧的方法取得良好的管理效果。

2. 学生参与班级工作的主动性、积极性是提升管理质量的关键

无论是班主任用职务权力还是人格权威，或者是利用师生感情管理班级，都不是以学生为中心。如果管理的目的除了保障秩序和良好的环境外，还有发展学生的考虑，那就要多从学生的角度去设计。在一个好的管理生态中，学生不能只是被管理的对象，他们应该成为管理工作的主力军和主人。这种观念的转变具有战略性意义，意味着许多管理方法将从班主任亲力亲为变成“以班主任为主导，以学生为主体”的模式，从班主任控制一切变成师生合作的态势。在完成这些转变后，管理的质量会提升而不是下降，这才是智慧的管理。

班主任的观念是影响管理质量的主导因素，但具体的工作是学生参与的。如果班主任不能让学生的态度也实现转变，管理依然不能取得好效果。

在一个原生态的班级，学生对待班级工作的态度，有人积极，有人消极；有人热情，有人冷漠。态度决定了他们在工作中的表现。只要有正确的态度，班级管理的那点工作根本不是问题。反过来说，如果学生的态度是消极的，即使用了很多管理的措施，包括奖励和惩罚，效果都不会太好，尤其是对初中以上的学生。此处所称的“态度”，其实就是指价值判断。学生的行为来自其价值判断，他会做他认为值得做的事。每个人的价值观不同，由此导致了行为上的差异。

所以，学生态度的转变来自对管理价值的重新认识。仅仅班主任理解管理的价值还不够，还得让学生理解。事实上，即使工作比较主动的学生大多也难以理解参与班级管理对于自身发展的重要意义，他们只是比较听老师的话而已。

学生的理解不能靠说教。学生必须在真实的班级生活中，特别是在参与班级事务的过程中，切身感受到工作的价值和对自己成长的意义，才能变得更加主动、积极。如果学生能像志愿者对待公益事业一样对待班级工作，一切强制性的管理措施就可以弃之不用。

这是提升班级管理质量的基本思路。

第六讲
提升班级管理质量的方法

本讲能力目标

- 掌握提升学生参与班级工作积极性的方法。
- 掌握关于学生参与班级工作的专题教育方法。

美国心理学家、管理理论家弗雷德里克·赫茨伯格提出过一个著名的“双因素理论”。该理论指出：不是任何需要得到满足就能激发人的工作积极性。如果基本条件（赫茨伯格称之为“保健因素”）不具备只会引发不满，但具备了也不一定能激发人。只有那些能带来积极态度因素（赫茨伯格称之为“激励因素”）得到满足才能调动人们的积极性。表 10–1 列举了班级管理中的部分“激励因素”，以及满足这些因素的参考措施。

表 10–1　满足激励因素的参考措施

激励因素	对应措施
工作的愉悦感	引导学生体验劳动的愉快 让学生干他喜欢的工作 让学生和喜欢的人一起工作
成就感	安排有挑战性的工作
	让工作出色的学生有较高地位
额外的奖励	增加激励政策
对未来的期待	描绘班级愿景
职务带来的责任感	给学生独当一面的机会

班主任可以运用双因素理论指导班级管理方式方法的改进。

1. 建立多种组织结构，让更多学生有独当一面的机会

在大多数班级里，老师做什么、学生干部分管什么，基本是固定的。工作的布置和完成，流程都差不多——班主任把任务交代给相关的班干部，由班干部具体组织学生去完成。班主任对参与工作的同学予以关心、指导和帮助，同学向班主任汇报情况，请示工作。所谓“相关”，就是学习方面的交给学习委员，体育方面的交给体育委员……班主任永远是第一责任人，班干部是第二责任人，具体做事的学生责任不大，只是执行命令而已。这是一种“垂直指挥”的层级管理方式。

这套机制应对常规工作还是很有效的。但是，因为大多数学生只能是服从安排，听从指挥，所以很难调动他们的积极性。而且一些特殊的任务，需要有最合适的人去做，相关的班干部不一定就是那个最合适的人选，而有想法有能力的学生因为不是“干部”，就没有机会。

为此，班级的组织机构中增加了“小组合作制”和“项目负责人制”。特别是“项目负责人制”，以任务（项目）为核心，寻找最适合完成这项任务的人（可以是班干部，也可以是班里其他任何人，甚至可以招聘班级以外的人），班级对这样的人授予全权，由他来制订方案、组织团队、指挥调度。所有的人都支持并服从组织者的安排，互相配合，为完成任务共同努力。见图 10–12。

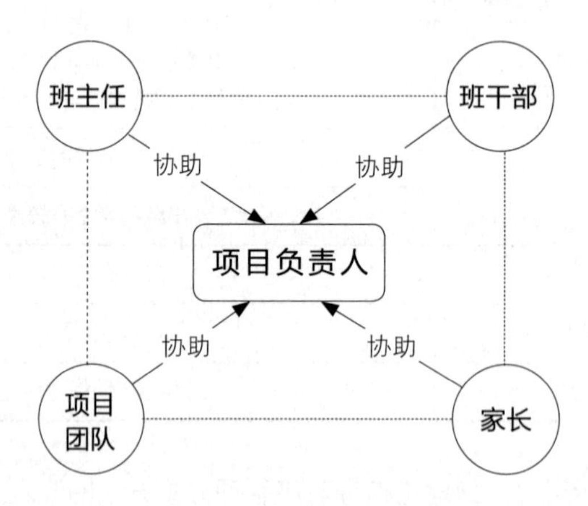

图 10–12　项目负责人制示意

由于项目负责人没有职务的门槛，所以，从理论上说可以为所有的学生提供独当一面的机会。而学生成为项目负责人后，不仅可以充分发挥能力，责任心自然也会提升。学生可以通过很多渠道成为项目负责人（如图 10–13）。这样，他就不再只能服从安排，而是可以以更主动的方式参与班级管理。

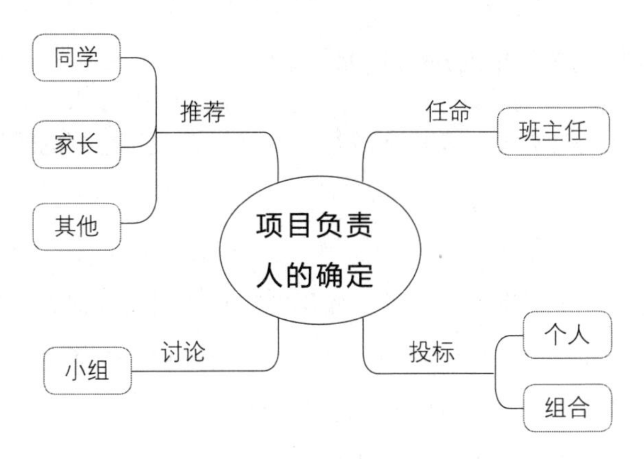

图 10–13　确定项目负责人的方式

2. 为学生提供丰富多彩的任务分配方式

如岗位招标、竞聘上岗、自我推荐、小组推荐、他人举荐等，在尊重学生选择权的前提下合理安排岗位，做到“人得其位，位得其人”。

超链接

学生任务分配方法详细内容参见第四课第一讲“确定各项班级工作责任人”。

---

3. 改变工作职责的制定方式

一般情况下，工作职责都是教师拟定、学生执行的。但这样班主任就变成了老板，学生就是打工仔。改进的建议是：教师指导，学生自定。学生承包了某个岗位，应该让他自己先去思考，这份工作该怎么做好，自己先给自己制定一份职责，班主任可以提供指导和帮助。师生双方共同努力确定岗位职责。这样，学生的主动意识会充分发挥，会产生“我的地盘我做主，我的工作我做主”的感觉。

4. 让更多的学生深度介入班级管理

班级是每个人的班级，只有全员参与的班级管理才是好的管理。尽管分工不同，但每个人都应该是这个班级的主人。班级要提供各种机会让普通学生能够介入班级一些重大问题的研究讨论，如“圆桌会议制”。班级圆桌会议可用于研究班级事务、讨论工作如何开展、收集意见和建议及反馈等。参加圆桌会议的，不仅有班干部，更有普通同学。当一名普通的学生也能介入到班级最核心的事务的讨论中时，他不仅感受到了一种尊重，而且还会产生“我是班级主人”的感觉。在管理中改变“少数人管理多数人”的局面，让更多的学生有机会扮演管理者的角色，如“值日班长制”。

超链接

“圆桌会议制”详情参阅第六课第三讲“班级组织机构的运作”。

“值日班长制”详情参阅第四课第三讲“设置值日班长”。

---

5. 更加信任学生

美国管理学家、思想家麦格雷戈提出过一个著名的“XY假设”。X假设是指“大多数人都是会偷懒的，会尽可能逃避工作，不愿意承担责任，而且对集体的目标并不关心”；Y假设认为，一般人都是勤奋的，而且愿意承担责任，只要引导得当，完全能够自我管理。

基于X假设的管理强调控制，较多使用提醒、监督、检查等手段，充满着对学生的不信任。当然，X 假设的情况是确实存在的。但是，对学生的不信任，采取各种措施“严防死守”，不仅极大地增加了管理的成本，高压的气氛还会放大学生的不良情绪，让他们变得更加被动或逆反。最重要的是，这样的做法又背离了班级管理的初衷——发展学生。

基于 Y 假设的管理策略则充分相信学生，试图用各种方法激发学生的主人翁意识，最终实现自我管理。要想让学生学会自我管理，信任学生是前提。要用“信任换来信任”，尽量减少基于不信任的管理手段，对学生合理引导。尽管在短期里管理的效果可能会有反复甚至局部出现问题，但最终会把班级管理带入良性循环。

管理案例

消失的“检查表”

班级里很多地方都有常规检查表。检查表就贴在各个岗位附近显眼的位置。检查表分成三栏：自查签字、劳动委员检查签字、完成质量情况（用 A、B、C 分别表示优秀、良好、合格）。班级规定，值日生完成保洁任务后，要在表格上签字。劳动委员按时检查，打分。如果保洁不合格或值日生没有签字，则会要求学生重做（重做后最多得 C）或补签字。开始几周，情况一切正常，但是后来这些表格很多都空下来了，既没有学生的签字，也没有劳动委员的签字。我询问劳动委员，劳动委员告诉我：“开始学生不熟悉自己的工作，有时候需要提醒。但是我对大家说，如果你能自己完成任务，我就可以不检查。我只看保洁的质量，不再看你有没有签字。经过几个星期的工作，大多数人都能按时按质完成任务，签字也就没有必要了。如果以后能一直保持，甚至连表格都可以不要了。”我表扬了劳动委员，认为他的工作方法很好。结果，班级里的检查表格越来越少，但管理质量没有下降。

以上案例说明，加强检查，是常规管理通常的做法，但不一定是最好的做法。学生如果能自觉完成任务，很多检查都可以取消。取消检查是班级进步的一大特征。我们甚至可以认为，正是减少检查（或者说信任学生）这种方式激发了学生自觉完成任务的积极性。

6. 扩大岗位职责的范围，让学生有更多的自主发挥空间

管理中有一条重要的理念，就是岗位职责宜宽不宜窄。越是宽泛的职责，越能发挥学生的主观能动性。乍一看去，这个理念与精细化管理是冲突的，但其实二者并不矛盾。用发展的眼光看管理，岗位不仅仅是学生“打工”的地方，更是可以展示其才华、锻炼其能力、发展其创意的平台。所以，应该在岗位的“规定动作”之外，留下更多可以自由发挥的空间。如果规定过于呆板，学生不敢越雷池一步，则会极大地限制其活力，也让工作变得索然无味，容易产生倦怠感。

管理案例

从“阳台保洁”到“班级休闲区美化”

我校每个教室都有一个阳台。很多班级会把劳动工具和垃圾桶放在阳台上，清扫又不及时，所以时间长了，阳台就成了班级的卫生死角，藏污纳垢。我班安排了五位同学轮流打扫阳台，学生不是很喜欢这个工作。后来，我决定把阳台做成班级的休闲区，让学生在课余时间能在阳台上休息、聊天、看书。我把美化改造的任务还是交给了原来负责保洁的五个同学。结果他们干得非常好，不仅打扫干净了，还摆上了绿植，养了金鱼，放上了椅子。阳台的面貌焕然一新，同学们下课后也喜欢到阳台上休息。阳台成了班级的亮点之一。

相对于简单地打扫卫生而言，装饰美化工作显然更有创造性，对学生也更有吸引力，更容易产生成就感。所以，工作本身成了激励因素，而不用靠工作以外的其他奖励。职责的改变调动了学生的积极性。当然，如果阳台能成为美丽的休闲区，卫生就更不是问题，同学们也会更加爱护这个区域，保洁的压力反而小了，而保洁小组的责任感却增强了。教室卫生总是保持干净。

7. 营造“互帮互助”的班级风尚

引入更多的互助式、搭档式、小团队合作式的工作安排，营造“互帮互助”的班级风尚。

管理工作有适当的分工是非常必要的，所有工作都安排了责任人，避免了出现“三不管”的事务。但是，班级发展恰恰不是依靠各司其职，而是靠互帮互助。如果只是分工，却没有良好关系的建立和互助精神的教育，那么往往会出现令人不愉快的情况。

管理案例

没有人帮助他

某班主任按照各司其职的理念，把一间宿舍的保洁、整理工作分配给了住在里面的六个学生，每人拿到一份。有一天，宿舍里有个学生生病了，但是他承包的那份工作却没有一个人去帮他做。班主任得知这个情况后非常苦恼。

这个案例充分说明了只有分工是无法做好工作的。他们不愿意帮助同学的原因可能有很多，也可能是个案，但这足以引起班主任的注意。它已经很清楚地告诉班主任，只讲分工不会合作，特别是没有互相帮助精神的团体是不可能有好的发展的。反过来说，班级里的那些事务究竟有多繁琐或复杂呢？不就是一些基本的工作吗？工作量有多大呢？很多工作都是举手之劳。其实，不必分工那么细致，只要你愿意帮助我，我也愿意帮助你，在你忙的时候我搭把手，在我生病的时候，你帮我做一下，事情就能很好地解决了。

实际上，在班级管理中，“分”与“合”的关系是很辩证的。不“分”（分工），班级工作责任人不落实，势必混乱无序；只“分”不“合”，各人自扫门前雪，不利于营造良好的氛围，影响班级整体进步。所以，班级工作一定要强调合作。分是合的基础，分是为了合。“合”是团结、合作、融合。“分”最终要走向“合”。所以，对学生的教育从“今天我值日”到“人人都是值日生”，从“我的地盘我做主”到“这是我们的班”，班级管理从“各司其职”最终走向“和谐发展”之路，才是正确的发展方向。

8. 开展关于管理的正面教育

尽管关于管理的教育大多是隐蔽性的，在实际工作中无声地进行的，班主任只是加以引导和点拨。但正面的、直接的教育也必不可少。管理系统和教育系统本身是融合的，利用教育加强学生对管理意义的认识，提高学生的责任感，对提升管理质量大有帮助。正式的教育形式以主题班会课为主，有班级实际工作和案例做基础，不会流于说教，是在学生有了朴素的认识和感悟后的总结与升华。

管理案例

主题活动：我能为班级做什么

接手新班后，班主任要花费很多精力将一群原来不认识的学生变成一个团结的、有执行力的团队。根据班情和班主任工作水平的不同，这项工作的难度和效果具有不确定性，但是不管怎样都不可能在短期内速成。由于这项工作对班级今后的可持续发展意义重大，所以，把它作为学期工作重点不为过。我针对相关的系列工作确定了一个主题："我能为班级做什么？"活动的教育目标是培养学生的责任意识和班级的团队精神。团队精神有很多标志，如同心同德、互帮互助、团队自豪感等，但是形成这些特征的基础是大家是否有奉献精神。为了培养学生的奉献精神，我精心策划了一个学期的教育活动。参见表10–2。

表10–2 主题教育"我能为班级做什么"活动安排

周次	活动（工作）主题
1	下发并回收班级工作意向调查问卷
1	下发《致新生的一封信》
1	主题班会：班级未来畅想曲
2	启动每周"班级之星"评选
3	启动"值日班长制"
5	主题班会：公德与私德
7	主题班会：独善其身与兼善天下
11	中期表彰，评选"关心班级奉献奖"
12	主题班会：奉献者吃亏吗？
13	主题征文《我能为班级做什么》并评奖
14	征文颁奖暨主题演讲《我能为班级做什么》
15	启动导师制学习互助计划
18	迎新年系列活动：美化教室、许愿树、联欢等
19	班干部自评、述职，评选优秀班干部
20	评选优秀科代表、优秀值日班长、优秀组长等
21	评选感动班级十大事件

由上可知，这是做了整个一学期的主题活动。包括教育活动、管理活动、评价活动等，这些活动是互相促进、不断强化、融为一体的。只有这样一步一步做下来，教育的效果才最终会显现。

在这一系列活动中，主题班会课发挥着重要的作用。围绕这个大主题，班级安排了四节主题班会。

开学初，召开主题班会“班级未来畅想曲”，通过对班级美好未来的憧憬，激励学生努力奋斗。

开学一个月，学生的表现开始有所分化。一些不文明、不讲公德和自私自利的现象开始露头，虽然不是很严重，但是不能无动于衷，任由其发展。班级及时安排了两节主题班会——“公德与私德”“独善其身与兼善天下”。

期中考试过后，班级做了一次综合表彰，特别设立了“关心班级奉献奖”，评选出了半学期以来关心班级、工作表现突出的一批学生并为此专门安排了主题班会“奉献者吃亏吗？”。这节主题班会课的设计非常简单，一共只有三个环节。

（1）“关心班级奉献奖”颁奖仪式。我们为获奖者设计了颁奖词、海报，准备了奖品，一一颁发。

（2）请获奖者发表获奖感言，分享的主题是半个学期以来，在参与班级工作中的感悟，好的和不好的都可以说。

（3）班主任做简要点评：

付出本身是一种幸福，我有能力让别人幸福，我是幸福的；

团队的优秀有我的贡献，我是班级不可或缺的一员，我是有价值的；

因为奉献，我获得了老师的认可和同学的友谊，提升了在班级中的地位；

我为集体付出，在我有困难的时候，也会得到别人的帮助，我因此而变得更强大。

班主任的点评引导了班级群体价值观，促进了乐于奉献的班风的形成。

如果学生有了真实的体验，加上正面的教育，相信他们参与班级工作的态度会有所改变。“态度决定一切”，有了良好的态度，加上一定的培训指导，班级管理的质量一定会逐渐提升。

本课小结

1. 班级工作是一个整体，教学、教育、管理必须均衡发展。
2. 班级管理是一个系统，这个系统的三大要素：组织机构、管理制度和评价体系协同运作，理论上能够妥善处理任何班级事务。
3. 班级管理不仅为教育教学提供了良好的环境，自身也有无可替代的教育价值。
4. 提升班级管理质量的关键是充分调动学生的积极性。
5. 对班级管理流程的优化可以从制度层面调动学生积极性。

本课思考与实践

1. 如何理解班级管理中“分工”与“合作”的关系？
2. 分析“好教育来自好关系”这句话的局限性。
3. 尝试将一些原来班主任自己做的工作交给学生去做，评估这种尝试的效果。

图书在版编目（CIP）数据

班级管理课：班主任专业技能提升教程 / 陈宇著 . —上海：华东师范大学出版社，2021

ISBN 978 - 7 - 5760 - 1285 - 9

Ⅰ . ①班 ... Ⅱ . ①陈 ... Ⅲ . ①班主任工作 Ⅳ . ① G451.6

中国版本图书馆 CIP 数据核字（2021）第 029803 号

大夏书系・全国中小学班主任培训用书

班级管理课

——班主任专业技能提升教程

著　　者　陈　宇
策划编辑　朱永通
责任编辑　万丽丽
责任校对　杨　坤
装帧设计　奇文云海・设计顾问

出版发行　华东师范大学出版社
社　　址　上海市中山北路 3663 号　邮编　200062
网　　址　www.ecnupress.com.cn
电　　话　021 - 60821666　行政传真　021 - 62572105
客服电话　021 - 62865537
邮购电话　021 - 62869887　地址　上海市中山北路 3663 号华东师范大学校内先锋路口
网　　店　http：//hdsdcbs.tmall.com

印 刷 者　三河市龙林印务有限公司
开　　本　700 × 1000　16 开
插　　页　1
印　　张　22
字　　数　335 千字
版　　次　2021 年 4 月第一版
印　　次　2025 年 4 月第十三次
印　　数　36 101 - 38 100
书　　号　ISBN 978 - 7 - 5760 - 1285 - 9
定　　价　59.80 元

出 版 人　王　焰